国家中等职业教育改革发展示范校创新系列教材

顾　　问：余德禄
总 主 编：董家彪
副总主编：杨　结　吴宁辉　张国荣

前厅服务与管理

（第2版）

主　编：曾小力
副主编：刘颖珊
参　编：刘虹婷　张鹏鹂　郑慧婷

北京·旅游教育出版社

责任编辑：刘彦会

图书在版编目(CIP)数据

前厅服务与管理／曾小力主编. -- 2版. -- 北京：旅游教育出版社，2018.1
　ISBN 978-7-5637-3678-2

Ⅰ.①前… Ⅱ.①曾… Ⅲ.①饭店—商业服务—中等专业学校—教材②饭店—商业管理—中等专业学校—教材 Ⅳ.①F719.2

中国版本图书馆CIP数据核字（2017）第317059号

前厅服务与管理
（第2版）

曾小力　主　编

刘颖珊　副主编

刘虹婷　张鹏鹂　郑慧婷　参　编

出版单位	旅游教育出版社
地　　址	北京市朝阳区定福庄南里1号
邮　　编	100024
发行电话	(010)65778403 65728372 65767462(传真)
本社网址	www.tepcb.com
E-mail	tepfx@163.com
排版单位	北京旅教文化传播有限公司
印刷单位	河北三河灵山红旗印刷厂
经销单位	新华书店
开　　本	787毫米×1092毫米　1/16
印　　张	19
字　　数	361千字
版　　次	2018年1月第2版
印　　次	2018年1月第1次印刷
定　　价	36.00元

（图书如有装订差错请与发行部联系）

编委会

主　任：董家彪

副主任：曾小力　张　江

委　员（按姓氏笔画排序）：

王　娟（企业专家）　王　薇　邓　敏

杨　结（企业专家）　李斌海　吴宁辉

余德禄（教育专家）　张　江　张立瑜

张璆晔　张国荣　陈　烨　董家彪

曾小力

总　序

在现代教育中,中等职业学校承担实现"两个转变"的重大社会责任:一是将受家庭、社会呵护的不谙世事的稚气少年转变成灵魂高尚、个性完善的独立的人;二是将原本依赖于父母的孩子转变为有较好的文化基础、较好的专业技能并凭借它服务于社会、有独立承担社会义务的自立的职业者。要完成上述使命,除好的老师、好的设备外,一套适应学生成长的好的系列教材是至关重要的。

什么样的教材才算好的教材呢?我的理解有三点:一是体现中职教育培养目标。中职教育是国民教育序列的一部分。教育伴随着人的一生,一个人获取终身学习能力的大小,往往取决于中学阶段的基础是否坚实。我们要防止一种偏向:以狭隘的岗位技能观念代替对学生的文化培养与人文关怀。我们提出"立德尚能,素质竞争",正是对这种培养目标的一种指向。素质与技能的关系就好比是水箱里的水与阀门的关系。只有水箱里储满了水,打开阀门才会源源不断。因此,教材要体现开发学生心智、培养学生学习能力、提升学生综合素质的理念。二是鲜明的职业特色。学生从初中毕业进入中职,对未来从事的职业认识还是懵懂和盲从的。要让学生对职业从认知到认同,从接受到享受到贯通,从生手到熟手到能手,教材作为学习的载体应该充分体现。三是符合职业教育教学规律。理实一体化、做中学、学中做,模块化教学、项目教学、情景教学、顶岗实践等,教材应适应这些现代职教理念和教学方式。

基于此,我们依托"广东旅游职教集团"的丰富资源,成立了由教育专家、企业专家和教学实践专家组成的编撰委员会。该委员会在指导高星级饭店运营与管理、旅游服务与管理、旅游外语、中餐烹饪与营养膳食等创建全国示范专业中,按照新的行业标准与发展趋势,依据旅游职业教育教学规律,共同制定了新的人才培养方案和课程标准,并在此基础上协同编撰了这套系列创新教材。该系列教材力争在教学方式与教学内容方面有重大创新,突出以学生为本,以职业标准为本,教、学、做密切结合的全新教材观。真正体现工学结合、校企深度合作的职教新理念、新方法。

在此次再版时,我们适当地作了修订。在教材编撰过程中,我们参考了大量文献、专著,均在书后加以标注,同时我们得到了旅游教育出版社、南沙大酒店总经理杨结、岭南印象园副总经理王娟以及广东省职教学会教学工作委员会主任余德禄教授等旅游企业专家、行业专家的大力支持。在此一并表示感谢!

2016年10月30日于广州

前　言

针对前厅服务涉及的相关专业和行业较多、跨专业及岗位技能实践性强等特点，为更好地适应项目教学法的授课要求，我们编写了《前厅服务与管理》一书。本书以饭店前厅岗位典型工作任务为引领，创设贴近前厅各岗位的职业情景，大胆打破岗位界限，对课程编排进行剪裁，调整课程的知识结构和体系，整合饭店及前厅各岗位综合知识与技能，充实技能实操内容，致力于培养符合高星级饭店运营与管理专业、旅游航空专业、旅游英语专业、旅游艺术专业以及会展服务与管理专业、物业服务与管理专业等旅游相关行业最新发展需求的"实用型"专业服务人员。

本教材具有以下特点：

（一）本教材在介绍理论、概念等知识型内容时，注重穿插图片资料、补充课外延伸阅读材料等，结合中职学生的特点，侧重于知识内容的实用性、时代性和综合性，删减以往类似教材中冗余的理论知识点，将重点放在学生自主探究知识、自我学习能力的培养上。

（二）教材重点突出"模块+项目"教、学、练相结合的学习过程，教材采集的行业资讯、服务案例、前厅服务实训图片等将更注重行业的前沿性和创新性，适当补充过往学生参与课程项目、实训项目完成的过程记录以及2017年以来作者教学中的过程记录和成果经验，对学生自主开展项目学习具有一定的参考性与指导作用。

（三）本教材充分体现了以专业任务为引领、以学生达到实操目标为导向、以教师启发引导为支撑的课程教学理念，将本课程的教学活动分解设计成若干典型学习项目，创设相应的工作情境，以各学习情景为单位组织教学，通过情景创设、仿真模拟、案例研讨、任务驱动、引导启发、档案记载、课外延伸拓展学习等教学方法，强调师生在教中学、学中做、做中教，使学生在技能训练中加深对专业知识和技能的理解应用，培养学生的综合职业能力，满足学生职业生涯发展的需要。

参与本教材编写的均为广东省旅游职业技术学校高星级酒店运营与管理专业的教师。为使本教材更适应新时代，2017年教材编著组对本教材进行了改编，增补了行业和岗位的相关知识点和数据，将每个任务的实施与评价内容进行了整合调整。主编为该校曾小力副校长，负责统筹指导教材编写、教材审稿并终稿；副主编刘颖珊负责配合主编协调教材编写有关事宜，负责模块1预订服务、模块3入住接待服务及模块6督导管理第一版的编写及第二版的修订；刘虹婷负责模块2礼宾服务第一版的编写及第二版的修订；张鹏鹂负责模块4收银服务第一版的编写及第二版的修订；郑慧婷负责模块5前厅其他服务第一版的编写及第二版的修订。此外，饭店行业专家白天鹅酒店管理公司项目管理部营运总监李文芳参与了教材的核稿工作，在此表示衷心的感谢！

目 录

模块1 预订服务 ... 1
项目1 预订受理服务 ... 2
  任务1 预订服务须知 ... 2
  任务2 散客预订服务 ... 17
  任务3 团队预订服务 ... 24
项目2 预订控制 ... 28
  任务1 预订变更或取消服务 ... 28
  任务2 超额预订的控制 ... 35

模块2 礼宾服务 ... 42
项目1 迎送服务 ... 43
  任务1 店外迎接客人服务 ... 43
  任务2 店内迎送服务 ... 48
项目2 行李服务 ... 52
  任务1 入住行李服务 ... 52
  任务2 离店行李服务 ... 57
  任务3 行李寄存服务 ... 60
项目3 委托代办服务 ... 63
  任务 委托代办服务 ... 63

模块3 入住接待服务 ... 73
项目1 入住登记服务 ... 74
  任务1 入住登记须知 ... 75
  任务2 入住登记设备设施和表单使用 ... 84
  任务3 散客入住登记服务 ... 94
  任务4 团队入住登记服务 ... 102
  任务5 贵宾(VIP)入住登记服务 ... 110
  任务6 行政楼层入住登记服务 ... 115
  任务7 其他接待服务(换房、续住、延迟退房等) ... 120

项目 2　客史档案建立 ……………………………………………………… 131
　　任务 1　客史档案的认知 …………………………………………… 131
　　任务 2　客史档案的建立 …………………………………………… 135

模块 4　收银服务 …………………………………………………………… 140
项目 1　客账管理 …………………………………………………………… 140
　　任务 1　卡、币和票据的识别 ……………………………………… 141
　　任务 2　客账的建立与录入 ………………………………………… 151
　　任务 3　饭店日审与夜审工作 ……………………………………… 155
　　任务 4　结账服务 …………………………………………………… 159
项目 2　收银其他服务 ……………………………………………………… 163
　　任务 1　货币兑换服务 ……………………………………………… 163
　　任务 2　贵重物品保管服务 ………………………………………… 167

模块 5　前厅其他服务 ……………………………………………………… 171
项目 1　问询服务 …………………………………………………………… 172
　　任务 1　查询服务 …………………………………………………… 172
　　任务 2　留言服务 …………………………………………………… 175
　　任务 3　邮件服务 …………………………………………………… 179
项目 2　总机服务 …………………………………………………………… 182
　　任务 1　总机业务和设备认知 ……………………………………… 183
　　任务 2　电话转接服务 ……………………………………………… 187
　　任务 3　免打扰服务 ………………………………………………… 190
　　任务 4　叫醒服务 …………………………………………………… 192
　　任务 5　客人投诉电话接听服务 …………………………………… 195
项目 3　商务中心服务 ……………………………………………………… 200
　　任务 1　商务中心业务及设备识别 ………………………………… 200
　　任务 2　打印、复印和传真服务 …………………………………… 203
　　任务 3　票务服务 …………………………………………………… 206
　　任务 4　商务中心其他服务 ………………………………………… 209

模块 6　前厅督导管理 ……………………………………………………… 214
项目 1　前厅日常管理 ……………………………………………………… 215
　　任务 1　前厅部管理目标及管理内容认知 ………………………… 215
　　任务 2　召开部门例会 ……………………………………………… 223
　　任务 3　人员分工与调配 …………………………………………… 228
　　任务 4　撰写工作计划与备忘录 …………………………………… 235

任务 5　前厅服务质量控制与考核 ……………………………………………… 246
项目 2　拟订前厅服务方案 ………………………………………………………… 259
　　任务　拟订前厅服务方案 ………………………………………………………… 259
项目 3　客人投诉的处理 …………………………………………………………… 270
　　任务 1　投诉的认识 …………………………………………………………… 271
　　任务 2　客人投诉的处理与预防 ……………………………………………… 276
项目 4　前厅突发事件处理 ………………………………………………………… 281
　　任务　前厅突发事件处理 ……………………………………………………… 282

参考文献 ……………………………………………………………………………… 292

模块 1　预订服务

【开篇案例】

　　预订部员工小宋接到一位台湾客人打来的电话,该客人想预订 750 元/晚的标准间,预计当天下午抵达。她立即查核了客房状态,发现标准间全部预订满了,就如实地回复客人。客人说:"我每次都入住你们饭店的,我不熟悉其他饭店,请你帮我解决一下。"小宋一时不知如何是好,只有请示刘主管。

　　刘主管听了小宋的汇报后,马上查看了电脑预订系统以及客人以往入住的资料,然后用商量的口吻对客人说道:"感谢王先生对我们饭店的信任和支持! 我建议您按原计划抵达我们饭店。我们这里有高级房,不仅可以眺望海滨的优美景色,而且室内装饰古朴典雅、设施更完善,很适合王先生的品位,仅需加付 150 元,相信您一定会满意的。我帮您预订一间高级房,您意下如何?"客人听后欣然同意。事后小宋暗下决心,一定要认真向老员工学习,尽快成为一名优秀的预订员。

　　经过工作的磨炼,小宋终于领会到了前厅预订员工的职业特点和职责,工作起来得心应手。

　　下面就让我们带着你(一名即将从事饭店前厅工作的新员工),一起近距离接触你即将从事的工作——客房预订。

【知识目标】

- 能描述预订的渠道、种类;
- 能描述预订服务的工作流程及标准。

【技能目标】

- 能准确识别预订的渠道、种类;
- 能正确和较熟练地处理散客预订;
- 能正确和较熟练地处理团队预订。

【情感目标】

- 培养学生操作客房预订服务程序的条理性;
- 强化学生对本模块浓厚的学习兴趣,积极参与探究和实践。

项目 1　预订受理服务

【案例导入】

怎么可能会没有预订呢?

一天中午,程先生满脸汗水急匆匆进入饭店。接待员小蒋根据程先生提供的信息查找预订信息后回答客人说:"对不起,先生,没有您的预订记录。"程先生很奇怪地反问:"不可能的,我明明在网上预订时看到预订成功,怎么可能没有预订呢?"这下小蒋马上明白了,因为饭店没有专人负责网络预订,有时会出现类似问题。于是他马上与程先生商量:"先生,非常对不起,我们的网络可能有点问题,因此没有及时上传您的预订信息。不过不要紧,我先给您办理入住手续。请您出示身份证……"程先生长舒了一口气,总算办妥了。小蒋非常迅速地为程先生办理了入住手续。等安排行李员将客人送入房间后,小蒋没有将此事搁置在一边,而是请预订员实习生小王帮忙查看网络预订中到底有没有接受台湾客人程先生的预订。小王查看后发现程先生确有预订,并表示几天前就留意到了但不知如何处理,于是就对这个预订信息未加理睬。小蒋要求小王记录此事并迅速向上级汇报解决。

(资料来源:吴军卫.前厅疑难案例解析.北京:旅游教育出版社,2005)

问题

1.案例中的订房工作存在哪些不足?从中得到什么启迪?

2.不同的预订渠道与预订方式有何异同之处?

任务 1　预订服务须知

一、任务描述

客房预订是饭店产品销售最重要的环节之一,请你完成对本任务知识的学习,并归纳提炼入下表:

表 1-1-1(1)　预订渠道与方式的划分

序号	预订渠道与方式	特点	优点	不足	应用范围

表 1-1-1(2) 预订的不同种类

序号	分类标准	预订种类	特点	确认及取消预订相关规定

二、任务分析

完成本任务的关键在于通过各种途径搜集关于饭店客房预订渠道、方式与种类的相关资料,并进行分析对比、提炼归类。

三、相关知识

(一)客房预订的渠道与方式

饭店一般通过直接渠道与间接渠道两大类渠道向客人提供客房预订服务。

1. 直接订房渠道与方式

(1)电话订房(Telephone Booking)

电话订房指客人以电话形式与饭店联系订房。其特点是简便、迅速,便于客人与饭店之间直接沟通,及时调整并反馈其订房要求。在国内外,电话预订相当普遍。

(2)传真订房(Fax Booking)

传真订房的特点是快捷、方便、准确、正规,可以原封不动地保留客人的预订资料,不容易出现订房纠纷。但现在选择这种订房渠道的客人不太多。

(3)信函订房(Mail Booking)

信函订房就像一份合约,同时制约着客人和饭店,是一种较正规的预订方式。客人一般在预订客房的时间距离抵店时间较长的情况下使用。但此种预订需往返多个回合方能被双方认可,效率较低,现在比较少采用。

(4)当面订房(Verbal Booking)

当面预订是指客人或其委托人直接来到饭店当面预订客房,通常意味着客人很重视这次预订。预订员应借此机会更清晰地了解客人需求,当面解答并商议解决客人提出的问题,并通过介绍饭店各项服务设施、陪同客人实地参观饭店客房和其他服务场所、提供专业化服务设计建议等,真诚、热情地帮助或促使客人做出预订选择,达成销售目的。

(5)饭店门户网站预订(Hotel Homepage Booking)

在当今信息时代,不管饭店属于何种类型,处于喜欢登录什么区位,拥有强大的在线品牌对订房业务的促进是十分重要的。越来越多的客人喜欢登录饭店的门户网站,在了解饭店地理位置、交通状况、设施设备、客房餐饮介绍及价格、优惠政策等情况后,直接进行在线预订。这种订房以方便、快捷、先进、直观、廉价的优点日益受到客人青睐。据统计,超过80%的旅行者至少会在线制订部分的旅行计划。饭店已经加大力度在饭店门户网站投放信息丰富的、足够吸引眼球的多媒体内容的"在线指南",利用具有描述性、启发性的视觉内容把客人的主要评价标准从价格中转移出来,增强他们享受更好的(更昂贵的)住宿环境的欲望。

(6)在线即时消息订房(Online messaging Booking)

饭店的门户网站都增加了在线预订选项,许多客人,特别是会议和典礼活动的策划者抑或那些需要大量"一致性"预订的客人,更喜欢点击网站上的"联系我们"按钮,以微信、QQ、Twitter等通信应用工具的"即时消息"的方式提交有关房价或订房服务等方面最初的咨询事项。预订员应最大限度地提高回复效率并遵照商务信函的标准,及时与预订者保持信息互动沟通。

2.间接订房渠道

(1)通过旅行社订房

旅行社一般与饭店签有订房合同或协议,批量提供客人。饭店视旅行社提供的客源量和客人在店消费额,给予其一定百分比的优惠折扣。旅行社订房可以保障饭店有一定数量的稳定客源,所以,很多饭店都与固定的旅行社维持着比较稳定的订房业务联系。

(2)通过品牌饭店集团、连锁饭店或合作饭店预订网络订房

大型饭店集团或连锁饭店都拥有自己的中央预订系统(Centre Reservation System,简称CRS),发挥品牌优势,开展全球统一促销活动,使各成员饭店共享预订客房功能。如假日饭店集团的"HOLIDEX2000"客房预订系统每天要出租437 000间客房,每年要接到2 500万个预订电话;喜来登饭店1月内订房高达8 200万美元以上;国际选择饭店集团"Choice 2000"预订系统为世界3 000家选择饭店的连锁饭店服务,每年200万个以上的电话订房使得这些饭店30%的客房出租率是靠该预订系统获得的,这种订房渠道方便了散客,对饭店而言则凭借其合纵连横的营销形式使订房率大幅上扬。

为了能与连锁饭店集团竞争,一些独立经营的饭店之间开展合作订房业务,建立了自己的预订网络,通过相互推荐的方式接受客人的订房要求。

(3)通过互联网元搜索引擎订房

2016年始,元搜索引擎进一步在不同领域扩大,如Trivago、TripAdvisor、Google将某关注方向转至直接预订。元搜索引擎不再仅仅用于搜索比价,还成为常规OTA般的销售预订渠道像booking.com、Expedia或HRS一样,谋求转型。直接接受预订申请。饭店与元搜索引擎合作模式,从CPC转向直接预订元搜索平台模式,按照预订佣金结算。

(4)通过加盟专业订房系统(订房中介商)订房

饭店通常会借助于专业订房系统(订房中间商),利用其广泛的网络、专业特长及营销规模等优势,来帮助饭店推销产品及其服务,扩大客源。

①专门从事饭店订房及销售业务的企业或组织

例如,SUMMIT是全球最大的销售订房中心之一,由UTELL、STERLING、SUMMIT三个国

际著名订房中心合并而成。其中,光是总部设在英国的尤特公司(Utell International LTD.),就代理遍及180个国家和地区6500多家等级各异的饭店的订房业务。加盟 SUMMIT 的饭店和企业接入 SUMMIT 网络就可以进行协同化运作,通过 GDS(全球销售系统)、INTERNET 和 TRAVEL WEB 网络订房,其分布全球的专职销售人员为成员饭店做推广,拥有较强大的销售组织保证。

又如,全球订房网 HRS 也是全球领先的专业在线饭店预订系统,签约代理的23万家不同类型的饭店覆盖了全球180多个国家,供商务和私人旅行者自由选择,该系统让用户以即时更新的 HRS 特价直接进行免费预订,无须信用卡担保和预付,并可得到即时确认。该网站承诺:在相同的预订条件下,客人在该网站上预订的独家最惠饭店价格总是比任何其他在线订房网站便宜至少10%。否则,客人在结账离店时,饭店将按每间夜20欧元的标准进行赔偿。

而创立于1996年的美国 Travel CLICK 公司,总部位于芝加哥,在全球140个国家拥有8 000多个客户。

其他如最受欢迎饭店组织(Preferred Hotels)、世界一流饭店组织(The Leading Hotels of the World)、中国订房联盟(Universal Travel Group,UTG)等专业订房机构,都能极大地帮助饭店拓展境内外订房市场。

②综合性营销门户网站及旅游频道

综合性营销门户网站及旅游频道,如国内的携程旅行网(www.ctrip.com)、艺龙旅行网(www.elong.com)、芒果网(www.mangocity.con);国际的一分钟国际饭店预订网(www.hotel98.com)、Agoda(www.agoda.com.cn);中东地区的 DMARS 系统;意大利的 SIGMA 系统和 TLAS 系统;英国的 TRAVICOM 系统等,其专门经营网上营销代理业务,便捷高效地配合旅游企业提供预订饭店、旅游线路、美食推荐与预订、预订旅游交通票、设计旅行计划等服务。

国内一种基于互联网模式和安全加密技术的饭店电子商务系统"昆仑在线,"是一种 BtoB 饭店实时交易系统,它把网站和饭店的计算机管理系统实时连接在一起。当完成在旅游网的预订之后,若打开饭店的预订系统,系统就会显示,预订单已经自动进入了饭店管理系统的预订模块中,真正实现了即时点击、即时预订。通过该系统,作为上游用户的旅行社、订房中心、旅游网站以及企业用户,可以直接驱动饭店计算机管理系统来实时完成客房查询、预订、变更、撤销、电子对账等所有操作。这种饭店电子商务系统的应用,不仅能使饭店的管理提高效率、降低成本、增强竞争力,更会使所有客人得到全方位的预订服务。

(5)通过与饭店签订商务合同的单位订房

许多商社、公司与饭店签订合同,为业务到访的客人或本公司员工出差预订客房。公司职员及商务客人的订房不仅能为饭店提供稳定的客源,而且还能带动饭店内的餐饮、娱乐、购物等其他营业收入的增加。一般情况下,饭店会视这些单位在统计期内的订房数量、付款方式、付款实效等约定公司协议房价。

(6)通过会议展览组织机构或公关公司订房

会议展览组织机构与公关公司在为客户策划筹备组织会议、展览及营销推广活动时,不仅要为客户代订客房,还要对饭店其他产品,如不同规格的会议室、多功能厅、宴会厅及会议设施设备、用车、娱乐等进行预订,是达成经营最大化的质优销售渠道。

(7)通过政府机构或事业单位订房

政府、事业单位、机关团体邀请的贵宾、考察团体、专家、学者等客人办公和业务需求多、要求高、消费水平较高,饭店一贯高度重视这一渠道的订房销售。

(8)通过航空公司订房

以大航空公司的中央预订系统 CRS 为基本框架,与饭店、旅行社等旅游企业的 CRS 连通,形成世界范围的、多层次配票网络——全球配置系统 GDS(Global Distribution System),提供双向界面、即时沟通的旅游代订业务,不仅能预订航班、出售机票,还能预订房间、预约旅游,为乘机的客人、机组人员和本公司职员外出订房,起到中间商的作用。

网络订房与 GDS 最主要的不同在于 GDS 平台全球性的推广作用,它能在无形中提高饭店在客人心目中的地位,与境内外旅行机构建立并保持良好的合作关系,互利互惠。

美国股票上市公司 Saber 股份有限公司于 1960 年创立 GDS 全球,是美国 Airline Company 的直属企业,旗下包含阿美达斯(Amadeus)、阿波罗-伽利略(Apollo-Galileo)、佩剑(Sabre)、环球(World Span)四大系统。全球员工约一万人,是全球旅游业和运输业信息技术的领导者,每年通过 Sabre 系统成交的旅游订单金额超过 750 亿美元,通过 Sabre 电子预订系统完成的预订约占全世界预订总额的 40%。欧美及其他国家的旅行社均通过此平台预订机票、饭店,其重要性如同电话、传真、电脑一样,是欧美国家旅行社必备的工具之一。

(二)预订的种类

以预订提前期、订房人数和饭店所承担的责任为标准,订房有以下分类。

1. 按预订提前期的长短来分类

预订提前期(Booking Lead Time)是指客人订房日期与抵达日期之间的时间间隔。按预订提前期的时间长短,可以分为当日预订和提前预订。

(1)当日预订(Same Day,简称 SD)。是指客人预订抵店当天的客房,接到这种预订时,预订员当即通知接待处,有时候接待处也会直接受理当日预订。

(2)提前预订。是指提前一天以上的预订,根据提前期时间的长短,可分为远期预订、中期预订和短期预订。

散客订房通常提前期较短,而团体订房提前期较长。了解各类客人提前期的不同,有利于预订处做好客房预测和房间的销售工作。

2. 按订房人数来分类

根据订房人数的多少,将宾客订房分为团体预订和散客预订。

(1)团体(Group)预订

按照国际旅游行业的惯例,团体预订是指 15 人以上交纳房费的团体成员的集体订房,主要通过旅行社或企事业单位介绍办理,通常附带有对饮食的要求。团队预订可细分为旅游系列团队、会议团、商务团、特殊团等。

由旅行社组织入住的是旅游系列团队,是大部分饭店稳定客源的重要组成部分,一般依据合同给予特价优惠,形成批发销售。

会议团、商务团等是指政府机关、事业单位、社会团体或企业举办的各类研讨会、交流会、展览会、酒会等需接待的团队客人,一般占用客房数量多、规格高、消费范围广,是饭店批量销售客房最优选择。

特殊团队指的是进行商务、政治、文化体育等领域考察的高级团队,圆满完成该类团队的客房预订及综合服务工作可以大大提升饭店的经济效益和社会效益。

(2)散客(Free Individual Traveler,简称FIT)预订

散客预订指个人、家庭及15人以下小型组织的订房。饭店日平均房价的高低很大程度上取决于散客数量的多寡。许多饭店都很重视散客预订。

3.按饭店所承担的责任来分类

按饭店所应承担责任的不同,订房分为临时性预订、确认类预订和保证类预订三种。

(1)临时性预订(Advance Reservation)

临时性预订是指客人的订房日期与抵店日期非常接近,或在到店的当天联系订房。一般只和客人达成口头确认,无须寄发确认书。

国际惯例一般是饭店对预先订房的客人,会为其保留房间至抵店当天下午6时,该时限被称为"留房截止时限"(Cut-off Time)。临时性预订客人若当天的"留房截止时限"之后仍未抵店,事先未与饭店联系,就算自动放弃订房,但饭店会在尽力联系客人无果后才取消其订房。为避免这种情形的发生,保证双方的利益,接受此类预订时,预订员会注意询问客人的抵店时间和航班、车次,并提醒客人留房截止时限。

(2)确认类预订(Confirmed Reservation)

确认类预订是指饭店答应为订房客人保留客房至某一事先声明的时间,如果客人到了规定时间仍未抵达饭店,也未与饭店主动联系,饭店有权将预留房间出售给其他客人。预订员必须尽到告知客房保留时限的义务,否则,容易发生纠纷。

持有预订确认书的客人比未经预订而直接抵达饭店的客人在信用上更可靠。饭店为这类客人提供较高的信用限额(House Credit Limit)和一次性结账服务。

团队订房一般必须书面确认。预订处会根据旅行社当天订房情况进行综合平衡并发出书面确认书。一旦旅游系列团队用房总量超过饭店规定的用房限额,须请示批准后方可确认。

(3)保证类预订(Guaranteed Reservation)

保证类预订是指客人为确保预订通过使用信用卡、预付定金和订立合同等方式来保证饭店的客房收入,饭店也承诺为这类客人提供所需客房的预订,使饭店与未来住客之间建立了更为牢靠的关系。保证类预订有三种类型担保方式:

①预付定金担保

客人以预付定金的形式担保客房预订。一般来说,在旺季或者遇到客人声明当天很晚才入住、客人主动要求交付定金及没有签订合同的团队客人预订等情况下,饭店会收取定金以保证双方的利益。

预付定金金额应视饭店的政策和客人的愿望及当时具体情况(如营业旺季)而定,通常是客人所订客房数一日的全价房费。饭店一旦收到定金,就必须为客人保留相应的客房。

如果客人届时不到,则定金的全部或部分有可能被饭店收走用来赔偿饭店可能出现的空房损失。

为了避免引起饭店与客人之间的纠纷,办理此类预订时,预订员会提前向客人说明保留客房、取消预订、退还定金等相关政策和规定。

②信用卡担保

使用信用卡作担保预订客房的前提是信用卡公司负责并愿意承担为客人担保的业务。这种担保方式在一些信用系统较完善的发达国家被广泛运用。当客人使用信用卡作为预订金订房时,预订员应注意在记录预订要求的同时,问清客人所持信用卡的种类、号码、持卡人姓名及失效期等。一旦客人既未取消预订又未按期到达,饭店可以直接通过信用卡公司收取客人的房费。

③合同担保

合同担保是指饭店与有关旅行社、政府机关、事业单位、社会团体、企业等组织签订订房合同,以保障双方的权益的担保方式。合同内容包括签约单位全称、地址、账号、签约代表、订房安排、收费标准以及同意为未抵店入住的订房客人承担付款责任等。合同还规定了通知取消的最后期限,如签约单位未能在规定期限内通知取消,饭店可以向对方收取罚金。

保证类预订既保证了客人的预订住房,使其免除超额预订的风险,同时也确保了饭店的客房收益,于双方均有利。在受理保证类预订时必须谨慎,除非接到取消预订的通知,否则饭店必须为保证类客人保留所需的客房。如果担保订房处理欠妥,不仅使饭店损失应有的房费,而且会严重影响饭店的声誉,极大地破坏客人与饭店之间的关系。

(三)预订程序

预订工作一共分为五大部分:预订准备、预订承接、预订确认或婉拒、预订变更或取消、预订资料存储与信息处理。

1. 预订服务前的准备工作

为做好预订工作,上班之前,预订员要掌握当天和近期的开房率和房间状况,与客房部、财务部保持密切联系,做好房态的控制工作。

2. 预订承接工作

(1)预订受理

预订员通过各种预订渠道和方式接受客人的订房要求。

(2)明确客人需求

接受客房预订时,预订员须清楚了解客人姓名、联系方式、预计入住与退房时间、房间种类与数量等基本信息与订房需求。

(3)查看房态和预订信息以及客史档案

预订员在接到客人的订房申请后,应迅速查看电脑或预订控制架,了解有无客人需要的房间、房间是否符合客人的订房要求等情况,据此决定是否接受客人的申请。如有房间则马上受理订房,如没有符合要求的房间或者房间供应不足,应委婉地谢绝客人的订房并帮助对方寻求其他途径预订其他饭店。

3.预订回复确认或婉拒

(1)预订回复确认(Confirmation)

预订员在接到客人的预订要求后,要立即将客人的预订要求与饭店未来时期客房的利用情况进行对照,决定是否能够接受客人的预订,如能接受预订,要迅速确认。确认预订(Confirmation)的方式有口头确认(包括电话确认)和书面确认两种。

(2)婉拒预订(Turning down)

如因为饭店客满或其他特殊原因无法接受客人的订房,预订员应婉言拒绝客人的预订要求,主动提出可供客人选择的一系列建议尽量争取留住客人。用建议代替简单拒绝,不仅可促进饭店客房的销售,还可以通过主动热情、体贴细致的服务,树立饭店良好形象。

4.预订变更(Amendment)或取消(Cancellation)

客人在办理了预订以后,由于交通状况、气候或其他人为因素(如临时取消行程)的影响,在到达饭店之前,还会变更甚至取消预订。据调查显示,取消预订的客人中有90%以后仍会前来预订,因此,正确处理预订的变更和取消,对进一步巩固和扩大饭店的客源市场具有重要意义。

5.预订资料储存与信息处理

为保障客人的订房要求能落到实处,便于日后拟订订房计划、预测预订趋势、制定营销策略、更高效快捷地做好个性化服务,必须认真对订房资料进行整理归档工作。

(1)准确填写订房单

当接到客人的订房申请,预订员应根据客人的要求及饭店的规定逐项认真填写订房单。如遇到订房申请资料不清楚、欠翔实,则应立时与客人取得联系,准确完整地了解详情后,完善订房单的内容。

(2)将预订资料录入电脑

为方便预订处及其他各有关部门在数据库中检索订房资料,开展客房销售和对客服务接待工作,应及时地通过电脑操作将每项预订信息输入电脑系统。

①将电脑调整到接受新预订的工作状态。

②按照规定的程序、统计编码,把预订单上提供的各项信息逐一输入电脑。通过电脑查询功能查核预订客人是否有住店历史,如果客人是回头客,则通过特定程序将该预订录入电脑,为有关部门提供信息依据,以利于有针对性地开展个性化服务。

③核查核对输入的信息内容,检查无误后,输入确认指令。此时,预订系统中已形成了客房销售的最初信息,为以后的预订管理和客人入住提供了信息资料,可以随时输出使用。

④订房单内容输进电脑后,在订房单上加盖"已输入电脑"印章或做一个"已录入电脑"的记号。

(3)检查核对订房资料

为了提高预订的准确性和饭店的开房率,并做好接待准备,在客人到店前、在旅游旺季,预订人员要通过书信或电话等方式与客人进行再次确认(Reconfirming),弄清客人是否能够如期抵店,住宿人数、时间和要求是否有变化等。核对工作通常要进行三次,第一次是在客人预订抵店前一个月进行,具体操作是由预订部文员每天核对下月同一天到店的客人或订房；第二次在客人抵店前一同进行；第三次在客人抵店前一天进行。

(4)管理、归类预订资料

为确保订房资料不受电脑系统突发故障或录入电脑时的操作失误等可能的不良影响,除在电脑中存有相应预订信息外,预订员应按照一定程序、系统地将所有订房资料进行人工整理归类,请参考表1-1-1(3)。

表1-1-1(3) 订房资料整理工作分类

类别	预订单部分	合同、协议部分	非常规类型客人订房资料专项存档	报告、预测、统计部分
订房资料内容	订房客人最基本的资料包括：客人原始订房资料(传真、信函、电子邮件及网络订房打印稿等)、预订确认书、预订变更/取消单、定金保证金(Deposit)收费证明、客史档案卡等。	与预订来源有关的双方愿意共同执行的客房销售合约。内容包括：对方名称、房价、餐价、付款方式、确认方式及服务要求与承诺等系列资料等。	旅游团体、会议团体、常客、长住客、取消预订类客人等。	预抵店客人名单、客房出租率预测报告、预期抵店的VIP客人名单、每日预订受理统计等。
资料整理存档操作标准	(1)根据订房不同情况把有关图章盖在订房单的指定位置,如"已确认"、"定金已付"、"保证类订房"等； (2)将所有相关资料同预订单放在一起,有关同一客人的预订资料装订在一起； (3)应将取消或变更预订的原始单据存档,备查； (4)时间排列法：将所有同一天到达的预订资料按照客人入住日期的先后顺序统一排列,形成某一期间的整个预订资料,便于了解掌握每天预订房间的客人的具体数量； (5)字母排列法：将同一天入住的订房单按客人姓氏英文字母顺序排列,便于迅速查找到客人订房资料。 (6)将每日预订资料整齐排放在特制档案柜中,随时供查阅。	(1)收到(签署)合同、协议后,按规定进行归档分类(如按合同一方所在地区分为港澳台、国际、内地三个地区),每一类中再按字母顺序排列,形成受理预订时的重要参照依据； (2)根据合约有效期及上级指示,不断更新、整理合约档案,以保证预订受理的准确性； (3)合同属企业的机密文件,不得擅自复印或对外泄露房价、餐价及有关条文； (4)熟记合同条款,才能在工作中解决有关订房问题。	(1)从营销部、公关部、大堂副理、客房部、餐饮部收集客人资料； (2)不断补充完善档案资料,以便开展定制化服务及宣传促销活动。	(1)由电脑随时打印提取； (2)各有关部门按规定日期妥善加以保存,形成预订报告档案,从而为各级管理人员提供决策参考,并指导前厅工作的开展。

(5)传递订房资料

为保证订房客人入住顺利,每天都须将次日抵店的客人等信息制成报表,传送并通知其他相关部门,以便提前做好接待服务中的细节安排。需要传递的预订资料如下：

①次日预计到店客人名单(Expected Arrival List)

各接待部门都要依据次日预计到店客人名单安排工作,如客房部可以提前准备好所需客房、安排好服务人手;餐饮部做用餐分析、做好餐饮及会议场地的布置、决定食品原料的采购量和人员安排;工程部据此提前做好设备检修及保养工作;保安部做好安全工作准备等。

表 1-1-1(4)　预抵达客人名单

预订号	序号	客人姓名	房间类型	房间数量	入住人数	抵达时间	离店时间	预订人	接待单位	特殊要求	备注

送:总经理、副总经理、大堂副理、营销部、管家部、餐饮部、保安部、礼宾部、总机。

制表人:_____

②团体接待通知单(Group Arrival Report)

预订员根据团体订房情况制作团体接待通知单(如表 1-1-1(5)所示),分发到管家部、餐饮部、接待处、礼宾部、总机、收银处等部门,指导其提前做好接待准备工作。

表 1-1-1(5)　团体接待通知单
Group Reservation Form

团队名称:　　　　　　　　　团队日期:　　　　　　　　　人数:
GroupTitle _____　　Date _____　　No.of.Pax _____
主办单位:　　　　　　　　　团队负责人:　　　　　　　　电话:
Company _____　　Contact person _____　　Tel _____
结算方式:　　　　　　　　　签单人:　　　　　　　　　　电话:
Payment _____　　Authorized Person _____　　Tel _____

一、**房间安排** Room Arrangement:

入住日期 Check in	客房类型 Room Type	标准间 Standard Room		豪华间 Deluxe Room		豪华套间 Deluxe suite
		单人间 Single	双人单 Double	单人间 Single	双人间 Double	
退房日期 Check out	数　量 Quantity					
	价　格 Room Rate					
	房　卡 Room Key					
	房间酒水 Mini Bar					

备注 Remarks:_____

二、用餐安排 Meal Arrangement：

日期 Date	早餐 Breakfast				午餐 Lunch				晚餐 Dinner				其他 Others
	时间 Time	地点 Venue	人数 Pax	价格 Rate	时间 Time	地点 Venue	人数 Pax	价格 Rate	时间 Time	地点 Venue	人数 Pax	价格 Rate	

备注 Remarks：_____

三、会场安排 Meeting room Arrangement：

日期 Date	时间 Time		地点 Venue	人数 Pax	价格 Rate	摆台 Decorate	会场布置 Fixup for meeting
	上午 Am	下午 Pm					

1.横幅 Banner： □不需要 No　　□需要 Yes　　价格 Price _____　□内容 Content _____
2.指示牌 Sign Board： □不需要 No　　□需要 Yes　　价格 Price _____　□内容 Content _____
3.礼仪服务 Reception： □不需要 No　　□需要 Yes　　价格 Price _____　□内容 Content _____
备注 Remarks：_____
经办人 Sales Person：_____　　签署人 Authorized by：_____

③团体客人名单或团体分房名单(Goup Rooming List)（见表1-1-1(6)）

团体客人名单包括客人姓名、性别、年龄、永久地址、房号、护照等有效证件号码。接待处根据预订处派发的团体客人名单预留足够的房间数并提前分房，方便团体客人到达时，团体导游或会务组人员快速分发房卡。

表1-1-1(6)　团体客人名单或团体分房名单

姓名 Name	性别 Sex	证件名称 ID.	证件号码 No.	地址 Address	房号 Room No.

备注 Remarks：

以上人员身份均由_____先生/女士担保。　　签名：_____

④重要客人接待通知单(VIP/CIP Arrival Report)

应接待单位的要求或者饭店总经理的批示,将如下客人列为重要客人进行接待:

第一类重要客人,称为贵宾(Very Important Person,简称 VIP),主要包括政府方面、文化界、旅游饭店业的知名人士等,通知单见表 1-1-1(17)。

第二类重要客人,称为公司客(Commercially Important Person,简称 CIP),主要指大公司、大企业的高级行政人员、旅行社和旅游公司职员、新闻媒体工作者等。

重要客人接待通知单包括接待重要客人的标准和特殊服务的要求等各项内容(如表 1-1-1(8)所示),这份表格是大堂副理或公关部、前厅接待部、管家部、餐饮部及其他部门做好重要客人的接待准备工作的依据。

表 1-1-1(7)　VIP/CIP 接待通知单

贵宾姓名		国籍		单位	
人数		男:	女:	房号	
陪同姓名		男:	女:	房号	
抵店日期		交通班次		抵达时间	
离店日期		交通班次		出发时间	
接待项目	( )住房;( )餐饮:早 中 晚;( )洗衣服务;( )长途电话;( )迷你酒吧;( )鲜花;( )水果;( )康乐服务;( )交通				
接待标准					
特殊要求					
接待单位			联系人		
有效签单人			签名		
备注					

审核人:＿＿＿＿＿＿＿＿＿　填表人:＿＿＿＿＿＿＿＿＿　　　年　月　日

送:总经理、副总经理、大堂副理、公关部、营销部、管家部、餐饮部、保安部、工程部、礼宾部、收银处、问讯处、康乐部、商务中心、总机留存。

⑤VIP/CIP 接待日报表、一周预订情况报表(Reservation Forecast)

⑥团体订房单及散客订房单

制作以上报表及表单的目的,是为了及时通知各部门提前做好接待准备。一旦遇到变更或取消,需要立即以电话或书面的形式通知各部门。

表 1-1-1(8)　一周客源预测表

日期 DATE								
星期 DAY								
预抵店散客 F.I.T ARR								
预抵店团体 GROUP ARR								
散客离店 F.I.T DEPT								
团体离店 GROUP DEPT								
散客住宿 F.I.T STAYOVER								
团体住宿 GROUP STAYOVER								
已满房间数 ON BOOKED								
预计出租房间数 EXPECTED VARIANCE								
预计出租率 EXPECTED OCC PCT								
预计空房间数 EXPECTED VACT UNIT								

四、任务准备

1. 相关教材、书籍、网络资源等；
2. 电脑或纸、笔、尺子、图纸等；
3. 预订资料、房间状态表等。

五、任务实施与评价

表 1-1-1(9)　任务1实施表

序号	操作步骤	操作标准	要求	备注
1	查找资料	通过书籍、网络等查找并阅读有关预订渠道、方式与种类等资料。	(1)思路清晰，行动迅速；(2)注重信息的时效性、客观性。	若只借助书籍，则事前书籍应准备充足。
2	分析归类	将所得的资料按表1-1-1(1)、(2)进行归类。	(1)归类合理；(2)分析到位。	可打归类草稿。
3	整理完善	将所归类的预订渠道、方式与种类整理在表1-1-1(1)、(2)上，并加以完善。	(1)内容完整清晰；(2)表格简洁规范；(3)信息全面具体。	也可以制作成电子材料。
4	总结与分享	对任务实施过程、完成情况进行总结自评，并与他人分享。	(1)总结全面到位；(2)表述清晰流畅。	也可制作成PPT展示讲解。

表 1-1-1(10)　预订渠道、方式与程序任务评价表

序号	评价内容与分值	评价结果			优点/不足
		自评	小组互评	教师评价	
1	参与积极性(10分)				
2	分工是否合理(10分)				
3	团队协作能力(10分)				
4	语言表达能力(10分)				
5	沟通协调能力(10分)				
6	信息收集能力(10分)				
7	信息分析归纳(10分)				
8	任务完成速度(10分)				
9	任务完成质量(10分)				
10	任务展示效果(10分)				
评价得分(100分)					评价平均分：

六、问题及解决方案

表 1-1-1(11)　任务1完成过程中的问题及解决方案

序号	问题提出	处理方案	预防措施

七、拓展知识

阅读材料 1-1-1(1)　专门从事饭店订房及销售的企业和组织(部分)

(一)国外专门从事饭店订房及销售的企业和组织(部分)

1.Utell International Ltd
2.SUMMIT
3.Sterling

4. The Leading Hotels of the World

5. Super National Hotels

6. SRS Hotel Steigenberger

7. JAL World Hotels

8. Preferred Hotels

9. Keytel SA

10. Lexington Services Corporation

11. LRI/Grand Collection

12. Logis de France

13. Golden Tulip Worldwide

14. Delton Global Reservations

注:Utell、Sterling、SUMMIT三个国际著名订房中心合并为SUMMIT,从而使SUMMIT成为全球最大的销售订房中心之一。

SUMMIT具有几大特点:第一,它的客人层次较高;第二,它的客源多,代理了全球所有主要航空公司、旅行社和跨国商务公司的预订业务;第三,它的网络分布广;第四,加入网络的成员饭店层次较高;第五,订房渠道畅通;最后,它有较强的销售组织保证,SUMMIT有分布全球的专职销售人员为成员企业推广。

(二)国内专门从事饭店订房及销售的企业和组织(部分)

1. C-Trip 携程旅行网

2. E-long 艺龙旅行网

3. Qunar 去哪儿

阅读材料1-1-1(2)　中小型订房中心的营销方式

(一)无订金预订模式

具体做法一:提供网上直接预订——网上确认——网上支付;

具体做法二:提供网上预订——网下确认——饭店前厅支付;

具体做法三:提供网下预订(免费电话,或非免费电话)——传真确认——饭店前厅支付。

(二)订金预订模式

顾客在饭店预订房间需要缴纳一定的定金,这样使顾客、饭店、订房中心三方的利益都有较好保障,减少"noshow"(订而不到)率。通过这种约束方式增加顾客的诚信,同时也使饭店更明确预订需求,但订房中心和饭店也应该保证提供正确和准确供顾客决策的信息。

(摘自:曾小力.前厅服务与管理.广东旅游出版社.)

任务2 散客预订服务

【案例导入】

某日晚9时30分,一位客人到店说已有预订,要求办理入住手续。接待员查询电脑后说,没有查到预订。客人很不高兴,说:"我已通过网络公司订好了。"接待员再次查询仍然没有查到,便请客人先按门市优惠价入住,待次日与网络公司联系后再更改房价。客人入住后投诉网络公司为什么不给预订,随后网络公司投诉饭店未给客人及时预订。经查,网络公司于当日晚8时36分将传真发至饭店预订部,此时预订员已下班,而接待员既没有在电脑里查到预订通知也没有到预订部去看有无传真,便告诉客人没有预订,造成客人投诉网络公司和饭店。

(资料来源:http://www.17u.com/news/shownews_68821_0_n.html)

问题

1.案例中的订房工作存在哪些不足之处?从中得到什么启迪?
2.不同的预订渠道与预订方式有何异同之处?

一、任务描述

为避免关于客人预订的投诉事件发生,预订处员工必须严格遵守预订工作流程与规范,接下来,让我们一起去学习如何开展预订工作。

二、任务分析

完成本任务的关键在于熟悉掌握客房预订服务的五大工作流程,严格遵守服务规范和工作标准,不能忽略细节,尤其应重复确认预订信息,以保证预订服务的正确和高效。

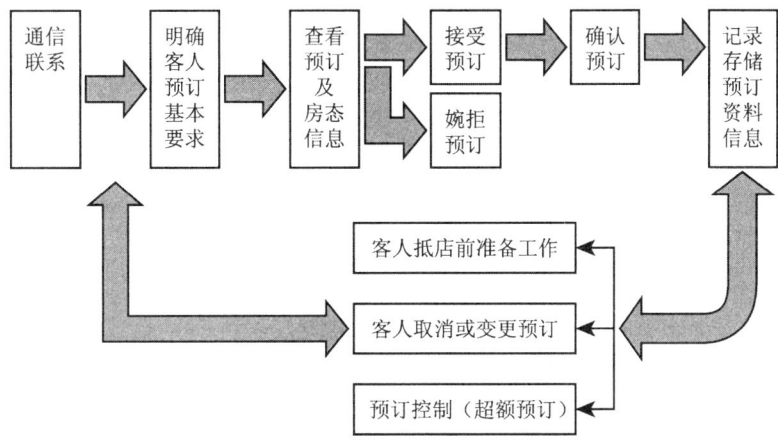

三、相关知识

预订服务的工作流程一般如下：

四、任务准备

1. 各种客房预订表格、客房预订确认表、预订变更通知单、房价表、房态表等；
2. 计算机、网络及前厅操作系统软件；
3. 电话机、笔、客房状态展示架、预订控制簿等。

五、任务实施与评价

下面，请完成几个任务，请按照任务完成它们，检验一下你能否正确地为客人提供预订服务。

子任务1 散客电话预订服务

表1-1-2(1) 散客电话预订任务实施与评价表

序号	操作步骤	操作与评价标准	评价结果				注意事项、改进意见
			优	良	合格	不合格	
1	接听电话，礼貌问候	(1)铃响三声之内拿起电话； (2)问候客人：早上/下午/晚上好； (3)报部门：××饭店预订部。					
2	聆听客人预订要求	(1)问清客人姓氏、抵离日期、预订数量、房间类型； (2)及时记录以上预订要点。					
3	查看订房情况，决定是否接受订房	(1)请客人稍候； (2)查看电脑预订系统的客房状况控制架，了解客房状况，并迅速做出接受或婉拒客人的预订要求的决定； (3)如遇客满，向客人表示歉意； (4)建议客人适当变更预订要求，并迅速办理预订手续； (5)将客人列入等待名单并承诺会预先安排住房； (6)婉拒客人预订，推荐附近的同档次饭店，征求客人意见是否需要为其代订其他饭店客房。					
4	推销客房	(1)介绍房间种类和房价(讲明是否包含税金、服务费、餐饮费等费用)，尽量从高价向低价进行介绍； (2)询问客人全名(中英文拼写)和公司名称； (3)如对方是常客或合同单位，则要认真查阅客史资料； (4)公司或旅行社承担费用者，要求在客人抵达前电传书面信函，付款担保。					

续表

序号	操作步骤	操作与评价标准	评价结果				注意事项、改进意见
			优	良	合格	不合格	
5	询问客人付款方式	(1)询问客人付款方式,在预订单上注明并及时录入预订系统; (2)公司或旅行社承担费用者,要求在客人抵达前电传书面信函,做付款担保。					
6	询问客人抵达情况	(1)询问客人抵/离店日期及时间、抵达航班/车船号等; (2)向客人说明房间保留时间,或建议客人做担保预订。					
7	询问客人特殊要求	(1)询问客人特殊要求,如接机服务、房间布置、加床、无烟楼层等; (2)如客人需接机,说明收费标准并详细了解具体情况; (3)对有特殊要求者,详细记录复述。					
8	询问预订人情况	(1)询问预订人或代订人姓名、单位、联系方式、电话号码; (2)对上述情况做好记录。					
9	复述校对预订内容	(1)抵达日期、时间、航班/车次信息; (2)房间种类、房价、数量; (3)客人姓名(公司名称、联系方式); (4)特殊要求; (5)付款方式(如公司承担须发书面传真,加盖财务公章); (6)代理人情况(姓名、公司名、联系方式等); (7)了解客人是否需要保证预订或提供订房确认书。					
10	向客人致谢	(1)告知预订确认号及本人姓名,申明预订房间保留的最后时限; (2)等客人先挂电话后方可挂电话。					
11	记录储存预订资料	(1)填写预订单并录入电脑,记录电脑预订编号; (2)按日期存放订房单; (3)如客人要求出具订房确认书,须在接受预订24小时内发出; (4)如属保证类预订,则跟进预付定金、信用卡担保的后继手续。					

子任务2 散客书面(网络、信函)预订服务

表1-1-2(2) 网络预订服务任务实施与评价表

序号	操作步骤	操作与评价标准	评价结果				注意事项、改进意见
			优	良	合格	不合格	
1	收集书面订房信息	(1)预订部每个班次定时在网上收集各订房网络订房信息; (2)记录并汇总所有的网络预订信息(网络订房的流水号、预订客人姓名、订房需求、联系方式等)。					
2	打印归类	(1)打印订房信息; (2)将打印出来的订房资料按内容分类。					
3	查看资料,判断是否接受订房	查看电脑或预订控制架饭店是否有相关的房型,判断能否接受订房。					
4	接受订房	(1)如在当前预订情况下能满足客人的用房需求,接受该客人的预订申请,反之,婉拒预订; (2)按规定填写预订登记卡,在预订控制簿标上已出租记号; (3)将填写好的预订登记卡,按住宿日期及客人姓名的字母顺序排放。					
5	书面回复订房申请	回复客人的预订申请,向客人说明其预订已经被接受: (1)以电子邮件附件的方式给予预订单回执; (2)以信函的方式打印预订单回执。					
6	记录储存订房资料	(1)填写预订单。若有某项内容欠缺,须询问客人后,补全信息并输入电脑; (2)将所有资料录入电脑,记录电脑预订编号; (3)按客人抵店日期及姓氏字母排序放订单; (4)保存客人的网络预订资料,建立客人档案。					

表1-1-2(3) 书面(函件、邮件)预订服务任务实施与评价表

序号	操作步骤	操作与评价标准	评价结果				注意事项、改进意见
			优	良	合格	不合格	
1	接受书面预订	(1)仔细阅读预订函件(邮件)内容,标注客人姓名、订房类型及数量、抵离日期等关键信息; (2)查看电脑或预订控制架,比较客人要求与房间状态信息,决定是否接受该预订; (3)如遇不清楚或有疑问之处,及时与客人联系查询。					

续表

序号	操作步骤	操作与评价标准	评价结果				注意事项、改进意见
			优	良	合格	不合格	
2	查核回复	(1)若可以接受订房,须在收到书面预订函电的当日(24小时内),在预订电子单上签名确认后,回传给对方; (2)加急函电立即回复; (3)回复形式与客人采用的方式一致(客人指定另外的回复方式除外);如采用标准格式和通用的缩写方式,经办人须亲笔签名以示重视。					
3	确认付款方式	(1)确认函件内容、了解饭店与对方签订的合同房价、结账方式及付款负责人等; (2)商务公司订房:由客人现付或由公司在客人入住前现付; (3)公司支付:写清包含支付项目(房租、餐费、电话等),要求免预付的须查看是否签订协议、有无协议指定的经办人的批准。					
4	记录储存订房资料	(1)填写预订单。若有某项内容欠缺,须询问客人后,补全信息并输入电脑; (2)将所有资料录入电脑,记录电脑预订编号; (3)按客人抵店日期和姓氏字母排序存放订单; (4)保存客人的预订资料,建立客人档案。					

子任务3 散客当面预订服务

表 1-1-2(4) 散客当面预订服务任务实施与评价表

序号	操作步骤	操作与评价标准	评价结果				注意事项、改进意见
			优	良	合格	不合格	
1	问候客人、询问订房需求	(1)主动向客人问好; (2)询问客人姓氏、抵/离日期、订房数量及类型。					
2	查看订房情况,决定是否接受订房	(1)查看电脑及客房预订控制架,了解客房状况,迅速做出接受或婉拒客人的预订要求; (2)如遇客满,向客人表示歉意,将客人列入等待名单、婉拒订房并推荐附近的同档次饭店。					
3	推销客房	(1)介绍房间种类和房价(讲明是否包含税金、服务费、餐饮费等费用),尽量从高价向低价进行介绍,必要时可带客人参观客房; (2)询问客人全名(中英文拼写)及公司名称; (3)如对方是常客或者合同单位,查阅客史资料(如:房类、房价、特别要求等),确定优惠房价并针对性服务。					

续表

序号	操作步骤	操作与评价标准	评价结果				注意事项、改进意见
			优	良	合格	不合格	
4	询问客人付款方式	(1)询问付款方式,在订单上注明; (2)公司或旅行社承担费用者,要求在客人抵达前电传书面信函,做付款担保。					
5	询问客人抵达情况	(1)询问抵/离店日期及时间、抵达航班/车船号等; (2)向客人说明房间保留时间,建议客人做担保预订。					
6	询问客人特殊要求	(1)询问客人特殊要求,如接机服务、房间布置、加床、无烟楼层等; (2)如客人需接机,说明收费标准并详细了解具体情况; (3)有特殊要求者,详细记录并复述。					
7	询问预订人信息	(1)询问预订人或代订人姓名、单位、联系方式、电话号码; (2)对上述情况做好记录。					
8	记录校对预订内容	(1)请客人填写订房单或由预订员根据客人口述填写; (2)认真核对客人填写的资料或请客人确认后签字,订房员最后签字。					
9	向客人致谢	(1)告知预订确认号及自己的姓名,申明预订房间保留的最后时限; (2)向客人表示感谢并礼貌道别。					
10	记录储存预订资料	(1)填写预订单并输入电脑,记录电脑预订编号; (2)按日期将订房单整理归档。					

子任务4 散客婉拒预订服务

表1-1-2(5) 婉拒预订服务任务实施与评价表

序号	操作步骤	操作与评价标准	评价结果				注意事项、改进意见
			优	良	合格	不合格	
1	建议变更	建议客人重新选择抵/离店日期、更改房间类型或变更客房预订数量等。					
2	登记候补名单	如仍然不能达成订房协议,可征得客人的同意,将客人的姓名、电话号码等登记在候补名单(Waiting List)上。					
3	优先安排住房	饭店一旦有了空房,立即通知候补订房的客人。					

续表

序号	操作步骤	操作与评价标准	评价结果				注意事项、改进意见
			优	良	合格	不合格	
4	致谢并致歉	(1)电话订房:首先,应对客人的预订表示感谢,同时对饭店无法满足客人要求表示歉意,并希望客人下次光临本店,最后向客人礼貌道别; (2)书面预订:应及时礼貌复函,以表歉意。					
5	征求意见,代订其他饭店客房	(1)征求客人意见,向其推荐同地区同档次的其他饭店; (2)向客人提供代预订其他饭店客房等延伸服务。					

六、问题及解决方案

表 1-1-2(6)　散客预订服务问题及解决方案

序号	问题提出	处理方案	预防措施

七、拓展知识

阅读材料1-1-2　客人对住宿的特殊要求

AP　AIRPORT PICKUP　接机服务

CR　COT REOUESTED　婴儿床

EA　EARLY ARRIVAL　提前抵达

XB　REQUIRED EXTRA BED　要求提供加床

HM　HONEY MOONERS　蜜月者

LA　LATE ARRIVAL　延迟抵达

RA　REQ.ADJOINING ROOMS　要求相连房

RC　REQ.CONNECTING ROOMS　要求连通房

SD　SAME DAY BOOKING　同天订房

ST　SPECIAL TURN DOWN　特殊开床服务

UP　UPGRADE IF POSSIBLE　尽量升级

WR　WHEELCHAIR REOUIRED　要求提供轮椅

FD　FERRY DEPARTMENT TRANSPORTATION　轮渡交通安排

(摘自:曾小力.前厅服务与管理.广东旅游出版社.2009.)

任务3　团队预订服务

一、任务描述

团队预订服务的承接和沟通协调工作进行模拟实训。

二、任务分析

完成本任务的核心是针对团队预订提前期长、涉及的客房数量大、情况较复杂等特点,学习加强与销售部门以及团体(旅游团及会议团)预订负责人的沟通与协调,保证预订工作准确顺利地开展。

三、相关知识

很多饭店的团体预订须有书面预订单,跟饭店长期合作的旅行社通常会在年初把当年的年度计划交给负责接受团体订房的饭店营销部,营销部按饭店政策控制好团体订房的比例,经权衡并同意接团计划后,将订房资料提前送到订房部。预订员在接到团体订房计划后,马上将资料单独归档,并在短期内尽早地填写团体订房单并输入电脑。有些饭店没有设立营销部,签订协议到团体预订手续的办理则由订房部来完成。

四、任务准备

1.团队预订表格、团队预订确认表、团队分房单、团队预订通知单、房价表等;
2.计算机、网络资源及前厅操作系统软件;
3.电话机、笔、客房状态展示架、预订控制簿等。

五、任务实施与评价

下面,请你练习如何正确地完成团队的预订服务。

表1-1-3(1)　团队预订服务任务实施与评价表

序号	操作步骤	操作与评价标准	评价结果				注意事项、改进意见
			优	良	合格	不合格	
1	接收团队预订通知	(1)接收销售部门的团队预订通知单; (2)阅读团队预订通知单,比较各团队的预订信息; (3)向销售部查询核对团体预订基本信息:各团队的用房数量、用房类型、抵离店时间、住店夜次、订房代表等。					

续表

序号	操作步骤	操作与评价标准	评价结果				注意事项、改进意见
			优	良	合格	不合格	
2	查看电脑房状系统	查看电脑远期房态图或预订控制架饭店是否有相关的房型,确认本饭店的现实情况是否能满足团队的用房。 插图 1-1-3(1)　前厅操作系统远期房态					
3	接受团队预订	(1)如房间类型、价格、付款方式等不能满足团队要求,尽快回复销售部,说明实际困难;能满足用房需求,接受团队预订; (2)与销售部进一步确认各团队信息: ①团队名称、团号、住客姓名、国籍、身份、人数、男女比例、抵离店时间、交通工具、是否需要无陪同房、用餐类别、餐别、次数、用餐标准、客人的特殊要求和注意事项等; ②了解团队预订代表的身份、联系电话、单位名称等; (3)向各团队的预订代表确认其团队的信息及用房情况,说明预订房间最后保留的时间; (4)请销售部说明给予各团队的优惠政策,并在预订单上注明付款方式,团内客人费用自理项目等事项; (5)填写团队预订单,在预订控制簿上标上已出租记号。					
4	回复团队预订	(1)请预订主管审核回复信,并签字; (2)以书面的形式回复销售部。					
5	记录储存订房资料	(1)填写团体预订单,将团队预订信息录入电脑,包括团队主单、团队分房、标准户籍、房税结构、特殊付款、付款账户等,记录电脑预订编号; 插图 1-1-3(2)　团队预订界面 (2)保存团队预订资料,建立档案。					

续表

序号	操作步骤	操作与评价标准	评价结果 优	评价结果 良	评价结果 合格	评价结果 不合格	注意事项、改进意见
6	团队预订信息传递	(1)提前发出书面通知单至相关部门做好准备工作,内容包括:团名、团号、国籍、人数、用餐地点、抵/离店时间、房型、房数、房价、是否提供免费房、房间设施、付款方式等; (2)提前将团体预订资料交接待处合理分房(会议团提前3天分房,旅行社团队提前1天分房); (3)团队房号确认后应立即通知客房部做准备; (4)团队到店前1天应与销售部重新确认,再次检查电脑资料是否准确无误,并将资料传给团队接待处; (5)团队抵店前1天,制作并下发团队接待通知书,发放至客房、餐饮、财务等各部门。					

资料 1-1-3 团队预订单

旅游团订房单 GROUP RESERVATION FORM

委托方名称 TRAVEL AGENT		组团社/地接社 NT/LT			
旅游团代号 GROUP NAME					
国籍 NATIONALITY		人数 PAX			
到达日期/时间 ARR.ETA		离开日期/时间 DEP.ETD			
用房类型及间数 RM.TYPE & NO.OF RM.	双人房间 TWIN	单人房间 SINGLE		陪同床 GUIDE BED	
房价 ROOM RATE					
付款方式 PAYMENT	□ 预付 PREPAY □ 现付 CASH □ 转账 TO AGENT A/C				
早餐 BREAKFAST	□ 赠送早餐 BREAKFAST INCLUDED IN ROOM RATE □ 不含早餐 BREAKFAST MOT INCLUDED IN ROOM RATE * 早餐费 BREAKFAST RATE _____ 元/人(RMB/PAX)				
备注 REMARK					

委托人 REVS BY:_____   联络电话 TELEPHONE:_____
填表人 CLERK:_____   日期 DATE:_____

六、问题及解决方案

表1-1-3(2) 团队预订服务问题及解决方案

序号	问题提出	处理方案	预防措施

七、拓展知识

阅读材料1-1-3　会议团队预订流程及接待

会议团队到场消费情况一般分为两种:一是经过外联拓展或主动上门联系并签订了《团队接待协议》的客源;二是临时到场即时需提供服务的会议团队客源。两种客源因到场时间的差异,形成的接待流程有所不同。

一、会议团队预订流程

营销人员主动上门对目标客源进行拜访或与主动到店团队客源对接,通过商谈明确消费形式及内容,达成会议团队消费意向并签订《团队接待协议》。协议内容应明确如下内容:单位名称及抵离店时间;团队人数;用餐标准和酒水要求(确定用餐形式及菜品清单);住宿标准及需要房间数量;会议室地点及收费标准、会场布置、会标内容及规格尺寸、茶水服务和是否需要多媒体、话筒数量、鲜花、水果等;娱乐项目的预订及消费标准;户外活动的内容及标准;团队签到具体安排;结账方式;会务组人员相关信息以及其他特殊要求等。将签订的《团队接待协议》反馈至饭店前厅进行登记,财务部和总经办备份。

临时到店即时需要提供服务的会议团队,在了解基本需求和结算方式后,直接进入接待程序,随后跟踪服务,以掌握团队其他消费需要。

二、会议团队接待纲要

会议团队接待可分为前期、中期和后期三个时间段,不同时间段的工作重心有所不同,注意事项也随之变化。

(一)前期接待准备

前厅根据《团队接待协议》提前1至2天,与会议团队会务组取得联系进行协议再次确认,了解是否有其他要求,同时向相关部门发布书面接待通知,相关部门负责人在通知上签字确认。部门负责人根据通知,做好相关接待准备工作,对人员、物资、卫生、服务、安全等做出相应要求和安排(如餐厅接到通知后,应及时在班前会上做出具体人员安排、场地布置和原材料采购计划等准备事宜),在大堂设置签到台,并尽量协助签到工作。提前悬挂欢迎横幅或欢迎水牌,在道路节点、就餐区域、会议厅门口、娱乐场地设置指示牌,方便客人使用。

(二)接待工作展开

总经理、总经办、营销具体负责人对客户消费的每一个环节进行督导,现场指导,收集反馈意见,处理突发事件(如营销具体负责人要跟踪对接会务组人员,及时了解意见,掌握团队消费动向,查漏补缺,确保服务到位)。各部门要环环相扣,紧密联系,无缝对接,确保客户抵达每一个消费场地都有迎来送往,周到的服务,对各方面安全要做到万无一失。会议团队消费账目核对清楚,及时提供快速准确的结账服务(涉及签单或支票结算的,要由相关负责人签字或现场把关)。各部门均应严格按照岗位服务质量标准和操作流程进行工作。

(三)接待后续工作

接待完毕后各部门要做出总结,前厅做好信息收集客史档案登记,营销人员应配合财务做好应收账款和回访工作。

临时到店即时需要提供服务的会议团队,可参照以上,有序展开,要求应变灵活,避免超额接待、场地冲突、服务空白断档现象发生。

(摘自:http://wenku.baidu.com/view/dcc5b77e27d3240c8447efc9.html)

项目2 预订控制

【案例导入】

超额预订引起的投诉

在旅游旺季,各饭店出租率均较高,为了保证经济效益,饭店一般都实行超额预订。

一天,经大堂副理及前厅的配合,已将大部分客人安排妥当。当时2305房间的客人为预离房,但直至18点时才来前厅办理延住手续,而此时,2305房间的预抵客人已经抵达。大堂副理已在下午多次打电话联系2305房间预离客人,但未找到。

大堂副理试图向刚刚到达的客人解释饭店超额预订,并保证将他安排在其他饭店。一旦有房间,再将其接回,但客人态度坚决,称:"这是你们饭店的问题,与我无关,我哪也不去。"客人态度十分坚决,而且多次表示哪怕房间小一点也没关系,他就是不想到其他饭店。

经值班经理同意,大堂副理将客人安置到值班经理用房,客人对此表示满意。
(资料来源:http://www.veryeast.cn)

问题

1.导致客人不满并投诉的原因是什么?

2.我们日后在做订房控制工作时应注意哪些事项以避免类似情形的发生?

任务1 预订变更或取消服务

一、任务描述

分组进行预订确认、预订取消及预订变更服务的情景模拟与演练。

二、任务分析

完成本任务的关键在于遵循预订检查和核对、预订确认、预订取消和变更的工作流程，及时准确地记录、储存并传递预订信息。

三、相关知识

由于预订工作随时可能受到宾客的取消、更改、提前、延迟、增减人数等的变化的影响，饭店预订部一般会通过预订检查与确认、预订变更与取消、超额预订等途径保证客房预订工作的有效性，此谓预订控制。

(一)预订检查与核对工作

为确保预订的准确性，在客房销售高峰期加大开房率，须分三次进行订房核对工作：

表1-2-1(1) 订房核对工作程序

核对次序	核对时间	核对方式	核对内容及跟进处理
第一次	客人抵店前一个月	通过电话、书信、电子邮件或传真等方式联系订房人	(1)查找下个月或下周同一天到店客人的预订； (2)核对抵达日期、预住天数、房间类型和数量等； (3)若发现有客人取消或更改预订，则要及时修改预订记录，做好闲置客房的补充预订工作。
第二次	客人抵店前一周		
第三次	客人抵店前一天	通过电话或电子邮件方式联系订房人	(1)仔细检查预订内容，若有取消预订的，则应立即通知接待处，以便其将这些取消预订的客房出租给未经预订而直接抵店的散客； (2)确认抵达航班，落实接送服务、房间布置、订餐服务等特殊服务要求。

如遇VIP客人、大型团队订房，或者客人订房的提前期长，还应增加订房核对的次数。例如，某些团体订房是由营销部负责承接的，应定期提醒营销部提前三天至一星期主动与旅行社、会议组织机构或政府机关团体等订房单位联系并落实团队情况，尽早确认团队的实际预订情况，以利于后续工作的顺利开展。

(二)确认预订

为保障预订顺利完成，饭店一旦接受客人预订，就要马上确认客人的预订。按照国际订房惯例，不管预订人用何种方式订房，只要订房日期与抵店日期间有充足的时间，都应向客人寄发书面预订确认书。通常，确认书应在预订员收到书面(信函、电子邮件、传真等)预订凭证的24小时内发出；而团体预订则至少应在客人动身前一周把确认书寄到客人手中，要预留充足的时间通知客人饭店为他保留了房间。

预订确认书主要包括以下内容：

- 重申客人的订房要求
- 双方对房价及付款方式达成的一致意见
- 声明饭店有关取消预订的规定
- 对客人选择本店表示感谢
- 预订员或主管的签名、日期

资料1-1-4 订房确认信(A Reservation Confirmation)

```
××HOTEL
                                                    Address：
                                                    Telephone：
                                                    Fax：

Thank you very much for your request for a reservation at the ×× Hotel.
We are pleased to confirm the following accommodation：

Cofirmation number：_____
Guest name：_____      No.of persons：_____
Address：_____
_____
_____     Telephone：_____
Occupancy period：_____
Arrival date：_____       ETA/Flight：_____
Accommodation：_____
Rate：_____(exclusive of service charge)
Remarks：_____
Date：_____        Front Office Manager：_____

We look forward to welcoming you and assuring you that everything possible will be done to make your stay an enjoyble one.

Important：Please retain this letter and present it to the receptionist upon registration.Reservations are held only until6 p.m.unless otherwise notified or hte booking has been guaranteed.
```

(三)预订变更处理

1.接到预订变更的要求,询问要求变更预订的客人姓名及预订号,在电脑中查找。

2.准确记录要求更改的内容。

3.立即查找电脑预订情况,确认是否可受理该客人的预订变更要求。

4.如果可以接受客人的变更要求,应及时予以确认,填写预订变更单并修改电脑系统中相关信息和有关预订控制记录;如果客房已订满,无法满足客人变更要求,则应耐心解释,并将客人的预订暂时列在等候名单上。

5.立即更改原始预订单,记录下通知人的姓名及电话,并和其再次确认预订的信息,在电脑中做相应的更改。

6.若客人需要更改相应信息的要求无法满足,应及时向客人解释,将此预订放在等候名单上,并告知会再次联系客人确认其房间预订情况。

(四)取消预订处理

1.接到取消预订的要求,问清客人姓名及预订号。

2.在电脑中查询预订记录,并立即将原始订单从档案中取出。

3.将该预订取消,记录通知人的姓名及联系方式,在订单上加盖"取消"章,注明取消日期、取消原因和取消申请人等,并签上预订员姓名,切不可在原始的预订单上涂改。

4.欢迎客人下次预订房间。

5.资料存档,在电脑中或预订控制表上将相关预订记录取消。

6.若为当天客人预订,应立即通知取消已准备好的登记单及房间摆设等。

(五)订而不到(NO-SHOW)处理

1.阅读NO-SHOW客人报表,了解客人的全部情况。

2.查询电脑系统及入住登记表,确认客人是否已入住。

3.查找订房人的联系方式,立即与其联系,询问客人未能抵达的原因并记录在报表上。

4.检查人签字确认后按日期存档。

四、任务准备

1.预订表格、预订取消/变更通知单、房价表等;

2.计算机、网络资源及前厅操作系统软件;

3.电话机、笔、客房状态展示架、预订控制簿等。

五、任务实施与评价

表1-2-1(2) 预订取消或变更任务实施与评价表

序号	操作步骤	操作与评价标准	评价结果				注意事项、改进意见
			优	良	合格	不合格	
1	接受订房变更或取消的要求	(1)电话通知:礼貌问候客人,接受客人变更或取消订房的要求,询问姓名及预订号;须确认要求变更或取消订房的客人姓名等身份信息,准确记录要求更改的内容; (2)书面通知:根据资料接受订房变更或取消; (3)若变更/取消的订房属于订房中心、旅行社订房(已预付),因涉及房间费用及回佣的问题,应建议客人首先通知其订房来源处,再由订房来源处以文字形式通知饭店预订部门。					

续表

序号	操作步骤	操作与评价标准	评价结果 优	良	合格	不合格	注意事项、改进意见
2	核对原始订房单,确认预订变更或取消的具体情况	(1)查看电脑或有关预订控制记录,取出原始订房单; (2)核对订房单内容,包括姓名、抵/离日期、房间类型与数量等,如遇不清楚的地方一定要确认无误; (3)取消订单时要仔细查看是否还有订车、订水果、订鲜花等收费项目,如有要问明是否一同取消。					
3	变更订房的处理	(1)查看电脑,确定能否满足客人的变更要求; (2)如能接受客人变更预订的要求,应及时予以确认,填写预订变更单并修改电脑和有关预订控制记录; (3)如客房已订满,无法满足客人变更要求时,则应耐心解释,并将客人的预订暂时列在候补名单上,并告知会再次联系客人确认其房间预订情况; (4)订房资料存档,在电脑或预订控制表上注明变更。					
4	取消订房的处理	(1)在订房资料上加盖取消图章(Cancelled),在订单及电脑备注栏中注明通知人的姓名、取消日期、取消原因和取消申请人信息等,并签上预订员姓名,切不可在原始的预订单上涂改; (2)订房资料存档,在电脑或预订控制表上注明变更或取消					
5	回复确认,礼貌致谢	(1)电话:记录电话通知人的姓名、单位及联系方式等,以便双方进一步联络; (2)信函:24小时之内书面回复客人,须写上"确认取消"字样; (3)电子邮件:电邮回复确认取消预订,打印取消确认函附在订单后; (4)网络(E-booking):在电脑备注栏中注明 E-booking 取消,然后点击"确认取消",回复对方; (5)对客人能及时通知饭店表示感谢,欢迎下次预订房间。					
6	后续跟进,通知协调	(1)如客人当天取消预订,立即通知取消已准备好的登记单及房间摆设等; (2)预订变更/取消内容涉及一些特殊安排,如接机、订餐、摆放鲜花水果等,应尽快通知有关部门做出变更或取消; (3)团队订房房间数量的增减会直接影响开房率,必须正确无误地进行相应更改,尤其注意更改的日期、房数、人数、订餐及各房间种类的要求等,正确地更改电脑资料; (4)VIP、重点接待及大型会议的订单取消要马上通知相关部门或业务员; (5)整理归档订房资料,以备查考。					

续表

序号	操作步骤	操作与评价标准	评价结果				注意事项、改进意见
			优	良	合格	不合格	
7	取消保证类订房的定金处理	(1)取消保证类预订,须要以客人的书面取消预订为准; (2)判断是否需要没收客人的订房定金。如客人取消的时间较早,一般不应没收定金;如因不可抗力因素等客观原因所致,一般应免予赔偿;若出于客人主观原因取消预订,一般应没收全部定金; (3)如事先约定或饭店规定要收取费用的,在回复预订取消时要告知客人收费金额; (4)应收费但因特殊原因接获不收费通知的,须在订单上注明通知者的姓名、职务及时间,最好有文字通知。					

六、问题及解决方案

表1-2-1(3)　预订受理服务问题及解决方案

序号	问题提出	处理方案	预防措施

七、拓展知识

阅读材料1-1-4　客人对住宿的特殊要求

为了进一步规范饭店客房预订的管理,防止恶意控房,有效提高客房预订的成功率,从而提升饭店客房出租率和保证饭店经营利润最大化,根据饭店相关管理制度及经营的实际情况,特制定本管理办法:

一、预订取消、变更的定义

1.预订取消是指饭店协议单位(包括但不限于特约客户单位、会议单位、旅行社、网络预订公司等)通过饭店预订部提前预订饭店客房并经预订部确认后,非因不可抗力原因不能或未能按确认使用时间使用客房,从而取消预订的行为。

2.预订变更是指饭店协议单位(包括但不限于特约客户单位、会议单位、旅行社网络预订公司等)通过饭店预订部提前预订饭店客房并经预订部确认后,在确认使用时间未能按确认预订用房量使用客房,从而减少用房量的行为。

二、预订取消、变更的规定

(一)预订取消的规定

1.旅游团队:于确认入住日平季提前3天、旺季提前7天以上取消预订的,可不承担房费,但已交付定金的,不退返定金;于确认入住日前平季3天、旺季7天内取消预订的,承担50%的房费;确认入住当日取消预订的,承担100%的房费。

2.会议团队:于确认入住日提前3天以上取消预订的,饭店不退还会议定金;于确认入住日前3天内取消预订的,承担50%的房费;确认入住当日取消预订的,承担100%的房费。

3.特约客户单位的散团:于确认入住日提前1天以上取消预订的,可不承担房费,但已交付定金的,不退返定金;确认入住当日取消预订的,承担100%的房费。

4.黄金周、节假日、旺季、平季周末、大型会议和饭店重大活动期间以及某些特殊时段,在提前10天以上书面通知的情况下,饭店可实行预付房款或以信用担保的方式预订客房。取消预付房款或以信用担保的预订,所有单位或个人均须按预订房总房费全额承担费用。

5.由于不可抗力原因造成的预订取消,订房单位可免责,但应及时以书面形式通知饭店,并提供不可抗力事件的证明。

(二)预订变更的规定

1.旅行社变更预订减少的房数允许不超过当团预订房数的15%或当日预订总房数的10%,会议单位变更预订减少的房数允许不超过当日预订房数的10%,特约客户单位变更预订减少的房数允许不超过当日预订房数的15%,否则,应比照上述取消预订的规定承担超过部分的预订房费用。

2.变更减少预付房款或以信用担保的预订,所有单位或个人均须按预订房总房费全额承担费用。

(三)控制管理预订取消、变更的特别办法

为避免因频繁取消或变更预订影响商务会议和商散预订,造成客房闲置率偏高,同时也在饭店旺季、平旺季过渡时段以及年末商务会议高峰时段等月份,全月有过半数的天数出现预订用房紧张的情况下,饭店可采取担保预订方式控制和管理预订取消或变更,即饭店允许订房单位取消或变更预订减少的房数不超过当日预订总房数的10%,超额部分须全额承担房费,订房单位须以书面形式承诺认可。本特别办法的启用,由饭店预订部根据饭店预订状况于实行前一月书面报饭店总经理批准后以书面形式通知营销中心,由营销中心(销售经理)通知订房单位。订房单位可按月或按次提交预订担保书。

三、预订取消、变更的控制管理流程

1.营销中心销售经理与协议单位签订消费协议后,协议书须送财务部审核。

2.消费协议经财务部审查合格后,协议单位可通过销售经理或直接向饭店预订部预订客房。

3.预订部确认预订。

4.预订部确认预订后,订房单位在确认入住日前取消或变更预订的,应向预订部书面申请,若在确认入住日取消或变更预订的,应向饭店前厅书面申请。

5.饭店预订部或前厅受理预订取消或变更后,应及时分别向财务部和营销中心(销售经理)发送"预订取消、变更通知单"或"NO SHOW 报表",并向财务部提交订房单位取消、变更预订的书面申请或订单。

6.财务部凭订房单位取消、变更预订的书面申请或订单以及"预订取消、变更通知单"或"NO SHOW 报表"与订房单位核对取消或变更预订减少的预订房数,并与订房单位办理结算手续。

7.若订房单位拒绝承担取消或变更预订减少的预订房房费时,营销中心(销售经理)应协助财务部追索赔偿。

四、其他管理规定

1.如协议单位违反本办法规定的,销售经理有义务和责任按饭店要求协助饭店向对方单位追索赔偿,在饭店未获得赔偿前,该单位的消费额不计入销售经理当月的销售业绩。同时,饭店将视损失程度和情节轻重给予销售经理适当的经济处罚。

2.如协议单位取消预订或变更减少预订后拒绝赔付的,饭店有权取消其签单挂账权、享受的协议优惠价和终止合作协议,并将依法追究其法律责任。

3.饭店预订部要加强对预订取消、变更的控制和管理,提高控管技巧和能力,对取消或变更预订频率高或量大的单位或销售经理,在预订用房紧张的时段可限制其预订量或拒绝其预订。

4.协议单位签订的消费协议未经财务部审查确认前或非协议单位预订饭店消费时,预订部只能按现付方式受理预订。但是黄金周、节假日、旺季、平季周末、大型会议和饭店重大活动期间以及某些预订用房紧张的特殊时段,饭店原则上不受理非预付消费款的非协议单位的预订。

5.饭店签订会议消费合同的定金原则上不得低于预计消费额的20%。与行政事业单位、国有大中型企业等签订会议消费合同却不能预付定金的,必须严格按公司和饭店合同审查管理规定完善合同手续后,饭店方能接受预订和予以消费接待。

五、附则

本办法未规定事项或未尽事宜,依公司和饭店相关管理规定执行。

(摘自:http://wenku.baidu.com/view/04fb471a6edb6f1aff001fd4.html ztingde)

任务 2　超额预订的控制

一、任务描述

分组进行超额预订处理的情景模拟与演练。

二、任务分析

完成本任务的关键在于掌握超额预订数量的确定、超额预订服务的工作原则与规程,锻炼并强化与相关部门、其他饭店前厅以及客人有效沟通协调的能力。

三、相关知识

超额订房是指饭店在订房已满的情况下,再适当增加订房的数量,以弥补少数客人订而不到(No-Shows)、临时变更预订、取消预订、提前离店等而出现的客房闲置,达成充分利用饭店客房、提高开房率的目的。

为避免由于"过度超额"引致订房客人不能按原计划顺利入住引发住房纠纷,或"超额不足"而使部分客房闲置,应该"适度"并"适量"限制超额预订。按国际饭店的管理经验,饭店接受超额预订的比例应控制在5%~15%之间。不同的饭店会根据各自的实际情况,合理掌握超额预订的"度"。

(一)超额预订数量的确定

1. 掌握好团体订房和散客订房的比例

由于团体订房都是事先有计划安排的,取消订房或无故不到的概率很小,即使取消也会提前通知饭店;而散客订房受外界因素的影响很大,随意性强。因而,在散客订房多、团体订房少的情况下,超额预订比例应该放松一些;而在团体订房多、散客订房少的情况下,超额预订的比例应控制小一些。

2. 掌握好预订类别之间的比例

保证类预订意味着客人与饭店均须遵守双方有关客房预订的承诺,取消及变更的机会较少。因此,在某一时期内,保证类预订比例越高,临时性预订少,意味着超额预订的额度就越少。反之,超额预订比例就可大一些。

3. 依据预订情况分析订房动态

预订提前量大,未经预订而直接到店的客人所占比例较小,预订的变动性随之加大,应适度调大超额预订量,避免客人取消或变更预订造成客房闲置;反之,超额预订量应减少一些。

4. 本地区有无同档次饭店

如本地区同档次饭店较少,客人的选择较少,取消预订的机会也随之降低。一旦超额预订量过大,就容易遭遇难以将客人介绍到附近同档次或同星级的饭店的窘境,此时,应适当降低饭店超额预订的数量。

5. 饭店在市场上的信誉

饭店的硬件水平高、服务质量高,服务设施功能齐全,地理位置优良、交通顺畅,则订房客人到店率比较高,而且为维持良好的经营声誉,超额预订量应适当收紧。

6. 根据以往订房资料统计下列客人的数量和比率

(1)订而不到者(No-shows):分析统计饭店历年同期订而不到的平均百分比;

(2)临时取消者(Cancellations):分析统计历年同期临时取消预订的平均百分比,通常参考近两年的同期资料和最近3天的订房资料进行分析。

(3)提前离店者(Under-stays):分析统计历年同期平均提前离店的客房数;

(4)延期住店者(Over-stays):分析统计历年同期平均延期住店的客房数;

(5)提前抵店者(Early·arrivals):分析统计历年同期平均提前抵店的客房数。

掌握上述资料后,就可根据公式计算出超额预订的数量。计算公式如下:
$$X = Q \cdot r - D \cdot f$$

注意:公式中的 X 为超额预订量;Q 为客房预订量;r 为临时取消百分比;D 为预计离店后空房数;f 为延期离店率。

【计算例题】

某饭店有客房500间,根据资料显示,7月10日续住房数为200间,预计客人离店房数为100间,申请预订用房数为350间。根据前厅预订历史资料分析,饭店旺季延期住店率为5%,临时取消率为10%。

问:预订处7月10日可超额预订房多少间?超额预订率是多少?

题解:超额预订量=客房预订量×临时取消百分比-预计离店空房数×延期离店率

　　　　　　= 350×10%-100×5%
　　　　　　= 30(间)

超额预订率=超额预订量/可供客房数×100%
　　　　　　= 30/(500-200)×100%
　　　　　　= 10%

答:可超额预订房间30间,超额预订率是10%。

一般情况下,超额预订率控制在5%左右为宜。

7. 考虑其他因素

除了以上因素外,人数还应兼顾考虑:经营的淡季、平季和旺季间的差别;各个主要合作订房机构历史同期预订实到占订房人数的比例;饭店当天需保留的机动房的平均使用率;等等。例如,正确统计出预订但未抵店(No-Shows)用房的百分比,以此为依据受理部分超额预订积极做好应对准备,对订而不到的单位和个人要做好记录和存档,以后处理超额预订时,就可以先占用过去经常预订而不到店的客人的房间,增加超额预订数量。

(二)超额预订的处理

只要饭店实施了超额预订,就可能使已经订房的客人到店后无房可住,必定会引起客人极度不满,轻则激发纠纷要求赔偿,重则客人诉诸法律,有损饭店声誉。

1. 对客房的预留与确认,导致可售房状况的变化,及时采取补救措施;
2. 妥善安置好客人住宿,以消除客人的不满,挽回不良影响,维护饭店声誉;
3. 及时收集积累预订资料,细致周全地分析客人情况,不断总结经验与教训;
4. 密切与本地区饭店同行强化协作,构筑和谐的业务关系网络,一旦出现超额预订过度情况时,双方都能互相支援,共同维系地区饭店市场的兴盛发展;

处理超额订房是一件极富技巧之工作,要求掌握一定的经验、保持坚韧之耐心。

四、任务准备

1. 预订表格、预订取消/变更通知单、房价表等;
2. 计算机、网络资源及前厅操作系统软件;

3.电话机、笔、客房状态展示架、预订控制簿等。

五、任务实施与评价

表1-2-2(1)　超额预订服务处理任务实施与评价表

序号	操作步骤	操作与评价标准	评价结果				注意事项、改进意见
			优	良	合格	不合格	
1	落实预订/预期退房客人是否如期到/离店	(1)设法联系预计当天抵达的客人,确定对方是否抵达,提醒客人订房仅能保留至抵达当天的18:00; (2)联络订房中介或订房单位,询问客人的抵达时间,解释订房保留的规定:如客人未通知店方到达时间,订房将在当天18:00时自动取消;提醒订房单位须预交订金以便保留房间; (3)联系所有预期退房的客人,确定是否如期退房或续住。					
2	提前做好超额预订应对的准备工作	(1)密切与房务部核对房态,及时掌握准确的房态,避免房态差异而导致的损失,力求在饭店内部解决住房不足的困难; (2)查看当天预抵达客人名单,争取劝服家庭、同游者或互相认识的客人同住(加床),减少客房的占住; (3)如有需要,联系附近同等级饭店,预订部分房间; (4)查看当天预抵达客人名单,列出估计较容易接受转移到其他饭店的客人名单(白天入住、首次预订、非协议客人或非贵宾、非常住客人等)。					
3	启动安抚、补救措施	(1)诚恳向客人解释原因,并赔礼道歉。如有需要,请当值的高级管理人员出面致歉; (2)力争在饭店内部解决,进一步核查房态,征求客人意见,可安排升级或降级入住或延迟入住时间;劝说团体预订减少司陪用房、安排加床、取消自然单间、本地司机外宿等;安排微损房赶修、自用房改为客房等; (3)如饭店确实不能解决,免费派车、派专人陪客人前往已经或现场联系的一家同地区的、档次相当的饭店; (4)征求客人意见,是否愿意次日搬回饭店。如对方愿意,立即及时、准确地为其订房; (5)向外送客人免费提供一次或二次的长话费或传真费等,以便客人能将临时改变住宿地址的消息通知有关方面; (6)支付保证类订房客人在其他饭店住宿第一夜的房费; (7)通知本饭店前厅接待处及问讯处、总机、商务中心等岗位,注意是否有该客人的传真、信件、电话、留言等; (8)次日排房时,优先考虑此类客人的用房安排,做好接回饭店的安排,如,派专车迎接、大堂副理在大厅恭候陪同客人办理入住手续、房间内摆放总经理致意卡、鲜花水果等。					

续表

序号	操作步骤	操作与评价标准	评价结果				注意事项、改进意见
			优	良	合格	不合格	
4	后续跟进工作	(1)由前厅部经理向提供援助的饭店表示感谢; (2)详尽做好客史档案记录,避免日后再有类似事情发生在同一客人身上。					

六、问题及解决方案

表1-2-2(2) 超额预订控制问题及解决方案

序号	问题提出	处理方案	预防措施

七、拓展知识

阅读材料1-2-2 合理做好超额预订

每年一到节日长假的时候,很多城市的饭店客房入住率就会自然而然地猛升至100%,为了获取收益最大化的同时又为未来锁定客人,饭店更应细致地做好营销与超额预订控制工作。

一、预测客源情况

首先,要做好客源的预测工作。饭店通过预测才能考虑接下来的营销步骤,预测需要从多方面来着手:

1.往年同期客源情况的分析。营销人员应该细分和研究去年同期节假日的每天客房出租情况,如:每日出租房间数,散客房间数,以及来自协议的散客比例、来自订房中心的散客比例等,从而将以往的数据与今年节假日预订情况进行比较。由于旅行社团队往往会作提前预订,而且通常越接近节假日时,团队的房间数才会越确定,所以营销人员应每隔一段时间与旅行社核对团队的收客情况,防止旅行社为了控房而作虚假或水分较大的预订。

2.关注节假日期间的天气预报。由于假日客源主要是旅游客人,旅游客的消费属休闲性自费旅游,随意性较大,所以,若天气乐观,可以留出部分房间以出售给临时性的上门散客;若天气情况不妙,要多吸收一些团队,以作为客房的铺垫。需要如何控制和预留房间,还得看看老天爷的脸色。

3.了解本市同类饭店的预订情况。通过了解竞争对手和不同地段的饭店预订情况,可以估计出自己饭店客房出租的前景。

4.关注各媒体报道。通常在节假日前几天,各大媒体包括网上都会争相从相关行业、饭店处了解到最新的情况,进行滚动式报道。

5.通过其他渠道了解信息。可以从饭店主要客源来源地的饭店销售界同行、旅行社、客户那里了解信息。

二、做好价格调整的准备

根据预测情况,针对各种客源,制定不同的价格策略。新的价格要尽量提前制定,以便留出足够的时间与客户沟通。其间营销人员有大量的工作需要落实,不仅通过电话、传真、Email通知客户,更要从关心客户的角度出发,提醒客户尽量提前预订,以免临时预订而没有房间。在价格调整中,不同客源的调整幅度可以不一样,对一贯忠诚于饭店的协议公司客人提价要稳妥,要与他们沟通,尽量在协议客人能够承受的幅度间进行提价;对于订房中心的调整可以从网上进行了解,特别是要调查同类饭店的调价情况,结合客户可以承受的能力和饭店自身情况综合考虑,饭店要从长远的眼光来看待与客户之间的关系,不能只做一锤子买卖,因为建立良好的信誉是发展未来客源的基础,绝不可以因节假日游人增多而"水涨船高",肆意涨价。

三、合理计划客源比例

根据调查与预测情况,合理做好客源的分配比例,如果预测天气状况不妙,可以增加团队的预订量,如果预测天气较好,可以减少团队预订量。但笔者认为不能一刀切,不接团队,除非饭店以前从不与旅行社打交道。饭店可以通过价格的上涨来合理控制或筛选不同细分市场。对于长期合作的系列团队,应尽量提供一定比例的房间。

四、合理做好超额预订

饭店常常遇到预订了房间而产生"未出现者"(No-show)的情况。由于国内信用制度还没有彻底完善,客人不会因没有履行预订而承担经济责任。这样就导致了一些不受饭店欢迎的行为,例如:客人可能为了价格原因或出游人数不确定等因素而做多次、多处预订。这种行为在随意性较大的自费旅游客中较为普遍,通过多处多次预订,他们可以拿到较好的价格,可以确保抵达饭店时马上得到房间。然而,No-show会造成饭店空房,除非客人能提前通知饭店取消预订。为了避免No-show情况造成的损失,饭店可以采用超额预订的策略。通过超额预订饭店可以防范大量未履行预订的风险。然而,如果饭店接受太多的超额预订就得负担客人抵达饭店时没有房间可以入住的风险。

为了降低超额预订的风险,饭店可以通过以往节假日No-show和取消的数据进行统计比较,得出一个合理的百分比。从而实现既能够最大限度地降低由于空房而产生的损失,又能最大限度地降低由于未能做好足够预订而带来的损失。因此不仅仅是营销人员要做好预测和超额预订的策略制定,而且需要与前厅一线员工进行沟通,并进行培训,如果真的出现客人预订而没有房间的情况,要设法事先在同类饭店安排相同档次的房间,并用饭店的车免费将客人送到那儿。

五、提前做好服务准备工作

节日、长假旺季导致饭店人力和设施设备超负荷运转，因此，必须提前进行设施设备的检查，根据预测情况合理安排人手。这在平时可以交叉训练员工，培养多面手，也可以从旅游职业学校预约一些学生兼职，准备好充足的人手。

由于在节假日时候，旅游客人抵达时间会在白天，而前一天的客人退房时间是会在中午12:00，所以必须准备好充足的服务人手，快速打扫房间。通过预测，其他各个营业场所如：车票预订、餐饮、娱乐等服务也要提前做好准备。

六、进一步锁定客源

游客虽然是流动的客人，有一些往往是第一次来饭店入住，作为营销人员要想方设法将这些客人锁定，一方面通过饭店充分的准备，提供优质服务，给客人留下一个好的印象；另一方面可以通过大堂副理拜访客人、客房内放置节日问候信、赠送小礼物、放置贵宾卡信息表等来实现客人今后回头的可能性。例：浙江国际大饭店在去年"五一"和"国庆"两个长假期间，在行政楼客房放置了致宾客节日问候信和贵宾卡申请表（贵宾卡在两个国定节假日期间不能使用），共计发放贵宾卡600多张，据不完全统计，至今有300多张贵宾卡回头使用，也就是说通过这个方法饭店锁定了300多位回头客。

七、与各相关方做好联合工作

1. 与同行饭店及时互通信息，相互核对饭店房态，做到互送客源。
2. 与各大网络订房中心随时联络，及时通告饭店的房态。
3. 每天与预订客人进行核对，确认客人是否到来、抵达人数、抵达时间等。
4. 与媒体电台（如交通旅游台）定时联络，及时掌握客源最新动态。

通过以上几个方面的营销管理，不仅能为饭店带来可观的收益，更极大地提高了顾客的满意度和忠诚度。

（摘自：http://wenku.baidu.com/view/500992c4aa00b52acfc7cacc.html）

模块 2　礼宾服务

【开篇案例】

一天,饭店的生意异常火爆,早上 9 点正是楼层退房高峰时间。实习只有一个星期左右的小刚,对行李员的工作程序掌握还不算很熟练。该饭店为防止因出错而引起的客人投诉事件发生,规定没有做满半个月的行李员不准带房和提取行李。正当小刚在工作台处理信件并准备去送函件时,总机打来电话,通知行李组到 1213 房间取客人的行李。因为小刚没有在礼宾部做够 15 天,所以还不能担当提取行李的任务,但他看大堂里的行李员个个都忙得不可开交,又很想表现一下自己,于是接完电话,他就匆忙推着行李车来到 1213 房间,开门把客人没有装好的行李装上车。正想离去时,1213 房间的客人回来了,见小刚提他的行李,大发脾气:"是谁叫你乱动我的行李的,我还没退房你就想赶我走是吗?快把你们的经理叫来!"这时,客房服务员跑来对小刚说:"你拿错了,刚才前厅说的是 B 座的 1213 房间,这里是 A 座 1213 房间呀!"听了这话,小刚顿时傻了眼,心里大为不安。

(资料来源:http://wenku.baidu.com/view)

饭店的礼宾服务包括迎送服务、行李服务、金钥匙服务等。下面,让我们一起走进礼宾部,学习礼宾部的服务工作吧。

【知识目标】

- 能描述迎送服务的工作流程及标准;
- 能描述行李服务的工作流程及标准;
- 能描述金钥匙服务的工作理念和范畴;
- 能描述委托代办的工作流程及标准等。

【技能目标】

- 能识别各类行李服务设施设备;
- 能完成店外迎送服务;
- 能完成店内迎送服务;
- 能完成入住行李服务;
- 能完成离店行李服务;
- 能完成行李寄存服务;
- 能完成换房行李服务;
- 能完成委托代办服务等。

【情感目标】

- 培养学生操作礼宾服务程序的条理性;
- 增强学生对本模块学习的浓厚兴趣,积极参与探究和实践等。

项目1　迎送服务

【案例导入】

卢女士今天上午入住SJ大饭店。入住不多时,接到老朋友吴太太打来的电话,说马上来饭店探望她。放下电话想着就要见到阔别多年的老朋友,卢女士显得有些激动,匆忙更衣,便直奔大堂等候吴太太的到来。10分钟过去了,未见吴太太的身影。卢女士按捺不住,不由得向大厅外雨棚下走去,门童适时而礼貌地道了一句"请走好,欢迎下次光临"。看着门童微笑的表情,她明白门童误解了她走出大厅的目的,这句不合时宜的问候并未使她感到反感。正值隆冬时节,雨棚下不能久停,出于盼友心切,卢女士只好一会儿在厅内等候,一会儿又到厅外盼迎。这样往返多次,而每次她都能听到门童机械的"请走好,欢迎下次光临"的问候,这机械应付式的"礼貌"听一次尚能接受,听多了让人生厌,为了少听到这样的"问候",卢女士只好收住脚步,耐心地在大厅内等候她的客人。

(摘自:百度文库http://wenku.baidu.com/view)

问题

1.门童的迎宾问候服务有何不妥之处?

2.门童在迎送进出大门的客人时,应该如何恰当地问候?

任务1　店外迎接客人服务

一、任务描述

作为饭店代表,以机场迎接客人(散客)为例,进行一次店外迎接客人服务。

表2-1-1(1)　店外迎接客人服务

步骤	工作内容	具体操作标准
准备工作		
任务实施		
完成情况		

二、任务分析

要顺利完成本任务,需对以下关键问题心中有数:

(1)为了顺利迎接到达机场的客人,要进行哪些准备工作,应如何操作?

(2)准备工作完毕,如何实施任务?

(3)对于完成此次任务有可能出现的不同结果(接到/没有接到客人),有无预备不同的行动方案?

三、相关知识

(一)饭店代表工作职责

店外迎送服务,主要由饭店代表负责。饭店在其所在城市的机场、车站、码头设点,派出代表,接送抵店或离店的客人。同时,争取未预订的客人入住本饭店。为了做好迎送服务工作,饭店为客人提供接车服务。一方面在机场(车站)与饭店间开设穿梭巴士;另一方面可根据客人的要求指定专门的车辆服务。

饭店在机场(车站)设点,一般都有固定的办公地点,有饭店的明显标志,包括店名、店徽及星级等。饭店代表除了迎接有预订的客人之外,还要积极向未订房的客人推销本饭店,主动介绍设备设施情况,争取客人入住,有些饭店还利用穿梭巴士免费送客人到饭店。

饭店代表除了迎接客人和争取订房外,还向本饭店已离店客人提供送行服务,为客人办理登机手续,提供行李服务等。

(二)店外迎接客人程序

1. 接机(车)准备

(1)获取客人及其交通信息。饭店代表,每天应掌握预抵店客人名单(Expected Arrival List,简称EA);应向订房部索取"客人接机(车)通知单",了解客人的姓名、航班(车次)、到达时间、车辆要求及接待规格等情况;然后安排车辆、准备饭店标志牌,做好各项准备工作;及时了解航班变更、取消、延迟的最新消息,并通知饭店前厅接待处。

(2)备好接机(车)牌。在飞机、火车抵达时,要有标明客人姓名的饭店提示牌,以引起客人注意。

(3)安排好接机(站)交通工具。提前确认或通知车队,对接机(车)交通工具要求如下:
根据客人要求或根据接机(站)人数和被接客人身份、职务等妥善安排接机(站)车辆;
车辆状况良好;
车窗干净明亮、无污迹,车厢地面无纸屑,座套干净、平整、无破损;
车厢内空气新鲜,温度适宜,设施齐全;
车辆标志清晰、无破损,标志摆放位置合理、明显;
接机(站)车辆应当提前到达等候客人;
接机(站)车辆应当按交通法规的规定停放,停靠位置要方便客人乘坐。

2. 接机(站)服务

(1)提前到达指定地点迎候客人。
(2)站立在显眼位置举牌等候。
(3)客人乘坐的飞机降落、火车到站、轮船靠岸后,应当举起接机(站)牌,以便早出来的客人能马上看到。
(4)见到客人示意,应主动问好。

(5)根据预抵店客人名单确认客人身份,随即用客人姓名加尊称称呼客人,并得体地进行自我介绍。如果所接的是团队客人,一般和领队交接工作即可。

(6)搬运行李并确认行李件数。

(7)引领客人上车,开车前清点人数。

3.往饭店途中服务

(1)主动介绍本地和饭店概况。

(2)始终与前厅保持联系,及时通知客情。客人上车离开机场(车站)后,马上电话通知饭店接待处,以便做好准备工作。如果客人属贵宾,则应通知饭店大堂副理,并告知其客人离开机场(车站)的时间,让其安排有关部门做好迎接工作。如果客人漏接,则应及时与饭店接待处联系,查核客人是否已经到达饭店,并向有关部门反映情况,以便采取弥补措施。

(3)回答客人的问询。

4.抵店时服务

(1)协助门童和行李员为客人提供上下车服务、行李运送服务。

(2)引领客人入店,安排客人在大堂休息区休息,引领客人代表或团队领队到前厅办理入住手续。

(3)与客人道别,祝客人入住愉快。

四、任务准备

1.查阅资料并进行整理;

2.参观考察;

3.撰写剧本,准备模拟演练所需物品(接机牌/电话等)和实训场地等;

4.实操训练。

五、任务实施与评价

表2-1-1(2) 店外迎接任务实施与评价表

序号	操作步骤	操作与评价标准	评价结果				注意事项、改进意见
			优	良	合格	不合格	
1	接机准备	(1)及时、准确获取客人及其交通信息; (2)备好接机牌; (3)合理安排好接站交通工具。					
2	在机场提供接机服务	(1)提前到达指定地点迎候客人; (2)站立在显眼位置举牌等候; (3)见到客人示意,应主动问好; (4)用客人姓名加尊称称呼客人,并得体地进行自我介绍; (5)搬运并确认行李件数; (6)安排客人上车。					

续表

序号	操作步骤	操作与评价标准	评价结果				注意事项、改进意见
			优	良	合格	不合格	
3	在去往饭店途中提供介绍服务	(1)主动介绍本地和饭店概况; (2)始终与前厅保持联系,及时通知客情; (3)回答客人的问讯。					
4	抵店时提供引领服务	(1)协助门童和行李员为客人提供上下车服务、行李运送服务; (2)引领客人入店,到前厅办理入住手续; (3)与客人道别,祝客人入住愉快。					

六、问题及解决

表2-1-1(3)　店外迎接服务存在问题及解决方案

序号	问题	处理措施	预防措施

七、拓展知识

阅读材料2-1-1　乘车礼仪

现代生活,常常需要乘坐各种车辆。下面主要介绍一下乘坐轿车时应遵守的礼仪。乘坐轿车时,应注意的问题有座次、举止、上下车顺序三个方面。

(一)座次的规范

正规的场合乘坐轿车时,一定要分清座次的尊卑,并在自己适合的位置就座。乘坐轿车座次的尊卑主要取决于以下三个方面:

1.轿车的驾驶者。一般可分为两类:一是主人,也就是轿车的主人;二是专职司机。

主人驾驶轿车时,前排座为上,后排座为下;右为尊,左为卑。具体排列如下:

(1)双排五人座轿车,座次由尊到卑依次为:副驾驶座,后排右座,后排左座,后排中座。

(2)双排六人座轿车,座次由尊到卑依次为:前排右座,前排中座,后排右座,后排左座,后排中座。

(3)三排七人座轿车(中排为折叠座),座次由尊到卑依次为:副驾驶座,后排右座,后排左座,后排中座,中排右座,中排左座。

(4)三排九人座轿车,座次由尊到卑依次为:前排右座,前排中座,中排右座,中排中座,中排左座,后排右座,后排中座,后排左座。

注意,主人驾驶轿车时,前排座决不能空着。由男士驾驶自己的轿车时,其夫人应坐在副驾驶座上。由主人驾驶送友人夫妇回家时,友人之中的男士应坐在副驾驶座上。否则,与自己的夫人坐在后排就是失礼之举。

专职司机驾驶轿车时,通常讲究右尊左卑,座次是后排为上,前排为下。具体排列如下:

(1)双排五人座轿车,座次由尊到卑依次为:后排右座,后排左座,后排中座,副驾驶座。

(2)双排六人座轿车,座次由尊到卑依次为:后排右座,后排左座,后排中座,前排右座,前排中座。

(3)三排七人座轿车(中排为折叠座),座次由尊到卑依次为:后排右座,后排左座,后排中座,中排右座,中排左座,副驾驶座。

(4)三排九人座轿车,座次由尊到卑依次为:中排右座,中排中座,中排左座,后排右座,后排中座,后排左座,前排右座,前排中座。

2.座次的安全系数。客观讲,在轿车上最不安全的座位,是前排右座。最安全的座位,是后排左座(驾驶座之后)或后排中座。因此,一般不应让女士、孩子或尊长坐在轿车的前排座。

3.嘉宾的本人意愿。在正式场合乘坐轿车时,应引导尊长、女士、来宾坐上座。但是,更重要的是尊重嘉宾本人的意愿和选择。应当认定:嘉宾坐在哪里,哪里就是上座。即便嘉宾不明白座次,坐错了位置,也不要纠正。

(二)举止的规范

与别人一同坐轿车时,应将轿车视为公共场所。那么就有必要对个人的行为举止进行规范。要注意以下几个问题:

1.不要争抢座位。上下轿车时,要互相礼让;不要争抢座位,更不要为认识的人抢占座位。

2.不要动作不雅。在轿车上不要对异性表示过分亲近,更不要东倒西歪地倒在别人身上。穿短裙的女士上车时,应双腿并拢,背对车座坐下后,再收入双腿;下车时,应双脚着地后,再移身车外。如果跨上跨下,爬上爬下,姿态将极不雅观。

3.要讲卫生。不要在车上吸烟、又吃又喝、乱扔垃圾、吐痰、擤鼻涕、脱鞋、脚伸出车窗外等。

4.要顾及安全。不要与司机闲聊,更不要让司机接听电话或看书刊。尊长、女士、来宾上车时,应为他们开门、关门。在开、关门时,不要弄出声响或用力过大,以免夹伤人。自己上下车开关门时,要先看后行,以免疏忽大意,伤及他人。

(三)上下车顺序的规范

上下轿车先后顺序的基本要求是:请尊长、女士、来宾先上车,后下车。具体而言,包括以下几点:

1.主人驾驶轿车时,应后上车,先下车,以便照顾客人上下车。

2.乘坐专职司机驾驶的轿车时,坐在前排者,大都应后上车,先下车,以便照顾坐在后排者。

3.乘坐专职司机驾驶的轿车,并与其他人同坐后一排时,应请尊长、女士、来宾从右侧车门先上车,将车门关上后,自己再从车后绕到左侧开门上车。下车时,自己应先从左侧下车,再从车后绕到右侧打开车门请他们下车。如果车停在闹市左侧车门不宜开启,从右门上车时,应当里座先上,外座后上。下车时,应外座先下,里座后下。

4.为了上下车方便,坐在折叠座位上的人,应当最后上车,最先下车。

5.坐三排九座车时,应是低位者先上车,后下车;高位者后上车,先下车。

(资料来源:http://wenku.baidu.com/view)

任务2　店内迎送服务

一、任务描述

分组模拟演练,分别作为门卫、门童和行李员向客人提供一次店内迎接客人(散客)服务,以掌握礼宾部各个岗位在提供此项服务时的不同职责与具体工作内容。

二、任务分析

完成本任务的关键如下:

1.通过各种途径了解礼宾部门卫、门童和行李生等岗位的工作职责和具体工作内容。

2.将收集到的资料按照工作流程进行分析、归类和整理。

3.结合实际操作的要求,完成此项服务。

三、相关知识

(一)店内迎送客人(散客)服务

1.门卫(迎宾员)迎送服务

门卫通常站在饭店大门外侧,主要工作是指挥车辆,协助客人上下车。

(1)当客人的车辆抵店时

①门卫应主动为客人开启车门:左手拉开车门,右手挡在车门框上沿,为客人护顶以免客人碰痛头部。但必须注意有两种客人不能护顶,以免客人不悦:一种是信仰佛教的客人,如泰国人。他们认为每个人头上都有佛光,如手挡在头顶上,会遮住佛光。另一种是信仰伊斯兰教的客人。门卫应根据客人的衣着、言行举止、外貌来判断其是否属以上两种人。如无法判断,则可以把右手抬起而不护顶,但随时做好护顶准备。

②如果饭店大门口没有华盖,如遇大雨天,门卫则应准备雨伞,随时为客人打伞,以免客人淋湿。

③向客人问好,表示热烈欢迎,如果是已知其姓名的常客或贵宾,则用客人的姓氏+尊称去称呼客人。

④协助老、弱、病、残、幼下车,有必要时须动用饭店的轮椅;

⑤客人下车时,提醒客人清点行李,注意车座上是否有遗留物品;
⑥请行李生为客人搬运行李;
⑦当客人是乘坐出租车抵店时,门卫应记下出租车的车牌号码;
⑧如客人属贵宾,应按饭店的既定接待规格进行迎接。
(2)当客人离店时
①主动为客人安排车辆;
②为客人开启车门,协助客人上车。关车门时要注意不要夹住客人的衣、裙等,关门力量要适中。
③协助行李生装行李;
④记下车牌号,备查;
⑤向客人挥手道别,并祝客人一路平安。

2. 门童(Doorman)的迎送服务

门童站在大厅内侧,大门的左右两边,为客人提供拉门服务,如果饭店是自动门或转门则不必拉门。

门童不仅为客人打开饭店的大门,而且还要为客人打开城市的大门。门童不仅要熟悉饭店的情况,还应对饭店所在城市有足够的认识。如遇客人问询,应礼貌地解答。门童在没有客人进出时,应保持大门的关闭状态。在行李生繁忙时,门童还应协助搬运客人行李。

3. 行李生迎送服务

(1)客人抵店时
①为客人搬运行李下车,清点行李数。大宗行李使用行李车。
②走在客人左前方距客人2~3步远,陪同客人到接待处办理入住登记手续。
③在客人办理入住登记手续时,将行李放在自己的前方,并随时接受客人及接待员的召唤,陪送客人乘电梯。
④带客人进入客房楼层,与楼层台班联系。
⑤引领客人进入客房,放置妥当客人的行李,向客人介绍客房设备设施情况。
⑥向客人道别,并祝客人住得愉快,退出客房。
(2)客人离店时
①上房收行李,为客人搬运行李。
②引领客人去前厅收银处办理退房结账手续。
③协助客人行李装车,并请客人点数。
④记录送客情况。

(二)店内迎送客人(VIP)服务

迎接VIP客人的服务操作程序如下:
(1)准备工作。
①了解当天即将抵店的重要客人和团队。
②了解VIP客人接待规格。

(2)迎接客人。

①将客人所乘车辆引领到店门前停车。

②趋前开启车门,用手臂挡车门为客人护顶,并协助客人下车。

③面带微笑并使用恰当的敬语欢迎前来的客人。

④协助行李员卸下行李,注意检查有无遗漏物品。

(3)欢迎仪式。

①按 VIP 客人接待级别,安排接待礼仪规格。

②视 VIP 客人级别安排欢迎仪式:列队欢迎,致欢迎词。

③疏散可疑闲杂人员,维持店前安全秩序。

④大堂经理(部门经理或总经理)陪同客人上电梯,到客房。

四、任务准备

1．查阅资料并进行整理;

2．参观考察;

3．撰写剧本,准备模拟演练所需物品和实训场地等;

4．实操训练物品准备:如行李车、行李派发单、笔、纸张等。

五、任务实施与评价

表2-1-2(1)　店内迎接任务实施与评价表

序号	操作步骤	操作与评价标准	评价结果				注意事项、改进意见
			优	良	合格	不合格	
1	门卫	(1)主动为客人开启车门; (2)向客人问好,表示欢迎; (3)协助老、弱、病、残、幼下车; (4)提醒客人清点行李,注意是否有遗留物品(如果客人是乘坐出租车抵店时,门卫则应记下出租车的车牌号码); (5)请行李生为客人搬运行李。					
2	门童	(1)为客人提供拉门服务; (2)客人问询,则应礼貌地解答; (3)行李生繁忙时,门童还应协助搬运客人行李。					
3	行李生	(1)为客人搬运行李下车,清点行李数; (2)引领客人到接待处办理入住登记手续; (3)在客人办理入住登记手续时,将行李放在自己的前方,并随时接受客人及接待员的召唤,陪送客人乘电梯; (4)带客人进入客房楼层,与楼层班联系; (5)引领客人进入客房,放置妥当客人的行李,向客人介绍客房设备设施情况; (6)向客人道别,并祝客人入住愉快,退出客房。					

六、问题及解决方案

表 2-1-2(2)　店内迎送服务存在的问题及解决方案

序号	问题	处理措施	预防措施

七、拓展知识

阅读材料 2-1-2　礼宾部(部分)岗位职责

1. 门童

门童岗位是饭店专门负责迎送客人的岗位。在中国,门童一般安排身材高大、英俊、笑容可掬的男青年担任。但在欧美国家,却常常安排举止稳重、讲究礼节礼貌的老者司其职。在工作时,门童通常站在大门一侧或台阶下、车道边。

直接上级:前厅主管

岗位职责:代表饭店向所有抵离饭店的客人致意并提供相应服务。

(1)负责饭店的迎宾工作。

(2)负责疏通饭店门前的车辆,保持车道畅通。

(3)为来店客人提供拉门服务,并向来店、离店客人致意问候。

(4)为客人安排出租车。

(5)协助行李员装卸及看管行李。

(6)向客人指示方向,回答客人的询问。

(7)帮助老弱病残的客人上下车和进出饭店。

(8)观察门厅进出人员的动向,协助保安人员做好饭店的安全保卫工作。

2. 行李员

行李员岗位是饭店专设的为客人提供行李运送、寄存行李、收发报刊信件、留言找人、回答客人问询及小件维修等项服务的岗位。行李员一般负责将客人的行李从饭店大门口送到客人的房间或将客人房间的行李送到饭店门口或车上。

直接上级:行李处主管

岗位职责:为客人提供运送和寄存行李、收发报刊信件、留言找人和传真件的送达及小件维修等项服务。

(1)为客人抵离店提供行李接运服务。

(2)引领入住客人进房间,主动介绍饭店及客房设施设备和服务项目。
(3)代客寄存行李物品。
(4)熟悉店内各条路径及有关部门位置。
(5)了解当地名胜古迹、旅游景点及购物场所,以便向客人提供准确的咨询信息。
(6)公共区域寻人服务。
(7)掌握店内客房、餐饮、娱乐等各项服务内容、时间、地点及其他相关信息。

3.饭店代表

饭店为方便客人,在机场(车站、码头)设立接待处,安排饭店代表专门为住店客人提供店外迎接和送行服务。店外迎接实际上是前厅礼宾服务的延伸。饭店代表是客人见到的第一位服务人员,其仪表仪容、行为举止、服务效率将给客人留下深刻的印象。

直接上级:礼宾服务主管

岗位职责:负责饭店客人(特别是VIP)抵离机场时的迎送工作,将饭店的对客服务范围由饭店大门延伸到机场(车站、码头),同时加强对零散客人的促销。

(1)代表饭店为客人提供迎宾服务。
(2)代表饭店为客人提供送客服务。
(3)代表饭店为VIP提供迎宾服务。
(4)向饭店提供VIP到达信息。
(5)回答客人询问,积极推销饭店客房,争取客源。

(资料来源:曾小力.前厅服务与管理.北京:旅游教育出版社,2005.)

项目2　行李服务

【案例导入】

刘小姐是ANZ-20130707B团的成员,办理完入住手续进入楼层。当行李员卸完行李车上的行李,刘小姐只找到了自己的一只拖箱,而另一件行李却不知去向。在紧张不安中等待了十五分钟后,终于在第二辆行李车中找到了另一件行李,这一经历给刘小姐留下了"深刻"印象。(资料来源:http://wenku.baidu.com/view)

问题

行李分送服务中应怎样避免这类事情的发生?

任务1　入住行李服务

一、任务描述

模拟行李生的角色,为客人(散客)提供一次入住行李服务,以掌握该项服务的工作流程和注意事项。

二、任务分析

完成本任务的关键如下：
1. 充分预见和了解初到饭店的客人需求；
2. 规范、熟练的操作来自于反复多次的实操训练。

三、相关知识

(一)客人入住行李服务(程序)

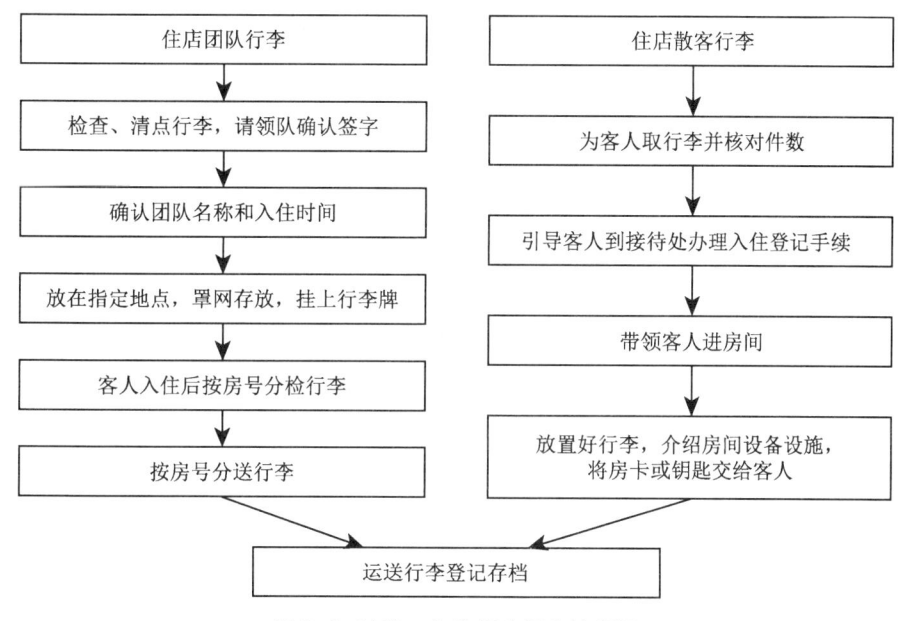

图 2-2-1(1)　入住行李服务流程图

(二)散客入住行李服务

1.散客乘车抵店时,行李员帮助客人卸行李,并请客人清点过目,准确无误后,再帮助客人提拿。对于客人的易碎物品、贵重物品,行李员不必主动提拿,如客人要求行李员帮忙,行李员应特别小心,防止丢失和破损。

2.行李员手提行李,走在客人的左前方,引领客人到接待处办理入住登记手续,如属大件行李,则需用行李车。

3.客人到达接待处后,行李员站在客人身后,距客人2~3步远,行李放置跟前,随时听候接待员及客人的召唤。

4.从接待员手中接过客人的房卡和钥匙卡,引领客人进房间。

5.主动为客人按电梯,并注意乘坐电梯的礼节。让客人先进电梯,行李员进电梯后,按好电梯楼层键,站在电梯控制牌处,面朝客人,并主动与客人沟通;电梯到达后,让客人先出电梯,行李员随后提行李跟出。

6.到达客房门口,行李员放下行李,按饭店既定程序敲门、开门以避免接待处卖重房而给客人造成不便。

7.打开房门后,开灯,退出客房,用手势示意客人先进。

8.将行李放在客房行李架上,然后介绍房间设备设施。行李员在介绍时,手势不能过多,时间不能待得太长,以免给客人造成索取小费的误解。

9.行李员离开客房前,应礼貌地向客人道别,并祝客人入住得愉快。

10.返回礼宾部填写"散客行李(入店/出店)登记表"。

(三)团体入住行李服务

一般旅行社都备有行李车,有专职的行李押送员运送团队行李。饭店的行李员只负责行李的店内运送与收取。

1.团体行李到达时,行李员推出行李车,与行李押运员交接行李,点清行李件数,检查行李有无破损,然后双方按规定程序履行签收手续。此时,如发现行李有破损或短缺,应由行李押运单位负责,须请行李押运人员签字证明,并通知陪同及领队。如行李随团到达,则还应请领队确认签字。

2.填写"团体行李(入店/离店)登记表"。

表2-2-1(1)　团队行李(入店/离店)登记表

团队名称		人数		入店日期		离店日期		
	时间	总件数		饭店行李员		领队	行李押运员	车号
入店								
出店								
入店行李		离店行李				备注		
房号	行李箱	行李包	其他	总计	行李箱	行李包	其他	总计	

3.如行李先于客人抵店,则将行李放到指定的地点,标上团号然后将行李罩上存放。注意不同团体的行李之间应留有间隔。

4.在每件行李上挂上饭店的行李标签,待客人办理完入住登记后,行李员根据接待处提供的团体分房表认真核对客人姓名,并在每张行李标签上写上客人房号。填写房号要准确、迅速,然后在团体行李登记表的每一房号后面标明入店的行李件数,以便将来出店时核对。如某件行李上没有客人姓名,则应把行李放在一边,在行李标签上注明团号及入店时间,然后将其放到行李房贮存、备查,并尽快与陪同或导游联系确定物主的姓名、房号,尽快送给客人。

5.将写上房号的团体行李装上行李车。装车时应注意：

(1)硬件在下,软件在上;大件在下,小件在上。特别注意有"请勿倒置"字样的行李。

(2)同一团体的行李应放于同一趟车上,放不下时分装两车;同一团体的行李分车摆放时应按楼层分车,同一楼层或相近楼层的行李应尽量放在同一趟车上。

(3)如果同一层楼有两车行李,应根据房号装车。如果同一位客人有两件以上的行李,则应把这些行李放在同一车上,不分开装车,以免客人误会丢失。

(4)遵循"同团同车、同层同车、同侧同车"的原则。

6.行李送到楼层后,按房号分送行李。

7.送完行李后,将每间房间的行李件数准确登记在团队入店行李登记表上,并按团体入住单上的时间存档。

四、任务准备

1.查阅资料并进行整理;

2.参观考察;

3.撰写剧本,准备模拟演练所需物品和实训场地等;

4.实操训练物品准备:如行李车、行李派发单、笔、纸张等。

五、任务实施与评价

表2-2-1(2)　散客入住行李服务任务实施与评价表

序号	操作步骤	操作与评价标准	评价结果				注意事项、改进意见
			优	良	合格	不合格	
1	卸行李	(1)帮助客人卸行李; (2)请客人清点、确认无误。					
2	提拿行李	(1)对于客人贵重物品、易碎物品,不必主动提拿; (2)小心提拿行李,防止丢失和损坏; (3)大件行李,用行李车。					
3	引领客人办理入住登记手续	(1)走在客人的左前方,引领客人前往接待处; (2)到达接待处后,行李员站在客人身后适当距离,行李放在跟前; (3)听候召唤,从接待员手里接过客人房卡和钥匙卡,引领客人进房间。					
4	引领客人进房间	(1)为客人按电梯; (2)到达房间,先敲门再开门; (3)打开房门,取电,退出房间,请客人先进; (4)放置行李,介绍房间设施设备; (5)离开客房,与客人道别。					
5	完成工作记录	填写相关表格					

六、问题及解决方案

表2-2-1(3)　散客入住行李服务存在的问题及解决方案

序号	问题	处理措施	预防措施

七、拓展知识

阅读材料2-2-1　行李操作注意事项

1. 按操作要求正确使用行李车辆,做到轻拉轻放。
2. 使用大行李车辆,以拉为主,每车限装运15件大行李,小件可装18至20件。
3. 外出接团,因为店外环境复杂,为了便于照顾行李物品的安全,每车宜装运10件大行李,小件以不超过15件为宜,一人一车,不可一人拉运多车。
4. 装运团队行李,以大的、重的装在底层,小的、轻的装在上层为准则。
5. 在楼层运送团队行李以拉车行进为宜,以免行李在前方阻碍视线造成碰撞。
6. 遇超大或超重行李,要用车辆装运,不可用手提拉,以免损坏行李提手。
7. 小件手提拉杆行李,装车时不可提拿拉杆装车,以免损坏行李拉杆。
8. 寄存行李时,向客人声明饭店的寄存规定,易燃、易爆、易碎、腐蚀、易变质、放射性及贵重物品不予寄放。
9. 存取行李要轻拿轻放,手提包不可提拿单边提手。
10. 发现行李包内有任何声响及异常,须立即向当值主管汇报。
11. 使用行李车、轮椅应先检查其性能是否完好再投入使用。
12. 搬运纸箱盛装的酒水或物品时,需用车搬运。若需用手,则应双手托底,以免漏底造成物品损坏或人员损伤。
13. 超出个人能力范围的工作,应有足够人力协助方可进行。
14. 行走时注意地面是否湿滑,以防滑倒。如地面湿滑应用抹布抹干或报管家部处理。
15. 关车门前应用手抵住车门,观察车门附近情况后再关,以免夹伤客人及本人手指。
16. 关闭车门后应迅速离开,以免靠车门太近被车轮辗伤脚面。
17. 推车进出自动门,应遵循"一停、二看、三通过"的原则。

(资料来源:曾小力.前厅服务与管理.广州:广东旅游出版社,2009.)

任务2 离店行李服务

一、任务描述

分别模拟为散客和团队客人提供一次离店行李服务,以掌握该项服务的工作流程和注意事项。

二、任务分析

完成本任务的关键如下:
1.充分预见和了解即将离店的客人需求;
2.规范、熟练的操作来自于反复多次的实操训练。

三、相关知识

(一)散客离店行李服务

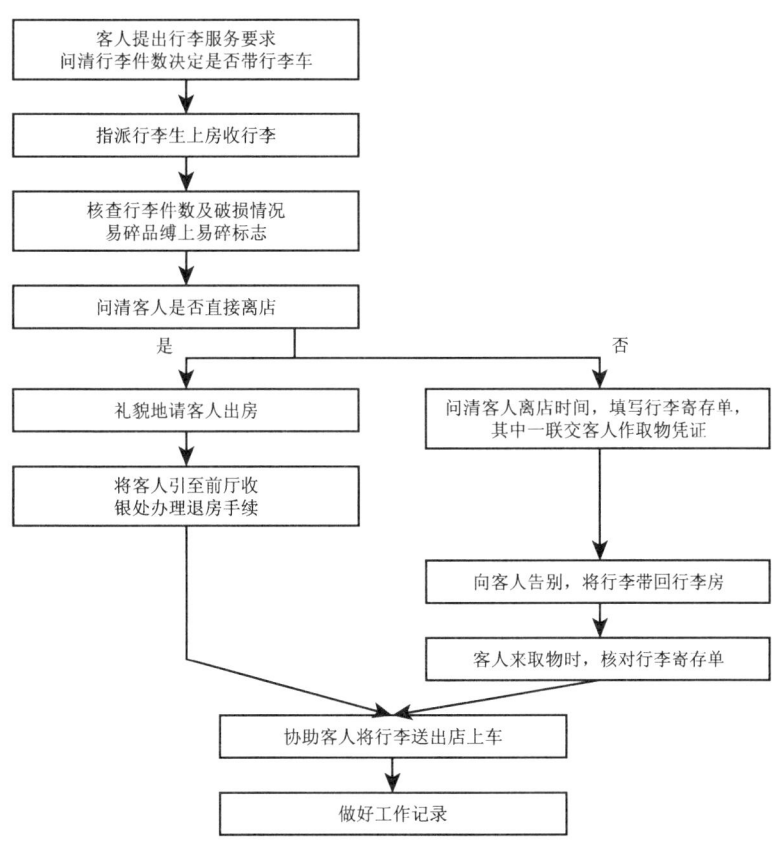

图2-2-2(1) 散客离店行李服务流程图

1.当礼宾部接到客人离店要求搬运行李的通知时,要问清客人房号、姓名、行李件数及搬运行李的时间,并决定是否要带上行李车,然后指派行李员去客房收取行李。

2.与住客核对行李件数,检查行李是否有破损,如有易碎物品,应贴上易碎物品标志。

3.弄清客人是否直接离店,如客人需要行李寄存,则填写行李寄存单,并将其中一联交客人作取物凭证,向客人道别,将行李送回行李房寄存保管,待客人来取行李时,核对并收回行李寄存单。

4.如客人直接离店,装上行李后,则礼貌地请客人离开客房,主动为客人按电梯,提供电梯服务,带客人到前厅收银处办理退房结账手续。

5.协助客人将行李送离店装车,向客人道别。

6.填写"散客行李出店登记表"。

(二)团体离店行李服务

1.当礼宾部接到客人离店要求搬运行李的通知时,要问清客人房号、姓名、行李件数及搬运行李的时间,并决定是否要带上行李车,然后指派行李员去客房收取行李。

2.与住客核对行李件数,检查行李是否有破损情况,如有易碎物品,应贴上易碎物品标志。

3.弄清客人是否直接离店,如客人需要行李寄存,则填写行李寄存单,并将其中一联交客人作取物凭证,向客人道别,将行李送回行李房寄存保管。待客人来取行李时,核对并收回行李寄存单。

4.如客人直接离店,装上行李后,则礼貌地请客人离开客房,主动为客人按电梯,提供电梯服务,带客人到前厅收银处办理退房结账手续。

5.协助客人将行李离店装车,向客人道别。

6.填写"团体行李出店登记表"。

四、任务准备

1.查阅资料并进行整理;

2.参观考察;

3.撰写剧本,准备模拟演练所需物品和实训场地等;

4.实操训练物品准备:如行李车、装箱工具等。

五、任务实施与评价

表2-2-2(1)　散客离店行李服务任务实施与评价表

序号	操作步骤	操作与评价标准	评价结果				注意事项、改进意见
			优	良	合格	不合格	
1	了解客人需求	(1)确认客人信息(姓名、房号等); (2)问清行李件数、判断是否使用行李车。					

续表

序号	操作步骤	操作与评价标准	评价结果				注意事项、改进意见
			优	良	合格	不合格	
2	收取行李	(1)上房间收行李,核查行李件数及破损情况; (2)易碎物品贴标签。					
3	了解客人是否直接离店	客人直接离店: (1)请客人出房间; (2)引领客人到接待处/收银处办理退房手续。					
4		客人稍后离店: (1)了解离店时间,办理行李寄存手续; (2)告别客人; (3)行李带回行李房寄存; (4)客人取物时,办理寄存行李取件。					
5	行李出店	(1)协助客人将行李离店装车; (2)向客人道别。					

六、问题及解决

表2-2-2(2)　离店行李服务问题及解决方案

序号	问题	处理措施	预防措施

七、拓展知识

阅读材料2-2-2　换房行李服务

1.接到接待处换房通知后,到接待处领取"换房通知单",弄清客人的姓名、房号及换房后的房号。

2.到达客人原房间楼层,将"换房通知单"其中一联交给服务员,通知其查走房。

3.按进房程序并经住客允许进入客房,请客人清点要搬的行李及其他物品,将行李装车。

4.引领客人到新的房间,为其开门,将行李放好,必要时向客人介绍房内设备设施。
5.收回客人原来的欢迎卡及房卡,交给客人新的欢迎卡及房卡。
6.向客人道别,退出客房。
7.将原欢迎卡及房卡交回接待处。
8.做好记录。
(资料来源:曾小力.前厅服务与管理.广州:广东旅游出版社,2009.)

任务3　行李寄存服务

【案例导入】

饭店行李员小范当班,这时有两位互不相识的客人同时在寄存行李。两件行李外观差不多,小范拿出两张行李寄存卡分别交给客人填写,客人填写后,小范顺手将行李牌拴在两位客人的行李上,但由于粗心将两位客人的行李牌互相拴错了。小范下班后,小马接班,不久其中一位客人前来提取行李,小马按照工作要求,根据行李寄存卡的标示找到行李交给了客人。客人拿到行李后直接到了机场,直到在机场办理行李拖运时才发现行李不是自己的,于是打电话到饭店礼宾部查找。行李员根据客人提供的姓名、行李特征和房间等信息,找到了客人的行李,行李员立即赶往机场换回错拿的行李。
(资料来源:http://wenku.baidu.com/view)

问题
1.导致行李寄存失误的原因是什么?
2.我们在开展行李寄存工作时应注意哪些事项以避免类似情形的发生?

一、任务描述

1.设计制作一张"行李寄存卡"(要求含饭店、顾客两联)。
2.模拟行李员的角色,为客人(散客)提供一次行李寄存服务(要求包含行李寄存、领取两项服务内容)。

二、任务分析

完成本任务的关键如下:
1.首先要了解办理行李寄存的工作程序和注意事项,根据实际需求设计"行李寄存卡"。
2.行李寄存服务包括存、取两部分,应高效、合理、准确地为客人服务。

三、相关知识

有的客人由于各种原因,希望将一些行李暂时存放在礼宾部。礼宾部为方便住客存取行李,保证行李安全,应开辟专门的行李房和建立相应的制度,并规定必要的手续。

（一）对寄存行李的要求

1. 行李房不寄存现金、金银首饰、珠宝、玉器和护照等身份证件。对于上述物品应礼貌地请客人自行保管，或放到前厅收银处的保险箱内免费保管。已办理退房手续的客人如想使用保险箱，则需由大堂副理出面解决。

2. 饭店及行李房不得寄存易燃、易爆、易腐烂、有腐蚀性的物品。

3. 不得存放易变质食品、易蛀仪器及易碎物品。如客人坚持要寄存，则应向客人说明饭店不承担赔偿责任，并做好记录、在易碎物品上挂上"小心轻放"牌子。

4. 如发现枪支、弹药、毒品等危险物品，要及时报告保安部和大堂副理，保护现场，防止发生意外事故。

5. 不接受动物宠物寄存，一般饭店不接受带动物宠物的客人入住。

6. 提示客人行李上锁。对未上锁的小件行李须在客人面前用封条将行李封好。

7. 行李员在取送客人行李时，必须当面请客人清点和检查行李。对去客房取送行李的行李员要做好记录，存档备查。

8. 认真履行暂存行李的登记手续，在存取行李卡上要写清房号、件数、存取时间，并请客人收好行李卡顾客联；在存取行李登记本上做好记录。

9. 可凭行李寄存卡提取行李。客人行李卡丢失时，要认真核对客人证件和行李上的存根登记是否一致，如果不一致，需按特殊情况处理，及时报告上级。

10. 暂时存放在行李柜台的行李要有专人看管。超过半天未取的行李及时存放在行李房。

（二）行李寄存的程序

1. 客人前来寄存行李时，行李生应热情接待，礼貌服务。

2. 弄清客人行李是否属于饭店不予寄存的范畴。

3. 问清行李件数、寄存时间、姓名及房号。

4. 填写"行李寄存卡"，并请客人在联上签名，上联挂在行李上，下联交客人，并告知客人下联作为领取行李的凭证使用。

表 2-2-3(1)　行李寄存卡

行李寄存单（饭店联）		
姓名 NAME：	日期 DATE：	房号 ROOM NO.：
行李件数 LUGGAGE：		时间 TIME：
客人签名 GUESTS SIGNATURE：		
行李员签名 BELLBOY' S SIGNATURE：		
行李寄存单（顾客联）		
姓名 NAME：	日期 DATE：	房号 ROOM NO.：
行李件数 LUGGAGE：		时间 TIME：
客人签名 GUESTS SIGNATURE：		
行李员签名 BELLBOY' S SIGNATURE：		

5.将半天、一天、短期存放的行李放置在方便搬运的地方;如一位客人寄存多种行李,要用绳连在一起,以免错拿。

6.经办人在"行李寄存记录本"上登记,注明行李存放的件数、位置及存取日期等情况。

表2-2-3(2)　行李寄存记录本

寄存日期	寄存时间	房号	件数	存单号码	行李员	领取日期	领取时间	行李员	备注

7.如属非住客寄存、但让住客领取的寄存行李,则应通知住客前来领取。

(三)行李领取服务

1.当客人来领取行李时,须收回"行李寄存卡"的下联,请客人当场在下联的牌子上签名,并询问行李的颜色、大小、形状、件数、存放的时间等,以便查找。

2.将"行李寄存卡"的上下联进行核对,看二者的签名是否相符,如相符则将行李交给客人,最后在"行李寄存记录本"上做好记录。

3.如住客寄存的行李将由他人领取:

(1)请客人把代领人的姓名、单位或住址写清楚,并请客人通知代领人带"行李寄存牌"的下联及证件来领取行李。行李生在"行李寄存记录本"的备注栏注明。

(2)当代领人来领取行李时,请其出示代领人证件,报出原寄存人的姓名、行李件数。收下"行李寄存牌"的下联并与上联编号核对,然后再查看"行李寄存记录本"。核对准确无误,将行李交给代领人。请代领人写收条并签名(或复印其证件)。

(3)将收条和"行李寄存卡"的上下联订在一起存档,最后在记录本上做好记录。

4.如果客人遗失了"行李寄存卡":

(1)请客人出示有效身份证件,核查签名,请客人报出寄存行李的件数、形状特征、原房号等。

(2)确定是该客人的行李后,须请客人填写一张领取寄存行李的证明并签名(或复印其证件)。

(3)将客人所填写的证明、证件复印件与"行李寄存卡"上联订在一起存档。

5.非住店客人留下物品、让住店客人提取的寄存服务,可采取留言的方式通知住客,并参照寄存、领取服务的有关规定进行。

四、任务准备

1.查阅资料并进行整理;

2.参观考察,收集"行李寄存卡"样本;

3.准备制作"行李寄存卡"所需物品;

4.撰写剧本,准备模拟演练所需物品和实训场地等。

5.实操训练。

五、任务实施与评价

表 2-2-3(3) 行李寄存服务任务实施与评价表

序号	操作步骤	操作与评价标准	评价结果				注意事项、改进意见
			优	良	合格	不合格	
1	接待客人	(1)热情问候、接待客人； (2)确认行李是否属于可予寄存的范围。					
2	了解客人需求	(1)确认行李的件数、寄存的时间； (2)客人姓名及房号。					
3	填卡	填写"行李寄存卡"。					
4	存放行李	(1)长期和短期存放的行李分区存放； (2)多件行李集中存放。					
5	登记存档	准确填写"行李寄存记录本"。					

六、问题及解决

表 2-2-3(4) 行李寄存服务存在的问题及解决方案

序号	问题	处理措施	预防措施

项目3　委托代办服务

任务　委托代办服务

一、任务描述

1.请你完成本任务的学习后,完成以下表格。

表 2-3-1(1)　委托代办服务项目

序号	项目种类	工作内容	工作规程	注意事项

2.分组抽签进行不同委托代办服务的情景演练。

二、任务分析

完成本任务的关键在于通过各种途径搜集关于委托代办服务的相关资料,并进行分析、归类、提炼和整理。

三、相关知识

(一)委托代办服务规程

1.接

接人服务,到机场、火车站等接客人。

(1)根据客人提供的资料,在委托代办委托书的代办内容一栏上填写到达日期、到达时间、到达地点、班(车)次号、姓名及身份、人数、接待要求、代办费用等。

(2)如客人只订行李货车而不订行李员,需注明"接车/机服务不包搬运行李",并请客人签名确认。

(3)根据相应资料安排人员外出接客人。

(4)行李员在机场/车站需与饭店代表、司机协调好,以确保接待工作的顺利进行。

(5)完成接人工作后,做好费用的处理和记录工作。

(6)做好交班簿的工作记录。

2.送

送人、送物服务,送客人到机场、火车站,送信、送物。

(1)送人服务

①在委托代办委托书的代办内容一栏上填写出发日期和时间、抵达地点、姓名及身份、人数、送人要求、代办费用等。请客人核对签名。

②做好送人前有关费用的处理和记录工作。

③根据相应的资料安排人员送客人到要求的地方。

(2)送物服务

①根据客人要求在委托代办委托书的代办内容一栏上填写物品种类、送达地点、送达时

间、送达要求、代办费用等。请客人核对签名。

②按时安排人员或通过市内快递公司送件。

③完成后做好有关费用的处理及记录工作。

④办完后把结果告知客人或留言给客人。

3．买

即代购物品服务，如买邮票、药品(有包装)、日用品、办公用品、戏票、鲜花和生日蛋糕（致敬卡）。

（1）根据客人要求在委托代办委托书的代办内容一栏上填写物品的种类、物品要求、物品价值、时间要求、代办费用等。请客人确认无误后签名，客人联交客人作取物凭证。

（2）如在饭店内的商场、各餐厅、送餐部、客人医务室等可解决的，则要求在店内完成。

（3）不代购没包装的食品、药品等。代购的药品以居家常备的为主，其他的必须有医生处方。

（4）安排人员完成代购工作。

（5）完成后做好有关费用的处理及记录工作。

（6）把结果及时告知或留言告知客人，让其凭客人联取物。

（7）如需提前送鲜花、生日蛋糕、致敬卡等到房间的，必须先请示大堂副理，然后通知接待组、楼层服务员等。

4．取

即到店外代取行李、物品等，去邮局代取邮件、包裹等。

在委托代办委托书的代办内容一栏填写取件时间、提取地点、物品名称、数量、提货单号码、取件要求、代办费用。请客人核对无误后签名，客人联交客人作取物凭证。

（1）代客人取行李服务

①请客人提供护照复印件、行李事故通知书或行李牌，并了解行李件数及其他详情。如行李是上锁的，需要提供钥匙或密码以备机场海关开箱检查。

②联系机场行李查询处，了解行李的到达情况。如已到达需立即安排人员外出领取；如没有到达则继续联系查询，根据进展情况派人员跟办。

③做好交班簿的记录及交接工作，随时跟进并把进展告知客人。

④完成行李提取后，马上联系或留言给客人，让其凭客人联取行李。

⑤做好费用的处理及记录工作，同时在交班簿上注明完成情况。

（2）代客人取邮件服务

①凭客人的邮件单、客人证件、代办人员的证件到指定的邮局取邮件；

②取回邮件后，马上联系或留言给客人，让其凭客人联取件。

③完成费用的处理及记录工作，同时在交班簿上注明完成情况。

5．修

即外出代客人修理行李箱、鞋子、衣服、摄影器材、手表、眼镜、手提电脑等。

①在委托代办委托书的代办内容一栏填写物品种类、破损程度、维修要求、代办费用等。请客人核对无误后签名，客人联交给客人作取物凭证。

②根据相应维修点的服务时间，安排人员把东西拿到外面有关店铺修理。

③如遇维修难度较高的物品,应及时通知客人有关解决进度,以免耽误客人的时间。
④完成后做好费用的处理及记录工作。
⑤马上联系或留言通知客人,让其凭客人联取物。

6. 订

即为客人代订房、订餐、订报纸、订车船机票等。

在委托代办委托书的代办内容一栏填写所订内容、代办费用。请客人核对无误后签名。致电到相应的单位部门为客人预订,完成后把结果通知客人。

(1)代客人订饭店服务

①了解客人是否有熟悉的饭店。若有,则按客人的要求办理;若没有,则了解客人所需饭店的类型,然后向客人推荐(推荐时以有"金钥匙"的饭店为首选)。

②在委托书上填写客人订房的详细资料,如姓名、所需房间类型的房数、住房日期和住房天数、对房间要求、抵达饭店的日期、是否需要接送服务。若客人要确保订房,则记下客人的信用卡号码、有效期及信用卡上的客人姓名。

③向客人确认委托书上填写的内容,并向客人解释需要支付代订房产生的话费或传真费,若客人同意,则请客人在委托书上签名确认。

④长途致电该饭店,代客订房,并请对方回传确认订房的传真。

⑤将长途话费划入该客人的房账中。

(2)代客人订餐服务

①根据客人的要求,在委托代办委托书的代办内容一栏填写餐厅名称、就餐时间、就餐人数、就餐标准、是否吸烟、要大厅或包间。请客人核对签名。

②致电到该餐厅为客人订餐位,并记录订餐结果及对方姓氏。

③完成后把结果告知客人,同时把订餐信息及餐厅地址记录好并交给客人。

(3)代客订报服务

①根据客人的要求,在委托代办委托书的代办内容一栏填写报纸名称、份数、起止时间、要求、费用。请客人核对无误后签名。

②派人到邮局或发传真到有关地点为客人订报。

③完成后将结果告知客人。

④完成费用的处理及记录工作,同时做好交班簿的交班工作。

⑤根据订报日期,派人员取报后直接送入客人房间。

(4)为客人代订飞机票、船票、车票、戏票等

礼宾部要熟悉本地机票代理、火车站、码头、戏院、音乐厅等的地址、电话及联系人。在接到客人要求订票的电话时,要问清客人要求,并讲明如客人要求无法满足时饭店可做何种程度的变通并声明客人取消订票的条件,然后灵活处理。

①了解客人订票要求。让客人填写订票委托单,内容包括日期、起点、目的地、班次(航班及航空公司)、服务等级(如火车硬座、硬卧或软卧,飞机经济舱或公务舱,轮船一等舱或二等舱)及客人姓名、房号、证件号码(护照或者身份证)等。

②付款方式的确定。如预收了客人的订票款,则应在订票委托单上注明;如由饭店垫

付,则要将收据交前厅收银处,记入房账,待客人退房时一并付清。订票是否收取手续费、收多少均应向客人当面说明。

③决定购票方法。购票渠道有两种:直接向航空公司或售票厅购买,请旅行社等代理公司代办。购票方法一般有:网络购票、电话购票和现场购票。

④如饭店已尽力而不能保证有票,则须向客人说明情况,并问清能否改买其他日期车次或班次的票。

⑤取到票后,应把票装在饭店专用的信封内,并在信封上写明日期、车次(班次、船次)、票价、客人姓名、房号、预收款数及应找款数。

⑥通知客人取票。客人凭委托单顾客联取票。把上述信封交给客人,请客人当面核对。所付的预付金多退少补,并当面点清。

⑦如饭店未买到票应向客人道歉,并尽量为客人提供其他帮助。

⑧如果客人订了票又要退票,则按交通部门的有关规定办理。

(5)代订出租车服务

出租车,可以是饭店自有的,也可以是出租汽车公司在饭店设点服务的,还可以是由行李员及前厅部其他员工用电话从店外预约的。

①接到客人订车要求后,应告知客人有关手续和收费情况。

②出租车到达大门口时,行李员要向司机讲清客人的姓名、目的地等,必要时充当客人的翻译向司机解释客人的要求。为避免客人迷失方向,可填写一张"向导卡"(Please drive me to)给客人,卡上注明客人要去的目的地。卡上同时印有饭店的名称、标志及地址。如果客人赶飞机或火车,行李员还要提醒客人(特别是外宾)留出充分的时间提前出发,以免因交通阻塞而耽误了行程。

7. 印

主要指为客人印名片服务。

(1)根据客人提供的名片,在委托代办委托书的代办内容一栏填写名片内容、取件时限、印刷要求、数量、代办费用等。请客人核对签名,客人联交客人作取物凭证。

(2)根据名片的实际情况,可通过传真、电子邮件或派人外出到指定的印刷店等方式,为客人印制名片。

(3)完成名片的印制工作后,认真核对取回的名片内容。

(4)做好有关费用的处理及记录工作。

(5)做好交班簿的记录工作。

(6)把结果及时告知或留言给客人,让其凭客人联取回名片。

8. 寄

即代寄 DHL、FEDEX、UPS、EMS 快件和普通邮件等。

(1)了解代寄物品种类、重量及目的地。

(2)向客人说明有关违禁品的邮寄限制。

(3)如系国际快递,向客人说明海关限制、空运限制。

(4)填写委托代办委托书,包括收发地址、邮寄方式、付款方式等。请客人核对无误后签名。
(5)提供打包和托运一条龙服务。
(6)联系快递公司上门收货(联邦快递、DHL和国内的EMS)。
(7)记录托运单号码。
(8)将托运单交给客人,并收取费用。

9.代
(1)代办签证服务
①请客人提供护照、照片、名片。
②在委托代办委托书的代办内容一栏填写代办要求、时限、代办费用。请客人核对无误后签名,客人联交客人作取证凭证。
③根据办证机关的服务时间安排人员外出办理签证手续。
④完成代办签证后,做好费用的处理和记录工作。
⑤及时联系或留言给客人,让其凭客人联取证。
⑥若因签证问题牵涉到政府的规定,抑或需本人去办签证,应耐心向客人做好解释工作,建议客人本人或饭店派人员作陪同外出办理。

(2)代办旅游服务
饭店礼宾部应建立旅游景点和旅行社档案,因地制宜地推荐和组织客人旅游。有些饭店设有专门的旅游部为住客提供旅游服务。
①弄清客人的姓名、房号、住店日期及人数,掌握客人的基本情况。
②向客人推荐有价值的旅游线路。
③请客人了解并挑选特定的旅游线路。
④根据客人要求在委托代办委托书的代办内容一栏填写出发日期及时间、旅游线路、人数、费用。请客人核对无误后签名,客人联交客人作为出团凭证。
⑤向旅游公司或旅行社预订,要为客人联系声誉较好的旅游公司或旅行社。
⑥告诉客人乘车地点和准确时间,向客人说明旅途注意事项。
⑦在旅游登记簿上记录出团资料,请旅行社导游签名。

(3)代转交物品
代转交物品,分住客转交物品给来访者及来访者转交物品给住客两种。
如住客转交物品给来访者,则要住客标明来访者的姓名。待来访者来认领时,要请其出示有效证件并签名。如来访者转交物品给住客,首先要确认本店有无此客人,接着为客人安全着想,一定要认真检查物品,最后填写留言单通知住客前来领取。

10.查
即代客人查找一些饭店内外的公司、饭店、餐厅、商店、交通、旅游、娱乐场所等的电话或地址,以及代客人查找遗留物品。主要是通过上网、打114电话、查阅杂志或本饭店的资料册来得到有关的信息,记录好后交给客人。

11.找人服务等
来访客人到问讯处查找某一位住客,该住客可能不在房间,而在饭店餐厅或其他公共场所。这时,访客可能会要求饭店帮助寻找该住客,问讯员应请行李员协助解决。行李员记下住客姓名,在饭店公共区域如餐厅举寻人牌寻找该住客,寻人时可敲击寻人牌上的低音量铜铃,铜铃声会吸引客人注意寻人牌上的姓名,从而找到住客。

四、任务准备

1. 相关书籍;
2. 电子资源;
3. 电脑或纸、笔、尺子、委托代办单据、其他辅助用具等。

五、任务实施与评价

表 2-3-1(2)　委托代办服务任务实施表

序号	操作步骤	操作标准	评价结果				注意事项、改进意见
			优	良	合格	不合格	
1	查找资料	通过书籍、网络等准确、迅速地查找并阅读有关委托代办服务的资料。					
2	内容归类	将所获得的资料按种类划分表合理进行归类。					
3	整理完善	将所归类的委托代办服务项目资料整理在表上,并加以完善。要求内容完整,表格简洁规范。					
4	总结与分享	对任务实施过程、完成情况进行全面的总结自评,并清晰流畅地与他人分享。					

六、问题及解决方案

表 2-3-1(3)　委托代办服务存在的问题及解决方案

序号	问题	处理措施	预防措施

七、拓展知识

阅读材料2-3-1　金钥匙服务

一、"金钥匙"简介

"金钥匙",既表示一种服务理念,又代表一种专业化的饭店服务,同时还是一个国际化民间专业组织的名称,此外还是对具有国际金钥匙组织会员资格的饭店礼宾部职员的特殊称谓。

"金钥匙服务",首先是一种服务理念,即一站式服务(One-Stop Service)、首问制服务。"金钥匙服务",是指饭店内以礼宾部职员(具有国际金钥匙组织会员资格则可称为"金钥匙")为其所在饭店创造更大的经营效益为目的,按照国际金钥匙组织特有的金钥匙服务理念和由此派生出的服务方式为客人提供的"一条龙"个性化服务。这种服务,通常以"委托代办"的形式出现,即客人委托职员代表饭店代办。它具有鲜明的个性化特点,被饭店业的专家称为饭店服务的极致,因此被称为金钥匙服务。饭店"金钥匙"的服务哲学,是在不违反法律的前提下,使客人获得满意加惊喜的服务。

"金钥匙",是指饭店中通过掌握丰富信息并使用以共同的价值观和信息高速公路构成的服务网络,为客人提供金钥匙服务的个人或群体的称谓。他们身着燕尾服,燕尾服上佩有国际饭店金钥匙组织授予的两把交叉金钥匙徽章。这两把金光闪闪的交叉金钥匙代表着"金钥匙"的职能:一把金钥匙,开启饭店综合服务的大门;另一把金钥匙,开启该城市综合服务的大门。也就是说,"金钥匙"是饭店内外综合服务的总代理。金钥匙的格言是"你不一定什么都会做,但你必须知道谁会做"。

"金钥匙组织",是指全球饭店中专门为客人提供金钥匙服务并以个人身份加入了国际金钥匙组织的职员的国际专业服务民间组织。

"首席礼宾司",是指全球每一个提供金钥匙服务的饭店中的"首席金钥匙",通俗来讲就是饭店中"金钥匙"的负责人。

目前,我国能提供金钥匙服务的饭店大多是主要大中城市的中心饭店,为星级饭店,且多高星级饭店。

二、中国饭店金钥匙组织会员的能力及业务要求

(一)能力要求

1.交际能力:乐于和善于与人沟通。

2.语言表达能力:表达清晰、准确。

3.协调能力:能正确处理好与相关部门的合作关系。

4.应变能力:能把握原则,并以灵活的方式解决问题。

5.身体健康,精力充沛,能适应长时间站立工作和户外工作。

(二)业务知识与技能

1.熟练掌握本职工作的操作流程。

2.会说普通话和至少掌握一门外语。

3.掌握中英文打字、电脑文字处理等技能。

4.熟练掌握所在饭店的详细信息资料,包括饭店历史、服务设施、服务时间、价格等。

5.熟悉本地区三星级以上饭店的基本情况,包括地点、主要服务设施、特色和价格水平。

6.熟悉本市主要旅游景点,包括地点、特色、开放时间和价格。

7.掌握本市高、中、低档的餐厅各5个(小城市3个)和娱乐场所、酒吧5个(小城市3个)的情况,包括地点、特色、服务时间、价格水平、联系人。

8.能帮助客人购买各种交通票据,了解售票处的服务时间、业务范围和联系人。

9.能帮助客人安排市内旅游,掌握其线路、花费时间、价格、联系人。

10.能帮助客人修补物品,包括手表、眼镜、小电器、行李箱、鞋等,掌握这些维修处的地点、服务时间。

11.能帮助客人邮寄信件、包裹、快件,懂得邮寄事项的要求和手续。

12.熟悉本市的交通情况,掌握从本饭店到车站、机场、码头、旅游点、主要商业街的路线、路程和出租车大概价格。

13.能帮助外籍客人解决办理签证延期等问题,掌握有关单位的地点、工作时间、联系电话和手续。

14.能帮助客人查找航班托运行李的去向,掌握相关部门的联系电话和领取行李的手续。

三、我国"金钥匙"的一条龙服务项目

1.接:就是到机场、火车站、月台或码头,接VIP客人、VIP团队、儿童团队或普通客人。

2.送:不单指送VIP客人、VIP团队、儿童团队或普通客人到机场、车站、月台或码头,也包括送信、送物,这仅限于市区内。

3.买:就是代客人买邮票、食品、药品、日用品、电脑、电脑配件、娱乐用品、植物、交通客票、戏票、鲜花、致敬卡等并放入客人房内。

4.取:就是去机场、汽车站、火车站、托运站代取行李、货物、客票,去邮局代取邮件、包裹等。

5.修:指代客人修理行李、鞋子、摄影器材、手提电脑、手表、眼镜等。

6.订:指代订其他城市的饭店、餐饮、报纸、车、船、活动场地等,约定按摩师、医师、导游、裁缝等。

7.印:根据客人的要求为客人印制名片、胸卡等。

8.寄:就是指代寄邮件、包裹、特快专递等。

9.代:就是代办签证、旅游手续以及常住客人安排度假等。

10.查:指代客人查找一些饭店内外的公司、饭店、餐厅、商店、交通、旅游、娱乐场所等的电话或地址,以及代客人查找遗留物品。

四、委托代办管理规定

1.详细了解客人的委托代办要求,并礼貌地对客人说:"我们会尽力办理。"如需外出办理的,无论委托代办成功与否都需要收取外出的乘车费用。

2.填写委托代办登记单。内容包括客人姓名、房号、委托代办事项、金额(如付现金需收一定数目订金,多退少补)、付款方式、经办人的姓名、日期,请客人核对无误后签名,客人换取联交客人。

3.安排人员办理。如需外出,在委托代办备用金预支费用一栏做好记录。

4.完成委托代办工作后,开收据单。注明委托代办内容、物品价格、代办车费等。

5.告知客人委托代办的完成情况。如客人不在房间,可留言,同时在留言上注明物品的存放位置。

五、委托代办服务收费原则

(一)收费前提

饭店不受损失,客人得到满意的服务。

(二)收费范围

非饭店内正常服务项目及饭店内不能直接提供的服务项目。

(三)收费计算

以一个员工一小时的人工成本(薪金、福利、保险等)为计算单位,另加往返路费。

(资料来源:曾小力.前厅服务与管理.广州:广东旅游出版社,2009.)

模块3 入住接待服务

【开篇案例】

在客人扭头离开的刹那

一天晚上,有几位客人拖着疲惫的脚步步入某饭店大堂,大堂副理小张听见其中一位客人大声说:"有没有搞错,三星级饭店的大堂这么小。"随便即走向前厅询问房价,当前厅向客人耐心地介绍时,客人又嫌房价高,扔下一句"你们以为外地人就随便要价呀,走走走,不住,不住",说完挥挥手让同行的客人一起出去。

当数位客人提着行李扭头准备离开时,小张走到客人身边,轻声对他们说:"晚上好,请问我能为各位介绍一下附近的饭店吗?"客人一愣,有些犹豫不决。因为考虑到客人很累了,小张请客人到大堂沙发处坐下,随即把附近的饭店简要地向客人作了介绍,并询问客人想到哪里住,可以指路。客人不置可否,或许他们还没想好吧。小张又对他们说:"今天很晚了,要不就先在我们饭店住下吧?虽然我们饭店大堂比较小,但客房设施较好。我给你们安排一个背街的客房,让你们好好休息,好吗?"客人勉强答应,小张随即让前厅员工为客人登记,在登记中得知客人是烟台人,小张说:"烟台是一个好地方,烟台在全国首推了服务承诺制,我们应该向烟台的服务业好好学习呢!"客人很自豪地笑了,主动与小张谈烟台的情况,并说刚才在火车站时遭遇了一些不愉快的事情,心情不好,不过现在好多了。

客人登记后,小张让行李员将客人行李送入客房,告诉客人如果有什么事可随时与服务人员联系,客人高兴地笑了。第二天、第三天客人没来退房,等他们结账离店的时候,客人走过来对小张说,他们对饭店的服务很满意,若是下次出差,还会住这家饭店。(资料来源:http://wenku.baidu.com/view/8cac01f59e314332396893e5.html。)

前厅接待员坚持站在客人角度看问题,用真挚的服务态度打动客人,必然会使新顾客变成忠实的回头客。下面,让我们一起探讨一下如何为客人提供贴心专业的入住接待服务吧。

【知识目标】
- 能描述房价;
- 能描述并识别入住登记服务所需设施设备和表单;
- 能描述入住登记工作流程及标准;
- 能描述客史档案建立的工作流程及标准等。

【技能目标】
- 能完成散客入住登记服务;
- 能完成团队入住登记服务;
- 能完成贵宾入住登记服务;
- 能完成商务行政楼层客人入住登记服务;

- 能完成客人换房、续住等服务；
- 能完成客史档案建立等。

【情感目标】
- 培养学生操作入住登记服务程序的条理性；
- 增强学生对本模块学习的浓厚兴趣，积极参与探究和实践等。

项目1　入住登记服务

【案例导入】

客人对房价是敏感的

初冬时分，郑州的天气让人感到了丝丝凉意。在一个天空晴朗的上午，郑州市一家三星级饭店的大堂内，客人来来往往，服务人员忙碌有序。

9:15，从一楼电梯内走出一位客人，他径直走向前厅，前厅服务员小周迎着客人微笑着说："李先生，早上好！"李先生点头示意并把钥匙放在台面上说："哦，我准备去广州，把房帮我退了。""现在就为您办理，马上就好。"说完之后，服务员小周便进行查房、核实、打账单，很快账单就放在了李先生的面前，请客人核查并签字认可。

客人在看完账单之后，紧锁眉头严肃地对小周说："我昨天早上入住的，怎么给我算了两天的房费？"小周微笑着说："李先生，是这样的，携程为您预订3:00入住，但您入住时间是4:30，饭店规定凌晨5:00以前入住至当日12:00算一天，因此算您住了两天。"李先生听了她的解释之后，情绪有些缓和，并说："当时你们怎么没有讲明5:00以前入住要算一天房费……算了，账单给我。"客人十分不悦地拿着账单又看了一下，正欲提笔签字时，突然抬头，略显生气地说："这账单上明明写的入住时间是5:18，你怎么说是4:30呢？"面对客人的质疑，小周耐心地对客人说："我们电脑上的时间比正常的北京时间快了48分钟，没有调整过来，您的确是4:30入住的。"在向客人解释的同时，小周把电脑显示屏转过去让客人看，又拿出了客人入住登记单上接待员填写的入住时间让客人看，客人仍不能理解，反问道："饭店规定凌晨5:00以前入住算一天，账单上白纸黑字打印的是5:18，电脑上的时间不准确，是你们自己的责任，入住登记单是后写的真实性有待考察，如果让我付两天的房费，这不成了欺诈？就凭这张账单上的入住时间5:18，我不会结账的。"在客人有理有据的陈述面前，所有的解释都不能成为有力的证据，小周便打电话请示领导，在得到批准后，同意客人付了一天的房费并且很有礼貌地向客人道了歉，在愉快的气氛中送走了客人。（资料来源：http://wenku.baidu.com/view/8cac01f59e314332396893e5.html）

问题

1.导致客人不满的原因是什么？接待服务与管理工作的失误源于哪些环节？

2.我们日后在开展入住接待工作时应注意哪些事项以避免类似情形的发生？

任务1 入住登记须知

一、任务描述

入住登记服务是饭店产品销售最重要的环节之一,涉及的饭店前厅的专业知识多。请你完成对后面的办理入住登记必须掌握的知识点的学习,并完成以下表格。

表3-1-1(1) 入住登记项目

序号	入住登记项目	登记目的与作用	注意事项	国内外客人登记差异

表3-1-1(2) 房价的不同种类

序号	房价种类	特点	优点	不足	适应对象与范围

表 3-1-1(3) 客房状态的识别

序号	客房状态	英文表述与简称	客房状态具体表现特点	相应处理对策

表 3-1-1(4) 排房原则与技巧

序号	排房原则	原则含义	具体客人类型	操作注意事项

二、任务分析

完成本任务的关键在于充分收集相关资料，了解办理入住登记手续的目的、要求、所需的表格；对房价的种类、客房状态的识别要清晰，并对相关资料进行分析对比、提炼归类，为给客人提供实际的入住登记服务奠定基础。

三、相关知识

（一）办理入住登记手续的目的

1. 办理入住登记手续，明确了饭店与客人之间的责、权。

办理入住登记手续，意味着住店客人与饭店签订了住宿合同。客人通过入住登记确定房号、房价、住宿期、付款方式等基本事项；饭店满足客人对客房及房价的要求，并告知消费客房产品应注意的事项，如退房时间、贵重物品保管等。

2. 按照我国有关法律的规定，客人只有办理入住登记方可住宿。

按照我国有关户籍管理法律规定，公安部门规定办理入住登记的项目包括：

（1）客人的完整姓名（Full Name）。

（2）国籍（Nationality）。

（3）出生年月（Date of Birth）。

（4）家庭地址（Home Address）。

(5)职业(Occupation)。
(6)有效证件及相关内容等。

凡是已采用电子计算机与公安主管部门联网的饭店,须在每天上午12:00前把前一天的临时住宿登记信息输送到公安主管部门的电子计算机室;没有入网的单位(包括入网后因停电、机器故障等原因不能传输的单位)每天上午10:00前派人把前一天的"临时住宿登记表"报送公安主管部门。

3. 获得住客的个人资料,提供个性化服务,有助于日后推销

通过办理入住登记手续,饭店可获得住客的个人资料,如姓名、国籍(民族)、出生年月、职业、抵达目的、兴趣爱好等基本信息。既为各种表格、单据(如住住单、开房单 Check-in slip)、账单、住客名单(In-house Guests list)、房卡等的形成提供了可靠的依据,又能及时掌握客源市场信息,建立客史档案,提供个性化服务,利于日后推介饭店产品。

(二)房价定义及结算标准的识别

中国旅游饭店业协会2002年颁布的《中国旅游饭店行业规范》第十条规定:"饭店客房收费以'间/夜'为计算单位(钟点房除外)。按客人住一间/夜,计收一天房费;次日12:00以后、18:00以前办理退房手续者,饭店可以加收半天房费;次日18:00以后退房者,饭店可以加收一天房费。"

按照国际惯例,"中午12点退房"依据的是国际饭店协会制定的《国际旅馆法规》第三条"契约的期限":"如果客人不准备住宿一天以上,住宿契约在客人抵达后次日的中午12点即告终止。"但中国旅游饭店行业规范(中国旅游饭店业协会2009年8月修订版),删去了"12点退房,超过12点加收半天房费,超过18点加收1天房费"的规定。取而代之的第三章第十条为:"饭店应在前厅显著位置明示客房价格和住宿时间结算方法,或者确认已将上述信息用适当方式告知客人。"《规范》第四十一条也明确表示:本《规范》适用于中国旅游饭店业协会会员饭店。

现在,不少饭店为吸引客源已执行弹性退房时间。但也有不少饭店表示,短时间内仍将以"12点退房"为基准,根据客人需求灵活实施退房时间,这个行规的取消对饭店不会带来太大影响。最优化客房价格是既能最大限度盈利又能最大限度吸引客人的价格。

(三)房价种类识别

1. 门市价(Rack Rate)

门市价(Rack Rate),即标准价、柜台价或散客价,饭店价目表上明码标注的各类客房的现行价格,未含任何折扣或服务费,一般以人民币、美元或港币报价。饭店一般在客房供不应求时才执行门市价。计价方式分五种:

(1)欧式计价(European Plan,EP):只含房租不包括餐饮费用。我国旅游涉外饭店基本采用该种方式。饭店未向客人做特别说明的报价均为欧式计价。

(2)美式计价(American Plan,AP):含房租和一日三餐餐费,又称合费用计价。

(3)修正美式计价/"半包餐"计价(Modified American Plan,MAP):含房租、早餐及正餐任一餐的餐费。

(4)大陆式计价(Continental Plan,CP):包括房租及大陆式早餐费用。
(5)百慕大式计价(Bermuda Plan,BP):包括房租及美式早餐的餐费。

2.追加房价

(1)白天租用价(Day Use Rate)

客人白天入住,饭店一般按所住客房的半费计算,个别饭店按小时计算。凌晨抵店入住、退房离店超过了规定时间、同一天内短时入住马上退房等三种情况一般采用白天租用价。

(1)深夜房价(Midnight Charge)

客人在凌晨抵达饭店,向客人加收一天或半天房费。

(3)加床价(Rate for Extra Bed)

在客房内增加某种床具的收费标准,视客房种类、床具种类和住宿天数而定。

(4)保留房价(Hold Room Charge)

为外宿客人(短期外出旅行但需继续保留所住客房)、提前预订并要求保留客房或因特殊情况没及时抵店的客人收取的房价,一般不收取服务费。

3.优惠房价

(1)免费价(Complimentary Rate,致意房价)

饭店在互利原则下,对与饭店有双边关系的或某些特殊身份的客人提供的免费住房(用餐)待遇,但应注意免收房费应该按规定要求,一般只有总经理才有权批准。

(2)饭店同行价(Peer Rate)

在其他饭店的同行人员入住饭店时,饭店通常会根据情况给予优惠价格,而连锁饭店或集团内部员工入住时则凭员工证可享受一次很低的员工价。

(3)折扣价(Discount Rate)

折扣价指饭店为常客、长住客及有特殊身份的客人提供的优惠房价。当客情不佳时,饭店也会对未预订的散客也采取一定的折扣房价或视其入住时间、客房数量、入住天数等给予一定的优惠,以尽量多销售客房、增加收益。

(4)家庭租用价(Family Plan Rate)

如为未满6周岁儿童免费提供婴儿床、12岁以下免收加床费等。

(5)小包价(Package Plan Rate)

小包价是饭店为客人提供的一系列服务项目(房租费、餐费、交通费、康乐费及游览费等)收费的报价。是一种客房捆绑销售方式。

4.合同房价(Contract Rate)

(1)团队价(Group Rate)

饭店为团队客人提供的折扣价格,往往是所有合同价格中最优惠的价格,目的在于通过旅行社、航空公司等售出大量客房。依据国际惯例,对团队实施"16免1"的优惠,即当团队满15人时,可免费提供双人间或标准间客房的1张床位。

(2)商务合同价、公司协议价(Commercial Rate)。

饭店以签订合约的形式,按规定给签约单位的客人以折扣优惠价格。优惠程度视其提供的客源量、住店的间/天数及信用程度等而定。一般凭此入住的都是商务客人,是优质客户。

(3)中间商价(Agency Rate)

指饭店与航空公司、旅行社等实体或网络中间商签订的不同季节的不同房型的散客价。自从有了订房网络,不少客人通过携程旅行网、艺龙网及其他一些口碑较好、实力较强的订房网络商订房,可以获得较低的客房价,中间商价便应运而生,客人、饭店和中间商达成三赢。

5.其他房价

(1)淡季价(Low Season Rate)

饭店在营业淡季为吸引客人而采用的一种价格。一般在标准价的基础上,下浮一定的百分比。

(2)旺季价(High Season Rate)

饭店在营业旺季,为最大限度提高客房经济收益而采用的一种价格。一般在标准价的基础上,上浮一定的百分比。

(3)房间差价

同房由于饭店的景观、朝向、楼层或者入住时间等不同,房价会存在一定的差异。

(4)双开房价格。

根据饭店管理经验,双人占用房价应比单人占用房价至少高出1/3。

(5)房间升级(Up-grading)

当客人所订的低一级客房租完时、出于饭店原因导致客人不满或者由于客人累积入住超过规定次数、适逢饭店店庆等原因,饭店把高一级的房间租给客人而只收原订房的房费。

(6)房间降级(Down-grading)

房间降价是指由于受饭店客房现状的限制,而把客人安排在比预订房间低一级的客房,饭店一般会以房间打折、赠送餐饮、康乐服务等形式给予客人补偿。

(四)客房房态的识别

客房房态(Room Status)是饭店专业用语,它是依据饭店的员工素质、服务质量的要求、管理方式、工作程序、计算机管理软件的配置及客源市场等多方面因素来确定房态类型及房态控制方法的。它能够对饭店客房的占用、待售、清洁、维修等状态进行统计和动态显示。

在客人到店前,必须掌握房态报告(Room Status Report),了解现时可出租的客房、稍候可供出租的客房(如未清扫的空房)、不可出租的客房(如维修房、待清洁房等)情况,并根据此报告排房,可避免给客人造成不便。

不同饭店管理软件定义的客房房态略微存在差异,正常情况下一般分为:

(1)可供出租状态(空净房、可售房、空房,南方港、澳、广东地区由于粤语谐音原因又称之为吉房,Vacant Clean,简写 V、VC)。是指客房已打扫整理,一切准备就绪,随时可供出租。

(2)住房状态(住客房,Occupied,简写 OCC)。是指该客房已出租,正由客人占用。此种状态下,又可以细分如下:

①同住房:多人一同开房不属于旅行团,但是要求一个账户结账。

②团队房:旅行团带领游客以旅行团的名义开多间客房。

③自用房:饭店因内部需要自己占用客房,不计入出租率、不滚入房租。

④免费房:饭店因为某种原因不收取该客房的房费,但要被计入出租率。

(3)正在转换状态(走客房、待清洁房,Check Out,简写 C/O;Vacant Direy,简写 VD.)。是指原占用客房的客人已退房,尚未打扫干净的客房,一切就绪后方可再供出租。

(4)待维修状态(维修房,Out of Order,简写 OOO)。是指该客房将要或正在进行整修,近期不能出租。

(5)保留状态(保留房,Blocked Room)。是指已在某时期内预留给将入住的团队客人、会议客人、重要客人等已预订客人的一种内部掌握而暂不出租给其他客人的客房。

在特殊情况下,下列几种客房状态是饭店客房部需要掌握并通知前厅的:

(1)外宿未归房(Sleep Out,简写 SO)。指住客在外过夜未回客房住宿,大堂值班经理应双锁外出过夜客人的客房,并做记录,以保证该房安全。

(2)携少量行李的住客房(Occupied With Light Luggage)。指该住客房没有行李或只有极少行李,客房部应及时将此客房状况通知前厅以预防不测。

(3)请勿打扰房(Do not Disturb,简写 DND)。指住客为不受干扰,在门把手上挂上"请勿打扰"牌或以灯光显示"请勿打扰"字样。此种临时客房状况可属于住客房,也可能是走客房。前厅和客房部均要对此种客房状况加以关注。

(4)双锁房(Double Locked Room)。住客为不受干扰在房内将门双锁,服务人员用普通钥匙无法打开门锁。为防止客人生病等意外事故的发生,要加强对双锁房的观察与检查。有时,客房设备严重受损、客房内有暴露的贵重物品、发生刑事案件或客人外宿等情况下,饭店管理部门也会双锁客房。

图 3-1-1(1)　某饭店管理软件自定义的客房房态

(五)排房技巧

排房、分房(Room Assignment)指前厅接待员据客人住宿的需求,满足客人的心理特点及饭店可供出租的客房的实际情况(位置、风格特色、档次、价格、朝向等),尽可能将适合客人需要的客房分配给客人。

1.排房原则

(1)针对性原则。根据客人的特点(身份、地位、对饭店经营的影响等)进行有针对性的排房。如：

①贵宾一般安排较好的或者豪华的客房,在安全保卫、隔音等方面给予优先考虑。

②为方便导游(领队、会务组人员)联络及饭店管理,同一团体尽量安排同一层楼、同一标准双人房(Twin-size bed room);领队或会务组人员,尽可能安排与团体客人位于同一楼层出口处的客房。

③新婚夫妇安排较安静大床(Double-bed)的客房。

④家人或亲朋好友一起住店的客人,一般安排楼层侧翼的连通房或相邻房。

⑤老年人、伤残人或行动不便者,可安排较低楼层靠近服务台或电梯口的客房。

(2)特殊性原则。要根据客人的宗教信仰、风俗、生活习惯来排房。如：

①敌对国家、是竞争对手的客人:应分楼层安排。

②风俗习惯、宗教信仰不同的客人:应拉开其客房间距或分楼层安排。

此外某些客人对客房朝向、客房设施与布置、楼层、房号等有特殊要求,应优先予以满足。

(3)因地制宜原则。

即根据饭店经营管理和服务的需要来安排客房:

①长住客:尽可能集中在一个楼层,且在较低的楼层。

②无行李且有不轨嫌疑的客人:尽可能安排在靠近楼层服务台的客房。

③在淡季,从经营和维护市场形象的角度出发,可集中安排朝向街道的客房。还可集中使用几个楼层的客房,封闭一些楼层集中维护及保养客房,以节约能耗。

2.排房顺序

接待员通常按照以下顺序安排客房,以利于客房的有效使用。

(1)贵宾(VIP)及常客(Regular guest);

(2)有特殊要求的客人(Special attention,SPATT);

(3)团体客人(Group);

(4)保证类预订客人(Guaranteed reservation);

(5)要求延期的预期离店客人(Extension,EXT);

(6)确认类预订客人(Confirmed reservation);

(7)未订房直接抵店的散客(Walk-in Guests)等。

四、任务准备

1.相关教材、书籍等;

2.电脑、网络资源；
3.前厅入住登记服务软件系统；
4.预抵达预订客人表、入住登记表、房价表、房卡、证件、团队分房单、客房状态展示架等。

五、任务实施与评价

表 3-1-1(5)　入住登记须知任务实施表

序号	操作步骤	操作标准	要求	备注
1	查找资料	通过书籍、网络等查找并阅读有关入住登记项目、房价种类、房态、识别、排房原则与技巧等资料。	(1) 思路清晰，行动迅速； (2) 注重信息的时效性、客观性。	若只借助书籍，则事前书籍应准备充分。
2	分析归类	将所获得的资料按种类划分表进行归类。	(1) 归类合理； (2) 分析到位。	可打归类草稿。
3	整理完善	将所归类的资料整理在种类划分表上，并加以完善。	(1) 内容完整清晰； (2) 表格简洁规范； (3) 信息全面具体。	也可以制作成电子材料。
4	总结与分享	总结自评任务实施过程、完成情况，并与他人分享。	(1) 总结全面到位； (2) 表述清晰流畅。	也可制作成PPT展示讲解。

六、问题及解决方案

表 3-1-1(6)　入住登记服务存在的问题及解决方案

序号	问题提出	处理方案	预防措施

七、拓展知识

阅读资料 3-1-1　饭店业"退房时间"为什么定在中午 12 点

按照国家有关规定,住宿一天的时间应该为 24 小时,饭店业将客人退房时间定在中午 12 点,对此简述以下几点。

一、饭店客人退房时间是由客房产品的特殊性决定的

饭店客房是以夜为时间单位向旅游客人提供服务的住宿设施。可见"夜"是饭店的时间单位。世界旅游组织在《国内旅游统计数据的收集和编撰》技术手册中对"过夜"一词的解释是:午夜后到达饭店的旅客一般地视为过夜旅客,也就是说,即使客人午夜后到店,同样视为前一天到店。中国旅游饭店业协会规定的《中国旅游饭店行业规范》第十条规定:饭店客房收费以"间/夜"为计算单位(钟点房除外)。按客人住"间/夜"计收一天房费;次日 12 点以后、18 点以前办理退房手续者,饭店可以加收半天房费;次日 18 点以后办理退房手续者,饭店可以加收一天房费。由此,我们可以明确一个概念,饭店计算客人入住一天的变更时间不是子夜零点,而是在中午 12 时,这是因为客人入住饭店是为了在饭店过夜,所以,夜晚时间才是饭店客房真正有价值的时间。为了保证客人在夜间用房,不管你是前半夜到店,还是后半夜到店,饭店这间房在晚上之前就已经为你准备好了,并且不能再向他人预售。且饭店客房具有不可储存性,一天不出租,就一天创造不了价值,客人延期退房意味着该间房今天可能无法售出,因此,客人要么按时退房,要么延期退房负担今天的房费。饭店的预订、入住、退房和饭店提供的相应服务是一个服务链,有极强的计划性,需要预订、财务、控制系统的支持,而客人来的时间和退房时间不一,如果没有统一时间退房,按照客人实际入住时间收费,饭店几大系统将造成混乱,无法正常经营。

二、我国饭店业客人退房时间的规定依据是什么

国务院文件《关于计算外宾住宿天数的规定》(国发 1978 年 224 号)中明确了如何计算外宾入住饭店的时间:外宾住进饭店,不论白天、晚间,过夜算一天。如果退房当天,是中午 12 点到下午 6 点前离开客房的,按半天计算,下午 6 点以后离开客房的按整天计算。

国际饭店协会制定的《国际旅馆法规》第三条契约的期限中规定:要是客人不准备住宿一天以上,住宿契约在客人抵达后次日的中午 12 点即告终止,没有规定具体期限的契约应被认为是为期一天的契约。

三、饭店处理此类问题时应注意的几点

1. 饭店应在前厅将退房时间在显著位置明示给客人。
2. 饭店前厅服务员在为客人办理入住手续时,应提醒客人退房时间。
3. 饭店客房的房卡和服务指南中也应注明。对于有些特殊情况客人事先提出,可以协调解决。《规范》在有关加收房费的条款中,使用了饭店"可以"的弹性措辞,既规范了饭店的经营行为,又引导饭店充分地考虑到客人的权益,根据具体情况灵活处理。一般情况下,客人事先提出,只要条件允许,饭店会考虑客人要求的。如对一些延迟 1~2 小时离开饭店的客人,饭店也往往会免去其半天房费。为了吸引客人入住,一些饭店主动提出给予客人延

迟退房2小时不加收房费的优惠。

（资料来源：http://www.hefei.gov.cn/n1105/n235791/n9413714/6444686.html）

任务2　入住登记设备设施和表单使用

一、任务描述

学生一对一模拟练习办理入住登记手续，重点演练填写各类入住登记单、鉴别证件与签证、运用扫描仪、制作房卡等。

二、任务分析

为高效准确办理入住登记手续，接待员须熟悉各类客人的入住登记表单，能够准确识别各种证件（签注）、掌握使用证件阅读器/扫描仪、房卡制作等工作流程和规范。

三、相关知识

（一）入住登记表

（1）客人姓名及性别。识别客人的首要标志是姓名与性别，服务人员要记住客人的姓名，并以姓氏去称呼客人。

（2）房号。房号不仅方便核对客房类型和房价，还利于查找、识别住店客人及建立客账。

（3）房租。客人与接待员协商确定后的房租是建立客账、预测客房收入的重要依据。

（4）付款方式。确定付款方式有利于保障客房销售收入、决定客人住宿期间的信用标准，提高退房结账的速度，还有利于提供一次性结账服务。

（5）抵离店日期。掌握客人准确的抵店日期，有助于计算房租；了解客人预计离店日期，有助于客房预测及接待处排房，有助于客房服务中心安排客房清扫顺序。

（6）住址。留存正确、完整的客人永久住址，有助于饭店与客人日后建立联系，并提供如遗留物品处理、邮件转寄等服务。

（7）饭店管理声明。登记表上的管理声明（住客须知）提醒客人注意事项。如规定的访客时间；退房时间；房价不含服务费及房间迷你吧内饮料等事项；建议客人使用前厅收银处的免费保险箱，否则如有贵重物品遗失饭店恕不负责等。

（8）接待员签名。这不仅加强接待员的责任心，还便于控制和保证服务质量。

表 3-1-2(1)　我国内地客人住宿登记表

房号：　　　　房租：　　　　接待员：

姓名	性别	年龄	籍贯	工作单位	职业
			省　　市　　县		
地址				从何处来	
证件名称			证件号码		
来宿日期			退宿日期		
同宿人	姓名	性别	年龄	关系	备注

请注意： ①退房时间是中午12时； ②贵重物品请存放在收款处的免费保险箱内，否则阁下一切物品的遗失，饭店概不负责； ③来访客人请于23:00前离开客房； ④房租不包括客房里的饮料。	离店时我的账目结算将交付： □现金 □旅行社凭证 □信用卡 客人签名：

表 3-1-2(2)　境外人员临时住宿登记表

REGISTRATION FORM OF TEMPORARY RESIDENCE FOR VISITORS

证件种类 Type of certificate		证件号码 Certificate No.			照片 Photo	
英文姓 Surname		英文名 Given name				
中文姓名 Chinese name		性别 Sex		出生日期 Date of birth	年　月　日 y　m　d	
国籍(地区) Nationality or region		居留国(地区) Residence country/region		停留事由 Object of stay		
在华身份 Occupation in China		证件有效期 Certificate expiry date	年　月　日 y　m　d	签证(注)种类 Type of Visa		
有效次数 One/two /multiply entri(es)		签证(注)号码 Visa No.		签证(注)有效期 Visa expiry date	年　月　日 y　m　d	
签证(注)签发地 Visa issued at		入境口岸 Port of entry		入境日期 Date of entry	年　月　日 y　m　d	

续表

入住日期 Date of check in	年 月 日 y m d	拟停留天数 Duration date		联系电话 Telephone Nunber	
电子邮件 E-mail Address			偕行人亲属关系 Relationship with the accompanying person		
在华住址 Address in China					
工作/接待单位 Work/host unit					
住所类型 Type of lodgment	旅业 Hotel	□旅业 Hotel			
	物业小区 Residential area	□出租屋 Rent house □居民家 Residence's home □单位宿舍 Unit dormitory □自购房 Lodger's own house			
	其他 Other	□出租屋 Rent house □居民家 Residence's home □单位宿舍 Unit dormitory □自购房 Lodger's own house □工地现场 Construction plant □其他 others			
留宿人 Host		留宿人电话 Host's telephone		留宿人证件号 Host's certificate No.	
代办人 Agent		代办人电话 Agent's telephone		代办人证件号 Agent's certificate No.	
备注 Remarks					

注:灰色项目为必填项。

表 3-1-2(3) 境外客人临时住宿登记表
REGISTRATION FORM OF TEMPORARY RESIDENCE FOR VISTORS

用正楷字填写(IN BLOCK LETTERS)　　　日期(DAILY RATE):　　　房号(Room NO.):

姓名:　　FIRST NAME: SURNAME:　　MIDDLE NAME:	出生日期: DATE OF BIRTH:	性别: SEX:	国籍或籍贯: NATIONALITY OR AREA:
停留事由: OBJECT OF STAY:	入住日期:DATE OF ARRIVAL:	退房日期: DATE OF DEPARTURE:	公司名称或职业: COMPANY NAME OR OCCUPATION:

续表

国(境)外住址:HOME ADDRESS:	
PLEASE NOTE: 1.CHECK OUT TIME IS 12:00 NOON. 2. VISITORS ARE REQUESTED TO LEAVE GUEST ROOMS BY 11:00 PM. 3.ROOM RATE NOT INCLUDING BEVERAGE IN YOUR ROOM.	离店时我的账目结算将由: ON CHECKING OUT MY ACCOUNT WILL BE SETTLED BY: □CASH　　　□T/A VOUCHER □CREDIT CARD　□COMPANY GUEST SIGNATURE:_____
以下由服务员填写 FOR CLERK USE	

护照或证件名称:	号码:	签证种类:	签证号码:	签证有效期:
签证签发机关:	入境日期:		接待单位:	

备注 REMARKS:

值班服务员签名 CLERK SIGNATURE:

表 3-1-2(4)　团队人员住宿登记表
Registration Form of Temporary Residence for Group

团队名称:　　　　日期:　　年　月　日至　年　月　日
Name of Group:　　Date:　Year Mon Day Till Year Mon Day

房号 Rm No.	姓名 Name in full	性别 Sex	出生年月日 Date of Birth	职业 Occupation	国籍 Nat.	护照号码 Passport No.

何处来:　　　　　　　　　　　　　　　何处去:

留宿单位:　　　　　　　　　　　　　　接待单位:

导游签名:　　　　接待员签名:

(二)有效证件识别

1. 办理入住登记所需有效证件

中国内地公民办理入住登记所需的有效证件包括:中华人民共和国居民身份证、中华人民共和国护照、临时身份证、驾驶证、一次性住宿有效凭证,中国人民解放军、中国人民武装警察部队制发的军官证、警官证、文职干部证、士兵证等。

华侨用于住宿登记的证件有:中华人民共和国护照、中华人民共和国旅行证、中华人民共和国出入境通行证、外国政府发的国际旅行证(如回美证、加拿大身份证、印尼外国人护照等)。

港澳同胞可用于登记的证件有:港澳同胞通行证、港澳居民来往内地通行证、中华人民共和国出入境通行证(注:不能用香港身份证或回港证登记住宿)。

台湾同胞用于登记的证件有:台湾居民来往大陆通行证、中华人民共和国旅行证、中华人民共和国出入境通行证等。

外国旅客办理入住登记所需的有效证件包括:外国护照(含外交护照 Deplomatic;公务护照 Service 或称官员护照 Official;普通护照 Passport)、外国人居留证、外国人出入境证、联合国护照、海员证、外国人旅行证等。

2. 签证的识别

签证(Visa)是由中国驻外大使馆或领事馆和中国出入境管理局签发。签证种类包括:

(1)外交签证。

(2)公务签证。

(3)普通签证。

普通签证根据申请入境理由的不同又分为:D—定居;Z—任职;X—学习;F—访问;L—旅游;M—互免签证;G—过境;C—乘务;J—记者(J-1 常驻记者、J-2 临时来华记者)等。

3. 有效证件、护照及签证的鉴别

前厅接待员在接到客人证件后需验证相关信息,注意证件有无涂改、伪造;核对照片与持证人是否相符;留意证件的有效期等。查看护照的类别、是否有签证、签证是否过期、入境日期和入境口岸等,以确保客人所提供的证件是有效的。

四、任务准备

1. 电脑及多媒体设备、网络资源、前厅服务操作系统;

2. 国内客人住宿登记表、境外客人临时住宿登记表、团队入住登记表、房卡、有效证件、笔、房价表、客房状态展示架、证件阅读器(扫描仪)等。

五、任务实施与评价

表 3-1-2(5)　入住登记表填写任务实施与评价表

序号	操作步骤	操作与评价标准	评价结果				注意事项、改进意见
			优	良	合格	不合格	
1	请客人填写入住登记表	(1)双手呈递"住宿登记表"及笔,字体及笔尾部朝向客人。 (2)用礼貌手势示意客人填写入住登记表。 (3)填写内容包括:姓名、性别、职业、国籍、身份证号或签证号、地址、抵/离时间等。 (4)适时指引客人填写,也可代客人填写后交客人签名确认。					
2	检查核实客人身份	(1)礼貌请客人出示有效证件并致谢。 (2)双手接过客人递来的有效证件。 (3)依据"住宿登记表"上的资料客人证件信息(见表3-1-2(6)有效证件与签证的鉴别任务实施表)。 (4)核对客人姓名与地址是否正确、客人有否签名、确认客人护照号码或身份证号码是否过期等。 (5)扫描证件后,双手将证件归还客人,礼貌致谢。					
3	打印登记时间,录入电脑	(1)登记好后将时间打在登记表上,与客人再核对一次。 (2)接待员在登记表上签名。 (3)确认无误,将客人资料输入电脑。					

表 3-1-2(6)　有效证件与签证的鉴别任务实施表

序号	客人	证件名称	鉴别标准	有期计算
1	境内居民	中华人民共和国居民身份证、驾驶证	(1)查看相片有无冒充或伪造、变造等迹象; (2)查看证件有效期,确定证件合法性; (3)驾驶证只限中国内地客人驾照。	证件上注明的有效期。

续表

序号	客人	证件名称	鉴别标准	有期计算
2	国外客人	护照（外交护照、公务护照及普通护照）	(1)查看其相片有无冒充或伪造、变造等迹象； (2)查看护照的类别、是否有签证、签证是否过期、出入境口岸及签发机关等信息； (3)驻外使馆签发的签证盖章在签证的左下方； (4)出入境管理局签发的签证盖章在签证的右下方。	(1)驻外使馆签发的签证有效期：入境日期加签证上的有效停留天数； (2)出入境管理局签发的签证有效期：签证页面上填写的有效期。
		中华人民共和国外国人居留证（简称居留证）、中华人民共和国外国人临时居留证（简称临时居留证）、外国人旅行证	(1)居留证可单独使用，无须出示护照； (2)登记表上"证件名称"一栏填写护照，号码填写护照号码，签证号码和有效期一栏填居留证号码和居留证有效期； (3)临时居留证必须与护照同时使用方为有效，必须让客人出示护照。使用方法和操作方法与居留证相同。 (4)其他核对步骤及标准同上。	(1)居留证：入境日期加签证上的有效停留天数； (2)外国人旅行证：签发日期加上两年。
3	华侨	中华人民共和国护照、中华人民共和国出入境行证、中华人民共和国出入境通行证	(1)查看其相片有无冒充或伪造、变造等迹象； (2)核查证件有效期等信息。	有效期内可任意在华停留。每本年限五年，可以延期。
4	港澳同胞	港澳同胞回乡证、港澳居民来往内地通行证、中华人民共和国出入境通行证	(1)查看其相片有无冒充或伪造、变造等迹象； (2)核查证件有效期等信息。 (3)证件号码为七位数。	签发日期加上十年/内地通行证上的有效期。
5	台湾同胞	台湾居民来往大陆通行证、中华人民共和国旅行证、中华人民共和国出入境通行证	(1)查看其相片有无冒充或伪造、变造等迹象； (2)必须查验签注号码和有效期； (3)证件号码为十位数后加一个英文识别码。	最近一次签注的有效期。

（摘自：百度文库 http://wenku.baidu.com/view/27c8c0ab0029bd64783e2c26.html shunzhiyuan）

表 3-1-2(7)　扫描证件、制作房卡任务实施与评价表

序号	操作步骤	操作与评价标准	评价结果				注意事项、改进意见
			优	良	合格	不合格	
1	打开计算机界面及证件阅读器	(1)打开公安系统页面,进入"批量登记"界面。 (2)打开读卡器,把二代身份证放在身份证阅读器上等待。 插图 3-1-2(1)　证件阅读器 (3)当界面"已启动,请放卡"处变成客人的姓名,提示"请放下一张卡"时,放下一张需要登记的二代身份证上去登记。 插图 3-1-2(2)　操作界面					
2	系统自动录入证件信息	(1)二代身份证都是有芯片的,一般用身份证阅读器就可以导出客人的资料到系统,证件号码一般不会出错,一般读完卡后系统会录入客人所有信息。 (2)"行政区划"出现不正确时,如省、市,与长住地址不一致,更改客人的行政区。					

续表

序号	操作步骤	操作与评价标准	评价结果				注意事项、改进意见
			优	良	合格	不合格	
3	扫描证件	插图3-1-2(3)　扫描证件界面 (1)当二代身份证芯片损坏的情况下会导致读卡没有反应,可以换一下证件的正反面。 (2)如还未能读出信息证明该客人的证件芯片有问题,应打开证件扫描,选中二代身份证,然后点击单排扫描,扫描完之后再进入"核对客人证件信息"的界面,确认无误后再保存,然后点击"正式入库"按键。					
4	点选"制作门卡"	在房态盘上直接用鼠标右键点选开好的客房,将会出现下拉菜单里。然后点选"制作门卡"。					
5	放置待制作的房卡	确保制卡器与电脑连接,将待制作的房卡有芯片的一面朝下放在制卡器感应区内或插入制卡器卡槽内。 插图3-1-3(4)　制卡器					
6	点击制卡	点击制卡,等待系统提示制卡成功后,门卡即制作完毕。					

六、问题及解决方案

表 3-1-2(8)　入住登记表单与设备使用存在的问题及解决方案

序号	问题提出	处理方案	预防措施

七、拓展知识

阅读材料 3-1-2　五星级饭店客房部管理系统简介

客房部管理系统一般包括客房管理、前厅预订、前厅接待和前厅收银四个功能模块。

(一)客房管理

1.房态管理。可选择按楼层、房态或房类显示当前所有客房的状态,客房状态包括吉房、住房、脏房、坏房、配房和锁房。

2.客人查询。可按房号、客人姓名、团体编号、身份证号、客人类型、客人国籍、客房类型、抵店日期、离店日期等条件组合查询在住客人的简表及详细资料。

3.统计及报表。报表包括:房态比率统计、房态分类列表、在住客人名单、预期离店客人、实际离店客人。

4.操作员重新登记。

(二)前厅预订

1.房态查询。可查询房态比率统计和预测将来某段时期内的订房情况。

2.订房管理。包括散客订房管理和团队订房管理两大功能,可通过预订编号、姓名、团队名称、预订日期、预订客类或客人来源等条件查询已订房的客人情况,并可以取消预订或修改预订。

3.报表统计。统计的报表包括:当天订房报表、当天删除报表、预期到达报表、预期未到报表、客人配房报表。

4.操作员重新登记。

(三)前厅接待系统

1.散客管理。自动按客人要求的房类给出可选房号,完成客人登记手续;可由预订单、客史资料自动生成登记单,并可实现客人的续住;登记时若客人有历史记录的则自动显示历史资料和以往的房租折扣,方便操作员参考;提供预订单的输入、复制、修改,同行客人、同住客人的登记,散客转团队(如为团队成员则按钮为团队转散客),设置饭店自用,制作客人卡,打印登记单功能;入住客人是否开通 IDD 功能;提供设置 VIP、特殊需求、口信、意见、同行客人查询、转账、客人其他信息查询等功能,协助饭店实现一流服务;提供同住客人的换房处理,客人调租处理,实现真正的饭店电脑管理。

2.团体管理。完成对团体入住的登记或团体增加团员等操作。

3.房态管理。可选择按楼层、房态或房类显示当前所有客房的状态,客房状态包括吉房、住房、脏房、坏房、配房和锁房。

4.客人查询。可按房号、客人姓名、团体编号、身份证号、客人类型、客人国籍、客房类型、抵店日期、离店日期等条件组合查询在住客人的简表及详细资料。

5.统计及报表。统计的报表包括:在住客人名单、计划离店名单、实际离店名单、当天入住客人名单、常住客人报表、特殊客人名单、特殊服务清单、职员用房报表、客人来源分析、客人类型分析、房租类型分析、房租差异报表、转房客人报表、可用客房报表。

6.操作员重新登记。

(四)前厅收银

客人账务分为房账和客账,方便同住的客人账务处理、团队账务处理和转账处理,每发生一次操作须输入操作员密码,防止账务有误,且每一笔账有据可查,支持多种付款方式。

1.费用。计入一笔费用及相应金额。

2.付款。付一笔钱,提供付款、退款、金额转账、押金处理、信用限额处理功能。金额转账中,可设定转账入房账还是客账,转多少金额。

3.转账。转费用,可设定转账入房账还是客账,转哪几笔费用。

4.账目更改。对输错的账目进行更改,并注明原因。

5.账务调整。对已夜审的账务进行更改,并注明原因。

6.账单查询打印。可重打已离店客人账单、历史客账单,记录账单打印次数,防止作弊。

7.团队账务处理。可按设定的团队支付说明自动结账,分清团队总账和团员账。

8.客人押金处理:可在其预订单上显示出押金缴纳情况,可设定开通IDD功能。

任务3 散客入住登记服务

一、任务描述

1.已预订散客入住登记服务情景演练;

2.未经预订散客入住登记服务情景演练;

3.国内散客入住登记服务情景演练;

4.境外散客入住登记服务情景演练;

5.特殊要求散客入住登记服务情景演练;

6.黑名单客人入住登记服务应对情景演练。

二、任务分析

入住登记服务牵动着客人的神经,随着为客人办理入住登记手续的开始整个饭店的收益流程随之展开。实际服务时,要牢记入住登记步骤,针对不同的服务对象做好个性化入住登记服务。

三、相关知识

(一)散客入住登记服务准备工作

1.检查、整理、补充所需设施设备

(1)从客人的角度观看前厅是否整洁;

(2)在正确的位置补充相关的资料,确认有充足的备用金,检查计算机、打印机、扫描仪、验钞机等设备是否能正常运转,确认计算机的日期及时间是否准确等。

(3)检查所有用品与表格,包括笔、打印纸、客人档案、入住登记表、房卡、欢迎卡、留言簿、信用卡凭证、预订记录单、停车凭证、饭店宣传册、过账凭证等是否齐全。

2.检查当日客情,提前做好各项准备工作

(1)掌握准确的房态报告(Room status and availability),据此报告排房。

(2)阅读掌握贵宾(VIP)名单与高级商务客人(CIP)名单。

①确保 VIP 客房按时、按要求准备好。

②通知客房部、行政楼层礼宾接待、房内用餐等部门为 VIP 客人提供服务。

③提供特别服务:事先预留客房、免费接送服务、在客房办理入住手续、专人迎接等。

(3)阅读客史档案(Guest history record),尽量满足客人需求并避免客人不满。

(4)阅读预期抵达/离店客人名单(Expected Arrivals list / EA)。根据预订情况提前排房、为预订客人提前预先登记等。

(5)核查有无黑名单客人,准备婉言谢绝接待如下黑名单客人(Black list):

①公安部门的通缉犯。

②当地饭店协会通报的不良名单(如在住店期间有偷盗、使用假钞、损害饭店和其他宾客利益与名誉、逃账等行为的客人,由受损失的饭店向饭店协会呈交报告)。

③财务部门通报的记录名单(有无理要求过多的不良记录,签单转账的权限人、特殊优惠以外的人员)。

④信用卡黑名单(使用假信用卡实施欺诈行为或信用卡已过期失效、有伪造迹象等)。

⑤衣冠不整者。

⑥患重病及传染病者。

⑦带宠物者。

(二)散客入住登记服务步骤

1.识别客人有无订房。

2.协助客人填写入住登记表。

3.核对证件并按证件信息填齐表格所需资料。

4.根据客人需求及饭店房态安排客房,确定房价和付款方式,达成客房销售。

5.了解并处理客人的特殊要求。

6.发放客房钥匙卡、欢迎卡。

7.收取住房押金。

8.引领客人进房,介绍客房及饭店设备设施与服务项目。

9.客人入住信息录入、储存与传递。

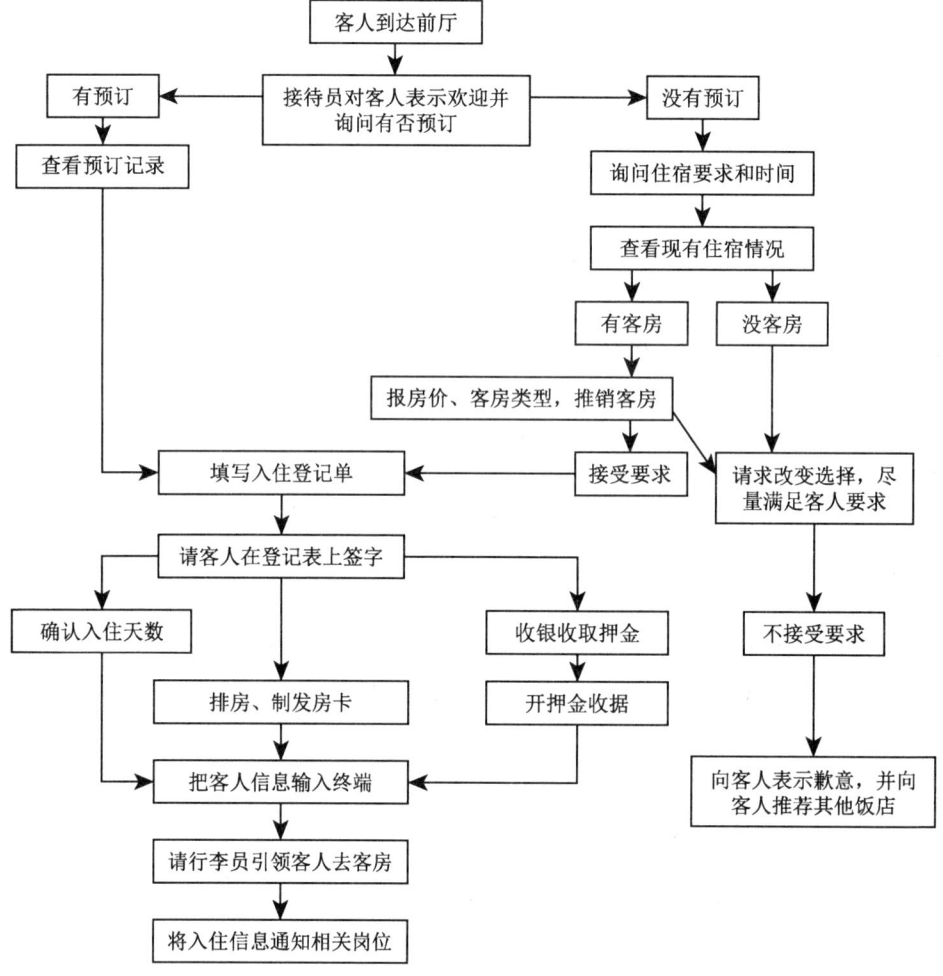

图 3-1-3(1)　散客接待流程图

四、任务准备

1.电脑及多媒体设备、网络资源、前厅服务操作系统；

2.前厅实训场地；

3.各类工作表单(预抵达客人名单、国内客人住宿登记表、境外客人临时住宿登记表)、房卡、欢迎卡、有效证件、笔、房价表、饭店宣传册、客房状态展示架、证件阅读扫描仪、电话机、押金收据本、POS刷卡机验钞机、磁卡钥匙、制卡器等。

五、任务实施与评价

下面,让我们练习完成任务,看看自己能否高效、准确地为散客提供入住登记服务。

子任务1 散客入住登记服务

表3-1-3(1) 散客入住登记服务任务实施与评价表

序号	操作步骤	操作与评价标准	评价结果				注意事项、改进意见
			优	良	合格	不合格	
1	问候欢迎客人	面带微笑,主动问候并询问客人来意。					
2	识别、确认客人有无预订	(1)询问客人有无预订。 (2)预订客人:查阅预订单,复述订房要求,核对细节,了解有无补充/变更要求。 (3)未预订客人:询问客人的住店要求,查看有无其所需的客房,开展针对性客房推销。					
3	向未预订客人展开产品推销	(1)向客人介绍饭店客房及其他服务设施设备、内容和时间。 (2)向客人介绍饭店外部相关信息(购物、交通、娱乐等)。 (3)由高档至低档向客人介绍饭店房型、房价及其特点,供客人选择,努力达成客房销售目的。					
4	为客人办理入住登记手续	(1)请客人填写入住登记表。 (2)协助客人填写相应登记内容,字迹清楚,项目齐全,并有客人的亲笔签名。 (3)请客人出示有效证件,双手接过并逐项检查核对。 (4)扫描证件并查验证件的真伪、有效时间及入境期限等。					
5	给预订客人安排客房	(1)依照预订的客房类型和要求选择客房(VC Room)。 (2)如预订客房暂未准备好: ①婉转征求客人意见为其更换房型; ②如客人坚持入住此类型客房,详细查询电脑信息,尽可能为其安排; ③如属于常住客人:根据饭店出租情况,为其免费升级。					
6	为预订客人排房、定房价	(1)在客人填写登记表的同时安排好客房。(根据客源类型特点、要求安排恰当客房,清晰表述客房特点)。 (2)向客人报价,向客人解释房价的合理性以获得客人的确认,可将房价信息写在单据上,避免房价差异引起其他客人疑义。 (3)向客人介绍相应房价优惠,根据自己的权限适当打折。必要时请示上级给予更大的折扣。 (4)填写房价、房号、抵/离店日期、客人人数等项目。 (5)填写或打印登记表,请客人确认签名。					

续表

序号	操作步骤	操作与评价标准	评价结果				注意事项、改进意见
			优	良	合格	不合格	
7	付款方式、制房卡	(1) 确定客人的付款方式,收取相应押金: ①信用卡:请客人出示信用卡,查验信用卡的有效性(是否饭店能接受的卡类、卡上名字是否与付款客人姓名一致,是否在有效时间内、是否在黑名单等)并刷取预授权,核对签名。 ②现金:收取预付金(房价×预住天数×1.5倍的房费现金,须现收现付、检验现金真伪),开具收据,注明预付金×××元整(币种)。 ③根据规定或总经理批示的免房费批条,免收客人预付金或允许客人挂账。 (2) 根据客人的入住天数制作房卡。 (3) 将房卡、早餐券、预付单插入欢迎卡内。 (4) 双手将打开的欢迎卡交给客人,钥匙牌应把店名的一方朝上,字体方向面对客人。					
8	向客人道别祝福	(1) 询问客人需否贵重物品寄存服务,有无特别要求等,及时记录。 (2) 向客人指示电梯方向,通知行李生提行李。 (3) 祝愿客人入住愉快。					
9	制作客人账单,跟进后续工作	(1) 给客人建立账单(含入住登记表、预付金单据或信用卡签购单等)。 插图 3-1-3(1) 客人账单夹 (2) 及时将客人的信息准确输入到电脑中,核实更新信息。 (3) 将客人喜好和特殊要求记录下来,建立或更改客史信息,及时通知有关部门。					

子任务2 银行卡预授权处理

表 3-1-3(2) 银行卡预授权处理任务实施与评价表

序号	操作步骤	操作与评价标准	评价结果				注意事项、改进意见
			优	良	合格	不合格	
1	查核银行卡	(1)鉴别银行卡真伪(银行卡的正面标记、反面磁带及签名条上无涂改或损毁痕迹,查看是否在有效日期内等)。 (2)核实银行卡上的照片与持卡人本人是否一致,卡号是否与预授权的卡号一致等。 (3)对不符合审卡要求(如授权系统或银行系统提示该卡已列入黑名单内)的,应拒绝受理;有效性难以判断的,应联系收单银行。					
2	确定住房预付金的金额,拿取预授权	(1)确定住房预付金的金额(住房预付金=房费×天数×房数+押金); (2)在终端上刷卡,输入预授权日期和号码、实际交易金额,拿取预授权(不可超出预授权金额的10%~15%)。 (3)授权成功后,打印凭证,核对金额、卡号、签名与银行卡背面是否一致后,请客人签字。 (4)将银行卡及预授权凭证双手交还客人。 (5)如授权不成功,向客人说明,建议用其他信用卡或其他方式付款。 (6)将银行卡的卡种、授权号及授权金额写在预授权凭证付款方式一栏,将预授权卡单(一式三联)及签购单附后,做好存档。					
3	人工授权的处理	(1)致电银行授权中心,将信用卡信息(卡号、客人姓名等)告诉授权中心的经办人员。 注:若为银联卡还需要提供饭店编号;若是美国运通卡授权,需向授权中心提供保险密码(卡号右上角的四位数字)。 (2)若授权获得批准,须将授权中心提供的授权号码准确填写在签购单的授权号码栏内,记录授权人员的姓名。 (3)如授权查询不获批准,礼貌地告诉持卡客人,建议用其他信用卡或其他方式付款;如已压印的签购单,须在顾客面前将其撕毁。 (4)在授权中心的指示下,将有问题之信用卡沿卡号中间剪半,交财务转交对应银行。					

续表

序号	操作步骤	操作与评价标准	评价结果				注意事项、改进意见
			优	良	合格	不合格	
4	预授权取消	(1)如客人结账时没有使用前一张预授权的卡或没有使用同一笔授权付款,一律先在PGS系统或POS机上做授权撤销操作。 (2)输入预授权完成交易流水号;撤销成功后,发卡行恢复原预授权金额。 (3)打印预授权取消单,递交给客人。 (4)填写预授权撤销申请单,包括卡号、撤销日期、预授权日期(追加日期)、预授权金额(累计金额)、预授权号码(追加号码)、撤销原因等,请业务主管签名盖章,3个工作日内提交收单银行。 (5)存档:按卡种附在取消登记函件上,且按日期存档。					

子任务3 黑名单客人入住应对

表3-1-3(3) 黑名单客人入住应对任务实施与评价表

序号	操作步骤	操作与评价标准	评价结果				注意事项、改进意见
			优	良	合格	不合格	
1	问候客人	面带微笑,主动问候客人。					
2	核对是否黑名单客人	查核公安部门协查信息、财务部及银行通报的最新信用卡黑名单,与客人进行特征比对。					
3	银行、财务部通报的黑名单客人的应对	(1)保持冷静和礼貌,请对方更换其他信用卡或用现金缴纳预付房费押金; (2)如客人声称没有现金,向其指引最近的银行网点,请其前往处理信用卡或现金事宜; (3)如客人以安全为由拒绝支付现金,可请示上级派员陪同对方前往银行网点取款。					
4	曾逃账客人的应对	(1)请大堂副理出面与客人沟通催收欠款; (2)通知安保部做好准备,若客人拒付不认账的,设法将其留住,通知公安部门解决; (3)追讨以前所欠的账目,否则谢绝该客人再次入住本饭店。					

续表

序号	操作步骤	操作与评价标准	评价结果				注意事项、改进意见
			优	良	合格	不合格	
5	公安部门要求协查通缉犯罪嫌疑人的应对	(1)保持镇定,与疑似黑名单客人进行周旋,拖延时间; (2)避开客人,迅速报告前厅主管、经理、大堂经理及保安部。按照正常程序办理入住登记手续; (3)安排对方入住在客人少的楼层、易于监控及实施安全措施的客房; (3)迅速报告上级与保安部,及时通报公安部门,协助做好安抚、疏散其他客人等工作。					
5	通知各部门留意黑名单客人的动态	通知饭店各相关部门密切注意黑名单客人动向,若有不轨的行为立即通知相关部门处理。					

六、问题及解决方案

表3-1-3(4) 散客入住登记服务存在的问题及解决方案

序号	问题提出	处理方案	预防措施

七、拓展知识

阅读材料3-1-3 前厅客房销售报价方法

一、产品优点法

所谓"一分价钱一分货",高质即高价。对于一位新入住的客人而言,饭店产品的优点是不能一下就认识到的,而价格却一目了然。在接待过程中,经常听到这样的抱怨:"太高了,能不能打折。"在此情况下,接待员要向客人指出为其提供的产品售价高的理由,讲清因为什么而价高。例如,理想的位置、新颖的装潢、优雅的环境、美丽的外景、宽敞的客房等。尽可能多地向客人介绍本店产品的优点和独特之处,以化解客人心里的价格障碍,进而为企业创造最佳的盈利机会。

二、客人受益法

接待员要将价格转化为能给客人带来的益处和满足,对客人进行启迪和引导,促进其购买行为。例如,一位接待员遇到一位因价高而犹豫不决的客人时,可以这样讲:"此客房床垫、枕头具有保健功能,在让您充分休息的同时,还起到预防疾病的作用。"又如另一位接待员是这样说的:"这客房价格听起来高了点,但配有冲浪浴设备,您不想体验一下吗?"强调"客人受益",强化了客人对产品价值的理解程度,从而提高其愿意支付的价格限度。

三、比较优势法

当饭店的供给价格与客人的需求价格不符时,接待员不妨采用"比较优势法"来化解客人的价格异议,即以自己产品的长处去与同类产品的短处相比,使本店产品的优势更加突出。例如,一位客人提出本店价格比其他饭店贵的时候,接待员可这样回答:"第一,我店的设施是本地区最新的;第二,可以收看多套卫星节目;第三,客房内能上网。"

四、价格分解法

价格作为敏感性因素,接待员在推销时要将价格进行分解。例如,某类客房的价格是580元,报价时可将80元免费双餐分解出来,告诉客人房价实际是500元;再如房费内包含免费洗衣或免费健身等其他免费项目,同样也可以分解出来。"付出总有回报",相信"价格分解"能更好地打动客人。

五、限定折扣法

限定折扣是一种"曲线求利"的方法。接待员在做到充分了解客人购买目的的基础上可限时、限地、限量给予适当折扣。例如,在了解到客人可提前退房时说:"如果您能在明早八点钟退房的话,可以给您打八折。"

六、适当让步法

由于饭店产品越来越强的议价特点,价格因不同客人而异已成为十分正常的现象。对于确实无法承受门市价格的客人,适当给予优惠也是适应市场、适应竞争的重要手段。但做出的让步要在授权范围内。

(资料来源:http://www.canyin168.com/glyy/qtgl/qttx/201202/39111.html)

任务4 团队入住登记服务

【案例导入】

一个国内旅行团抵达饭店大厅,领队正高声念着团友名字分发客房钥匙。当念到一位团友名字时,这位女团友说:"我自己住一间套房,加多少钱我自己付,今晚我要见一位当地朋友,可以吗?"领队回答说:"当然可以,等会儿我陪你去办一下手续。"

领队和这位打扮入时的女团友一起来到前厅。

女团友刚说要开一间套房,接待员小朱就开口:"你是旅行团的吧?你不能住套房。"这句话犹如一块巨石落进了平静的湖面。"什么?我不能住套房?!我第一次听到说我不能住套房!你以为我住不起套房还是怎么的?"女团友气得火冒三丈。

小朱急忙申辩道:"不,不是这个意思。你听我……"

小朱话还没有说完,女团友就打断她的话:"我要找你们总经理,你这人怎么这样说话!"

当大堂副理急匆匆地赶过来时,女团友又朝着他扯开了嗓门:"你是经理吧,这位小姐怎么这么不懂说话。不等我把要求说完,就断定我不能住套房,我走到哪里都没有人这样看不起我!"

"您别急,是我们服务员不对。我立即为您开一间套房。高出价格部分我做主为您免了,您看可以吗?"大堂副理快刀斩乱麻的决定着实让她吃了一惊,一下子没了脾气。"你说话算数?"她睁着疑惑不解的眼睛问道。"这也算是感谢您给我们服务员上了一堂课。服务员不懂得说话,确实不应该。回头我再找她谈。"大堂副理说完立即在前厅为她开了一间套房。当把客房IC卡钥匙交到领队手上时,女团友才喏喏地说:"服务员要批评,但高出的房价我还是要付的。""我是诚意的,请你接受我对你的谢意吧。"大堂副理一脸诚挚地说。一场风波就这样平息了。

问题

1. 女团友为何不满并投诉?团队接待员有何不妥之处?大堂副理的处理是否得当?
2. 在开展团队入住登记服务工作时应注意哪些事项,以避免类似情形的发生?

一、任务描述

1. 国内旅游团队入住登记情景模拟;
2. 境外旅游团队入住登记情景模拟;
3. 会议团队入住登记情景模拟;
4. 商务代表团入住登记情景模拟。

二、任务分析

完成本任务的关键在于熟悉掌握团队入住登记服务的基本流程,通过旅游团和会议团队等入住接待服务实训,掌握团队入住接待服务的基础知识,熟悉具体操作步骤及接待技巧,能依据不同团队的需求与特点展开灵活的针对性服务,能分辨散客和团队入住登记服务的异同之处。

三、相关知识

(一)团队客人抵店前的准备工作

1. 掌握团队基本信息(团队数量、来源地、人数、客房数量及种类、房价、客房要求及服务需求、特殊忌讳、喜好、抵达及离店时间等),以利于有针对性地开展接待服务。

2.按销售部订单,提前排房
(1)团队分配客房尽量安排同一楼层,看是否有特殊要求,如无烟房等。
(2)分房原则与顺序:
①VIP团→特殊要求团队→15:00之前入住团队→大团→小团。
②同一旅行社团队尽量安排同一楼层。
③敌对国家团队不要安排同一楼层。
3.在团队客人抵店前制作好房卡
如确定团队的退房时间可延至14:00,则做房卡时注意时间统一改为14:00PM。
4.核实付款项目与付款方式。无签单权的团队,应用无签单房卡做好钥匙。
5.确认团队是否要求撤迷你吧、关闭长途电话功能等,及时通知总机及客房部。
6.准备团队信封(文件夹),信封正面注明团队接待单位名称、团队号码,内装团队预订单、分房表、团队名单、付款单、用餐券、房卡、欢迎卡、叫醒服务单、行李分配单等资料。

(二)办理入住登记手续
团队客人抵店后,在行李员提供行李服务的同时,饭店代表或团队联络人安排其他客人在休息区休息,然后陪同领队及团队中负责签单的客人到前厅办理入住登记手续。

(三)协助导游(领队)分配客房、欢迎卡及客房钥匙卡
1.向客人礼貌问好,确认客人身份后,与团队导游/领队确认客房数、客房类型、人数等,然后将客房分配表交给领队及团队客人代表。
2.收取团队导游/领队提前收集齐的客人的有效证件,调出"团队入住登记信息"界面,迅速扫描团队入住客人的身份证及补录相关信息。
3.团队联络员和领队及团队客人代表接洽完毕后,前厅接待员协助领队及团队客人代表发放房卡。

(四)确认团体的服务需要、账单和付款方式
1.团队联络员告知领队及团队客人代表包括用餐地点、时间等在内的有关事宜。
2.确认叫醒时间、出/收行李时间等事项后,团队联络员、前厅接待人员在团队明细单上签字。
3.打印团队客人入住登记单,将其中一联交予前厅收银处,以便办理预交押金事宜。

(五)安排司陪(陪同/工作人员)客房

(六)行李生分送行李
办完手续,前厅接待员将准确的房号名单转交礼宾部,以便发送行李。

(七)制作相关表格,信息传递
接待员修改完毕所有变更事项后,及时将有关信息录入电脑并保存,将团队服务需求信息(如叫醒时间、用餐时间等)通知各相关部门。

四、任务准备

1.电脑及多媒体设备、网络资源、前厅服务操作系统;
2.团队资料袋、团队接待单、入住登记表、团队签证、团队名单、团队分房单、房卡、欢迎卡、笔、有效证件、早餐券等。
3.前厅实训场地。

五、任务实施与评价

根据以下各任务的操作步骤和要求,请大家完成团队入住登记服务的实训。

子任务1 团队客房安排

表3-1-4(1) 团队客房安排服务任务实施与评价表

序号	操作步骤	操作与评价标准	评价结果				注意事项、改进意见
			优	良	合格	不合格	
1	阅读团队预订单	(1)熟悉订单的各项要求; (2)对不确定信息及时与预订部/销售部沟通。					
2	分配客房,通知客房部锁房	(1)挑选适合团队的楼层和房间进行排房,若有未打扫的空房,应立即通知客房部赶房; (2)将短期居住团队安排在同一区域,以利客房卫生和行李等服务方便快捷展开; (3)长住团队或会议团等居住3个晚上以上的团队要分别安排在不同的区域,以便分散客房部的工作负荷; (4)通知客房部须撤走消费品的团队房号。					
3	准备团队房卡	(1)根据团队预订日期书写欢迎卡; (2)按照团队预订日期及人数制作客房钥匙(多制作一天房卡)。所有团队房间只做一个房卡,特殊情况下制两个房卡; (3)将房卡与电脑中客房分配的房号核对无误后存放好。					
4	发送团队分房单	每一团队的客房分配单打印两份,分别发至: (1)客房部:保证在团队到达一小时前已打扫干净客房并及时撤走消费品。 (2)礼宾部:保证团队行李迅速、准确地送至客人客房。 (3)餐饮部:根据团队订餐情况提前备餐。					

子任务2 旅游团入住登记服务

表 3-1-4(2) 旅游团入住登记服务任务实施与评价表

序号	操作步骤	操作与评价标准	评价结果				注意事项、改进意见
			优	良	合格	不合格	
1	迎宾问候	(1)站立迎宾,主动问候对方; (2)面带微笑,保持目光的接触。					
2	确认团队住房信息,查核证件或签证	(1)与地陪确认团队预订信息,包括人数、客房数量、客房类型(有无自然单间,客人是否补差价等)、入住天数、客房特别要求及离店时间等; (2)收取内宾身份证或外宾团体签证等,查验证件的有效性(姓名、性别、国籍和签证日期等); (3)扫描全部客人的证件后,礼貌归还。					
3	协助导游安排客房	(1)在电脑上再次确定团队所有客房是否为可供出租状态(VC); (2)与地陪交接房卡,协助其分配客房; (3)请地陪签字确认并确认次日的叫醒时间、用餐时间及出/收行李时间、查房时间及离店时间等事项; (4)如在店团队较多,建议团队合理安排用餐和行李服务时间,避免造成拥挤; (5)留下导游及司机的联络方式。					
4	确定付款方式	(1)现付团队:采用现金、信用卡、支票(须销售部担保)核对账目,进行结账。 (2)挂账团队:旅行社须出具结算单(上有地陪签字、旅行社的财务章、客房类型、数量和金额、用餐情况等)。 (3)旅行团结完账暂时不开发票的,入账后打印账单,加盖前厅公章,注明"请于一个月之内到店补开发票,逾期作废"等字样,写明日期,交给地陪。					
5	介绍相关信息	向客人介绍城市及饭店相关信息及设施。					
6	办理电脑CHECK-IN,发送资料	(1)办理电脑 GROUP CHECK-IN 手续; (2)将准确、完整的旅游团信息表发给相关部门(客房部、礼宾部、总机、问讯处、餐饮部等)。					

子任务3　会议团入住登记服务

表3-1-4(3)　会议团入住登记服务任务实施与评价表

序号	操作步骤	操作与评价标准	评价结果 优	良	合格	不合格	注意事项、改进意见
1	会议团队接待准备工作	(1)会议团队到达前一天,预先分配好客房;若无会议团队客人名单,准备足够的客房及钥匙,提前交会务组,待客人抵达后由会务组人员负责分房、登记所用客房号码; (2)报到当天,在大厅一角设立报到处。提前打印会议的有关日程安排送进客房,或在大厅明显的地方放置指示牌; (3)提前将团队客人用房的钥匙、房卡、欢迎信、餐券、入住登记表、宣传品等装入团队信封。信封正面打印上团队名称、负责人的姓名、称呼、房号,并将信封按客人姓名字母前后顺序排列好; (4)会务组到店时,与其负责人核实团队的名称、人数、客房数、接待单位名称、签单负责人、用餐情况等; (5)将团队信封交会务组签收,说明客房的种类及朝向等信息。					
2	会议团队住宿接待	(1)当会议团队代表抵店,协助会务组分发客房房卡、钥匙、餐券等资料; (2)请会务组人员负责回收入住登记表; (3)在会务组分房后尽量与其联系,了解房号、叫醒及用餐时间、出/收行李时间等; (4)在每张入住登记表中记录每位客人的最终确认的房号; (5)将会议团队分房表交客房部、总机、问讯处、礼宾部、餐饮部等部门; (6)行李员带房,协助客人进入客房并分发行李。					
3	信息的检查储存与传递	(1)及时将相关信息录入计算机,更改、核对该团房间的房态情况; (2)将叫醒时间及房号通知总机,请接线员重复一遍并记下对方工号或姓名; (3)在接待员一栏中签名,制作团队主账单; (4)打印一份"会议团住客情况报表",检查填写是否正确,需要改的信息是否已更改; (5)完成检查程序后,在"复核职员"一栏中签名; (6)将会议团名单、入住登记表各一份连同报账资料一起移交财务部。					

六、问题及解决方案

表 3-1-4(4) 团队入住登记服务存在的问题及解决方案

序号	问题提出	处理方案	预防措施

七、拓展知识

阅读材料 3-1-4　团队入住"四个预"

以接待团队为主的饭店为数不少,接待团队对做大饭店营业规模、占据规模消费优势、创造饭店整体效益具有十分重要的意义。为此,饭店非常有必要对团体的接待给予高度的重视,努力做好服务。其中,做好"四个预"非常重要。即预订要详尽,预备要细致,预料要充分,预后要周到。这"四个预"少之不得。

一、预订要详尽

团体接待,无论是会议接待,还是旅游团体,一般都要先做接待协议书、接待合同之类的书面接待文件。在这个书面的文件中,除了应包含一般合同的标的、权利、义务、履行方式、违约责任等基本要素之外,还要详细注明:名称(团体名称、会议名称)、人数、抵离时间、交通工具、用何类房、房价、餐价、用餐方式、菜品、结账方式(现金、支票、信用卡、挂账、转账等),全都要尽可能详尽说明。特别是涉及费用的,一定马虎不得,以免事后扯皮。而且有些事项虽不必见于纸面,也要有所了解,以为下一步的接待服务打下一个良好的基础。比如除了解人数外,还应进一步确定其国籍、男女比例,甚至老幼以及有什么特殊情况等,以便有针对性地服务。此如,某饭店接待某一台湾团,该团仅有 11 人,人数虽不多,但除了领队是中年人外,其他皆为 70 多岁的老人,将于次日乘早班船离去。由于事先未掌握年龄结构这个情况,该饭店未配备相应接待力量。早晨起床后,老人们行动较为迟缓,影响了查房速度、退房速度。到了大堂,又有人遗忘了物品,致使结账远远超过了预订的时间,久久滞留。又影响了下一个团体的出团,导致了客人的投诉。

二、预备要细致

接待准备工作一定要细心、要细致。预订部门(有的是销售部)在团体接待预订后,就应将该团体的资料及时提供给前厅部、客房部、餐饮部,甚至停车场等相关接待部门或经营场所,通知到相关人员,以便及时做好服务接待工作的衔接和准备。还应有个接待的预备。如客房部接到前厅的入住指令后,要了解客人情况。包括抵店、离店时间、从何处乘什么交通工具来、乘什么交通工具到何处去、人数、国籍(国内客人应了解省市籍)、性别、年龄、身份、此行目的、宗教信仰、风俗习惯、生活特点、特殊嗜好、接待规格、特别要求、消费标准、付款方式、保卫保安有什么要求等,这些都应在掌握之中。然后,针对上述情况有针对性地做好相应的接待准备。并对住房(或餐厅、会议室等)的设备设施、卫生质量、物品配置、人员安排以及住房的房号落实、钥匙分发等进行全面检查。员工个人也应在精神状态上、仪容仪表上做好思想准备。准备工作要尽可能细,每个环节都要考虑到,而且环环之间要相扣,不要脱节。这里举某饭店的一个例子:总经理收到了一封客人的投诉信:"我公司在10多天前就在贵店订了两间总统套房,拟接待某银行行长等人,商洽某工程项目贷款事宜。而当客人抵达时,却因贵店总统套房正在维修,将我们的贵宾安排在次之的客房,引起了客人的不满,致使洽谈受到不良影响……"事情的经过是这样的:这家公司为接待贵宾,提前10来天就到这家饭店的预订部订了总统套房。而该套房正在维修,部门间沟通不灵,预订人员也疏忽,导致订实不符。此案例显然是预先准备不细致造成的。

三、预料要充分

饭店的团体接待中,由于客人相对集中、人数相对较多、时间相对较紧、工作量相对增大,往往容易出现一些服务接待不及时、不周到、不尽如人意、不完善的现象,甚至出现一些意外情况。这就需要我们对一些情况事先有所估计,这就是预料。"凡事预则立,不预则废",说明预料非常重要。从客人抵店时间看,因天气原因误机、误船,而延迟到达的屡见不鲜。团体迟到了,我们正常下班时间已过,但前厅、客房、餐厅等相关接待部门、场所,仍要在人员上、材料上备齐配足,思想上、物质上都要有所准备。一旦团体晚到,也能保证服务质量。当然,有些情况也很难估计,预料难以做足。有这样一个例子:某团客人到达,领队说少安排了一个客房,但饭店前厅接到的通知确是此数,一查旅行社预订的传真也是如此。原来是由于旅行中,一对夫妻因事突然产生不和,到达当地非要分居不可。而客房较紧,排不上房,领队为免得客人怪罪,故称饭店安排少了。这种始料不及的情况,不可能是绝无仅有。为此,我们在预料时,要尽可能充分些、把问题估计得全面些,订计划时尽量留有余地。

四、预后要周到

"预后"是借用祖国医学的一个词,意思是对后期的发展要有所预见、考虑、安排。这里的"预后要周到",就是讲团体客人离店时和离店后的工作还要做,而且要做好。应尽可能准确地落实离开饭店的时间,提前通知客房做好查房准备;行李房及时将团体行李运到大堂,等候客人清点;前厅做好退房准备、总收银台做好结账准备等;VIP团还要及时通知饭店主要负责人或相关部门经理提前到大堂送行;还要检查所有委托代办的工作是否已办妥,账款是否结清,有无其他服务要求,如叫早服务、提前用餐、安排出租车、行李托运、托邮等。还应检查客人有无遗留物品、设备是否完好等。总之,要把现有客人的工作做足,让客人高兴而来,满意而去,乐意下回再来。销售部门还要征求客人的意见。团体客人,特别是会议团体客人,性格不同、口味迥异,最易对餐饮产生意见,要注意征询,及时反馈,以便今后改进工作。团体走后,切忌"人走茶凉",要系统地建立客史档案,与客人保持联络,加强与团体单位感情交流,为再一次的合作,为今后饭店的销售打下一个良好的基础。

(资料来源:http://www.canyin168.com/glyy/qtgl/qtlg/200805/10871.html)

任务5 贵宾(VIP)入住登记服务

【案例导入】

一日,饭店即将到店的客人中,有两位是日本某跨国公司的高级行政人员。该公司深圳方面的负责人员专程赴饭店为这两位客人预订了行政楼层的客房,并要求饭店安排 VIP 接待,该公司其他客人的客房则安排在普通楼层。客人到店之前,相关部门均做好了准备工作。管家部按客人预订要求,提前清洁行政楼层及普通楼层的客房;前厅及行政楼层接待处准备好客人的钥匙及房卡;大堂副理通知相关部门为 VIP 客人准备鲜花和水果,并安排专人准备接待。然而,就在一切准备就绪等待 VIP 客人到店之际,其中一位 VIP 客人出现在饭店,并声称已入住普通楼层的客房。

经查证,发现客人确已下榻饭店普通楼层的客房。但这并非客人要求,而是由于接待员的工作失误造成的。事情是这样的:此 VIP 客人与其他客人一行三人抵达饭店时,前厅接待员小赵只核实了第一位客人的姓名与预订单上客人姓名相符,未进一步在电脑系统中查询另外两位客人的预订,而这三位客人自称来自同一公司,又是一起抵达饭店,小赵主观判断是预订单上标示的客人名字出现了错误,安排三位客人入住在普通楼层。其实,对于这张预订单上的三位该公司本应入住普通楼层的客人,小赵只核实到其中一位客人入住普通楼层,不经进一步核实就将本应入住行政楼层客房的客人与其他客人一同安排在普通楼层。

而另一位应住普通楼层的客人在抵店时,其中一位接待员小张无法查到该客人的预订。小张虽然让客人出示该公司名片后确认客人为该公司员工,并马上安排此客人入住,但已使客人对饭店的服务水平产生质疑。

在查清造成上述错误的原因之后,当值大堂副经理马上与 VIP 客人联系,但客人均已外出。于是饭店一方面在行政楼层为客人保留了客房,另外在 VIP 客人客房内留下一封致歉信,就此事向客人致歉。在接到 VIP 客人回到饭店的通知后,大堂副理亲自向他致歉,并询问是否愿意转回行政楼层。客人在接受饭店道歉之后,表示对下榻的客房比较满意,无须再转去其他客房。第二天当 VIP 客人离开饭店时,当值大堂经理又专程向客人当面致歉。客人表示并不介意此次不愉快的经历,并对于饭店对他的重视很满意。

(资料来源:wenku.baidu.com/view/c805a96d561252d561252d380eb6ef6.html)

问题

1.案例中贵宾入住登记服务与管理工作的失误源于哪些环节?

2.我们日后在开展贵宾入住登记工作时应注意哪些事项以避免类似情形的发生?

一、任务描述

1.贵宾入住登记服务准备工作演练;

2.贵宾入住登记服务情景演练。

二、任务分析

完成本任务的关键在于将贵宾(VIP)的入住登记服务与散客入住登记服务区分开来,确保客人感到特殊的礼遇,尽可能地提供高效率的、个性化的服务。

- 相关知识

(一)饭店贵宾(VIP)等级分类

1.特级 VIP

(1)政府副省(部)级以上政府官员;

(2)国内外有杰出影响的政治家、政府官员;

(3)国际上有影响的人士或对饭店的经营与发展有重要影响的人士。

2.A 级 VIP

(1)政府厅级、副市级以上官员;

(2)国家旅游局正局级以上领导;

(3)国内外著名企业、集团、饭店、旅行社总裁;

(4)国内外文化界、艺术界、教育界、体育界知名人士及社会名流;

(5)对饭店的经营与发展有重要贡献或影响的人士。

3.B 级 VIP

(1)厅(局)级以下政府官员或领导;

(2)各地企业界、金融界、新闻界人士及社会名流;

(3)国家副局级领导、国家旅游局正处级领导、省市旅游局副局级领导;

(4)星级饭店、旅行社总经理、副总经理等旅游业人士;

(5)对饭店经营与发展有较重要影响的人。

4.C 级 VIP

(1)饭店长住客人;

(2)饭店重要的商务客户。

(二)贵宾入住登记服务流程

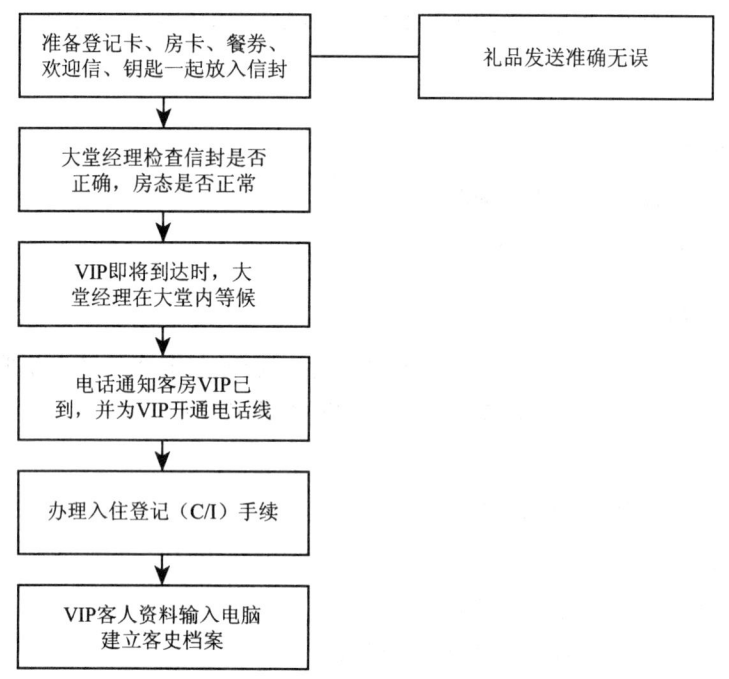

图 3-1-5(1)　贵宾入住登记服务流程

三、任务准备

1.电脑及多媒体设备、网络资源、前厅服务操作系统;
2.前厅实训场地;
3.预抵达贵宾名单、住宿登记表、房卡、欢迎卡、有效证件、笔、房价表、入住文件夹、证件阅读扫描仪、电话机、POS刷卡机、押金收据本、验钞机、磁卡钥匙制卡器等。

四、任务实施与评价

表 3-1-5(1)　贵宾入住接待准备工作任务实施与评价表

序号	操作步骤	操作与评价标准	评价结果				注意事项、改进意见
			优	良	合格	不合格	
1	了解贵宾预订情况,合理分房,控制客房	(1)填写VIP申请单,上报总经理审批签字认可; (2)查阅贵宾档案,了解喜好、忌讳等情况; (3)分配VIP房时选择方位、视野、景致、环境、客房保养方面处于最佳状态的客房; (4)尽量在客人抵达饭店前3天与销售部、管家部确定好房号报有关领导,给相关部门发"VIP接待方案",做好各项准备工作; (4)预留给VIP的客房,须保持最佳状态。					

续表

序号	操作步骤	操作与评价标准	评价结果				注意事项、改进意见
			优	良	合格	不合格	
2	准备好入住文件夹,交大堂副理	(1)根据已确定的客房号码,设置钥匙卡,核实房号与房匙是否吻合,做好钥匙测试; (2)VIP到达前,打印好入住登记表,了解表内各项内容,和客房钥匙一并装入钥匙袋; (3)在贵宾抵店前1小时,将装有房卡及登记卡等资料的欢迎信封放至大堂副理处。					
3	大堂副理开展各项检查工作	(1)仔细核对"贵宾接待申报表"上的详细内容并了解VIP的人数、贵宾等级、职位/身份、姓名、抵离时间、房号、用餐时间及地点、特殊要求及结账方式等; (2)检查排房情况,与房务管家检查贵宾客房的卫生、设施设备、VIP摆放、物品配备、花篮和水果篮的质量、欢迎信、电源、温度与湿度等,确保VIP客房处于最佳状况; (3)确保礼品、报刊等的派送准确无误; (4)与餐饮部经理对宴会厅进行检查(包括卫生、设施、台面设计与布置、桌椅配备等) (5)检查大堂各部门的准备情况及公共区域的卫生状况; (6)VIP到达前一个小时,检查鲜花、水果和欢迎信的派送情况等,确保一切接待工作准确无误; (7)VIP到达前10分钟,检查电梯的安全和预留、车位预留及饭店内外道路疏通情况; (8)任何临时更改,须及时通知相关部门; (9)根据贵宾的规格,安排员工欢迎队伍; (10)若VIP客人由饭店派专车迎接,饭店代表在接到客人后应立即通知大堂副理。					

表 3-1-5(2)　贵宾入住接待服务任务实施与评价表

序号	操作步骤	操作与评价标准	评价结果				注意事项、改进意见
			优	良	合格	不合格	
1	迎接贵宾进店	(1)VIP进入大堂时,大堂经理或宾客关系主任热情欢迎贵宾,准确无误地称呼客人的职位或客人姓名,献上欢迎花束; (2)规格高的贵宾,由员工列队欢迎; (3)引领贵宾乘坐专用电梯; (4)通知楼层开房门、准备欢迎茶和香巾。					

续表

序号	操作步骤	操作与评价标准	评价结果				注意事项、改进意见
			优	良	合格	不合格	
2	引领贵宾进入客房	(1)引导贵宾进入客房(一、二级贵宾由前厅经理或销售经理亲自引领并办理入住手续); (2)向贵宾简要介绍服务设施和客房设施; (3)保证贵宾行李正确无误地送至客房。					
3	办理入住登记手续	(1)查看贵宾的有效证件,确保入住登记表内容准确无误后请客人在入住单上签字,双手呈递欢迎房卡和钥匙等; (2)贵宾一般享受免付押金服务; (3)向贵宾酌情介绍贵重物品保管箱等房内设施的使用、康乐服务和餐厅服务等,配合安排相关活动; (4)征询贵宾意见,随时提供特殊的服务; (5)与客人道别,祝愿客人入住愉快。					
4	信息储存及传递	(1)复核贵宾资料,迅速准确地输入电脑; (2)在电脑中注明"VIP"以提示其他各部门注意; (3)建立贵宾账单(含入住登记表、预付金单据或信用卡签购单等); (4)将当天在店贵宾报表、贵宾服务预约和接待安排表等准时报送至各相关部门; (5)随时留意贵宾动态,及时跟进各项服务接待的协调安排与督导工作; (6)建立并及时补充完善贵宾客史档案。					

五、问题及解决方案

表 3-1-5(3)　贵宾入住登记服务存在的问题及解决方案

序号	问题提出	处理方案	预防措施

六、拓展知识

阅读材料3-1-5　某饭店VIP客人等级划分及礼遇（最低标准）

VIP1：总统、总理等国家元首。

客人抵离时，饭店总经理、副总经理带领十名迎宾员，在大堂门口迎送，大堂铺设红地毯，各部门代表（20名左右）在红地毯两边列队迎送。开启专用电梯并安排专人负责运行。

客房内布置大型插花和什锦水果篮（8个品种、14只水果），并配专用刀具餐巾、一套品牌洋酒（一种烈性酒，一种红酒），以口布包裹，放置于银质酒桶，并配置专用开瓶器和精致的酒杯；一份特色点心（优质饼干或巧克力及奶酪）用银器盛放；高档浴衣、睡衣、拖鞋、全套品牌化妆品。24小时管家服务，满足客人一切合法、合理的特殊要求。夜床服务，将浴衣折叠整齐放置床上，袋口插两枝鲜花。房内摆放西式糕点、巧克力、干果拼盘，集团首席执行官和饭店总经理共同署名的欢迎信和名片。

VIP2：政府要员和国际性公司区域经理以上客人。

客人抵离时，饭店总经理或驻店经理在大堂门口迎送，并陪同进房登记。

客房内布置精美的插花和水果篮（10只水果），国产品牌红酒置酒篮内，特色点心用银器盛放，高档浴衣、睡衣、拖鞋，集团首席执行官和饭店总经理共同署名的欢迎信和名片。

VIP3：饭店重要客户和对饭店有重大影响的客人。

客人抵离时，市场营销部总监、房务总监在大堂门口迎送，或由大堂经理在大堂门口迎送并陪同进房。

客房内布置盆花和水果篮（6只水果）、红酒、浴衣。

VIP4：饭店比较重要的客户。

客人抵离时，由大堂经理大堂门口迎送，并陪同在总台登记。

客房内布置瓶花和水果盆（4只水果）。

任务6　行政楼层入住登记服务

一、任务描述

1. 大型企业商务代表入住行政楼层情景模拟；
2. 专业人士（设计师、画家等）入住行政楼层情景模拟；
3. 商务谈判代表入住行政楼层情景模拟；
4. 会议团领队入住行政楼层情景模拟。

二、任务分析

完成本任务的关键在于，洞悉客人入住行政楼层的需求与要求，展开定制化的"一站式"

入住接待服务。

三、相关知识

（一）行政楼层的认知

被誉为"店中之店"的行政楼层（Executive Floor）通常隶属于四星级以上饭店的前厅部。单独设有前厅、会客室、咖啡室、报刊资料室、客人休息室及商务中心等，为入住该楼层的客人提供从预订到抵店、入住、离店等全方位服务，集饭店的前厅登记、结账、委托代办、管家、餐饮、商务服务功能于一体，为商务客人提供备受尊崇而又便捷的"一条龙"服务。

（二）行政楼层接待员主要岗位职责

1. 提供快捷、优质的入住、退房服务；
2. 控制客房状态，销售客房；
3. 提供专业的咨询、委托代办服务；
4. 提供专职管家服务；
5. 提供在行政楼层住店过程中的商务秘书服务；
6. 行政楼层免费茶点的接待和来访客人的正常消费接待；
7. 收集、掌握行政楼层客人的信息资料，提供个性化服务。

（三）行政楼层接待员主要工作内容

● 早班（7:30~16:00）
1. 检查仪容仪表，以最佳的工作状态上岗。
2. 检查工作台，保持工作区域干净整洁，为一天的正常营业做好准备工作。
3. 查看交班本，处理待办事宜。
4. 检查大夜班所打报表，了解前一天营业情况及收入情况。
5. 了解行政楼层当天的预订情况，及时下花果单，做好配送鲜花水果的工作。
6. 更换过期刊物，摆放当天报刊于书报架。
7. 为行政楼层客人做好客房指引、早餐指引、下午茶指引等指引服务。
8. 为入住客人提供送达行李物品、开启房门、冲泡欢迎茶等服务。
9. 负责行政酒廊日常接待工作，包括免费茶点的接待和自费客人的接待。
10. 完成客人其他服务要求。
11. 完成上级交代的其他工作内容。

● 行政班（8:30~17:30）
1. 核对当天预抵订单是否与预订单上的预订内容相一致。
2. 了解当天房态，关注前一天售房情况，掌控当天预订情况，查看当天行政楼层在住及预订情况。
3. 按客人要求接受客房预订。
4. 为行政楼层客人办理入住和退房，并收集客人意见与需求。

5.打印各类收银报表,清理现金和账单,填写钱袋明细账目,投袋。
6.填写好当班交班本,做好交班准备。
- 中班(14:00~22:30)
1.检查仪容仪表,以最佳的工作状态上岗。
2.做好工作交接,并仔细阅读交班本,处理待办事宜。
3.随时了解当天房态,掌握当天售房、在住及预订情况。
4.填写晚间问候卡,检查客袋并确定需要催账的客房。
5.制作行政楼层住房报表和当天免费茶点报表。
6.制作当天的营业报表和商务秘书服务报表。
7.完成客人其他服务要求以及上级交代的其他工作内容。
8.填写好当班交班本,收回阅览休息室及接待台上的书籍。
9.下班时关闭所有电器电源,锁好贵重物品,将楼层灯光调整到节能状态。

四、任务准备

1.电脑及多媒体设备、网络资源、前厅服务操作系统;
2.前厅实训场地;
3.各类工作表单(预抵达客人名单、国内客人住宿登记表、境外客人临时住宿登记表)、房卡、欢迎卡、有效证件、笔、房价表、客房状态展示架、证件阅读扫描仪、电话机、POS刷卡机、押金收据本、验钞机、磁卡钥匙制卡器、餐饮设备(茶具)等。

五、任务实施与评价

通过模拟演练不同客户群体入住行政楼层的服务,掌握行政楼层入住登记服务的流程和服务要点。

表3-1-6(1) 行政楼层客人入住登记服务任务实施与评价表

序号	操作步骤	操作与评价标准	评价结果				注意事项、改进意见
			优	良	合格	不合格	
1	准备工作	(1)在客人抵达前1小时,客房打扫完毕并且礼品已经摆放安置好; (2)做好预登记,准备好房卡,打印登记表; (3)将总经理的欢迎函、服务设施设备介绍、报纸(中文/英文)一同放入客房。					
2	迎宾接待,了解核实预订情况	(1)站立微笑迎宾,礼貌称呼,请客人就座,奉上欢迎茶; (2)询问客人有无预订,查找相关预订资料; (3)核对预订信息,修改变更后的信息; (4)如无预订,了解住店需求,主动为客人推荐房型,为客人合理安排客房。					

续表

序号	操作步骤	操作与评价标准	评价结果 优	良	合格	不合格	注意事项、改进意见
3	5分钟之内办理入住登记手续	(1)取出已预登记的入住登记表,补充新信息,请客人签名认可。 (2)请客人出示证件,核对证件的有效性; (3)扫描证件,双手归还并表示感谢; (4)迅速确定房号,并在电脑办理Check-in手续; (5)询问付款方式、离店日期与时间等内容;并收取住房押金; (6)将已备好的欢迎信或印有客人姓名的私人信封交与客人; (7)了解特殊要求,尽量予以满足。					
4	引领客人进入客房,介绍基本情况	(1)走在客人左前方约两三步处,引领客人进入客房; (2)介绍或示范钥匙卡使用方法,连同欢迎卡交给客人; (3)介绍房内设施,预祝客人居住愉快; (4)介绍商务楼层设施与服务项目,如早餐、下午茶及鸡尾酒时间、图书报刊赠阅、会议室租用服务、商务中心服务、免费熨衣服务、委托代办服务以及擦鞋服务等; (5)礼貌退出客房,并祝客人居停愉快; (6)通知礼宾部行李员,10分钟内将行李送至客房。					
5	入住信息储存与传递	(1)将客人资料准确地输入电脑,并复查; (2)将客人的服务信息通知相关部门,做好记录; (3)建立客人账单,放入相关文件夹内; (4)建立、录入或补充客史档案。					

六、问题及解决方案

表3-1-6(2)　行政楼层客人入住登记服务存在的问题及解决方案

序号	问题提出	处理方案	预防措施

七、拓展知识

阅读材料 3-1-6　行政楼层其他服务流程

一、早餐服务

1. 开餐前 10 分钟,配合餐饮部专职人员做好准备工作:自助餐台摆设、餐桌摆台、运送食品、更换报纸杂志、调好电视频道、在每张餐桌上放置接待员名片等;
2. 依据住店客人名单确认用餐客人姓名与人数;
3. 礼貌称呼客人姓氏并问好,引领客人至餐桌前,为客人拉椅让座;
4. 将餐巾打开递给客人,礼貌询问客人是用茶还是咖啡;
5. 及时撤换客人用过的餐具,随时保持自助餐台整齐;
6. 客人用完餐离开时,礼貌致谢并欢迎客人下次再来;
7. 统计早餐用餐人数,做好收尾工作;
8. 配合客房部服务员做好场地清理工作。

二、下午茶点服务

行政酒廊下午茶时间一般为 14:30~17:00。在下午茶时间内咖啡、小吃随时供应,品种定期更换。茶点由厨房于 14:00 前送至行政酒廊,17:00 以后收走。

1. 提前 10 分钟按要求准备好下午茶台,包括茶、饮料和小点心等;
2. 主动微笑招呼客人,引领客人入座并为客人拉座,礼貌地询问其房号;
3. 随时留意客人台面的食物是否需要添加或更换,及时收走台面脏的杯碟和物品,保持桌面的干净;
4. 注意观察,当客人杯中饮料剩 1/3 时,应主动询问并及时斟满;
5. 在下午茶结束前 5 分钟,通知客人免费服务即将结束;
6. 客人离开时应向其表示感谢,并与客人道别;
7. 填写记录表。若客人消费超过了免费时间,将费用记在客人账户上;
8. 将客人在用餐过程中或用餐完毕后所提出的建议或意见及时反馈给厨房;
9. 及时与出品部沟通食品运送的情况,及时做好食品成本控制方面的工作。

三、鸡尾酒服务

行政楼层在每天 18:30~19:30 为住客提供免费鸡尾酒服务。

1. 提前 10 分钟做好各项准备工作;
2. 微笑、礼貌地招呼客人,引领客人入座,为客人拉座。
3. 及时记录每台所点酒水名称、数量;
4. 提醒客人 19:30 提供最后一道免费酒水;
5. 客人离开时应向其表示感谢并道别。
6. 非住客的消费账单记入住客账目中或由客人支付;
7. 在盘点表统计、记录酒水消耗数量,根据标准库存填写申领单。

四、会议服务

1. 接受客人预订会议室，询问客人所需的日期、时间、人数及有效期限；
2. 检查会议室可用后，与客人确认会议室预订具体事宜（如免费咖啡、点心等）；
3. 询问客人是否需租借其他设施设备，并告知客人由此发生的费用；
4. 提前半个小时准备会议所需的设备和物品，检查卫生确保干净；
5. 礼貌地请客人出示欢迎卡或房卡，确认客人身份；
6. 会议室使用完毕后，请客人在收费单上签名，并将费用录入电脑；
7. 未经前厅部经理允许，禁止饭店员工或内部人员使用行政楼层会议室。

五、快速结账服务

行政楼层的客人大多享受快速结账离店服务，可直接在行政楼层服务台或客房内办理结账手续。

1. 提前 1 天向客人确认结账日期与时间；
2. 提前了解客人结账地点、付款方式（如付外币现金，请客人提前兑换外币）、行李数量、需否代订交通工具，及时检查客房内酒水使用、长途话费等情况。
3. 预先打印客人账单明细，放进信封提前交给客人审核；
4. 通知行李员取行李，代订出租车或饭店用车。
5. 客人结账时，请客人在账单上签字，将第一联呈交给客人。
6. 收取客人费用，如使用信用卡结账，须注意该卡是否超限额、印迹是否清晰，并请客人在账单上签字，将其中一联呈交客人。
7. 感谢客人入住并与客人道别，送至行政楼层电梯处礼送客人。

（资料来源：1.http://wenku.baidu.com/view/030c7d0316fc700abb68fc3d.html
2.http://wenku.baidu.com/view/c0fdb7c9da38376baf1faea6.html）

任务7　其他接待服务（换房、续住、延迟退房等）

【案例导入】

续房后未制作房卡

罗先生中午到前厅办理续住手续，支付押金后便外出办事。当他晚上回到饭店后，却无法打开自己客房的房门，客人再从六楼返回前厅重新制作房卡。由于已经是深夜，客人十分疲劳，对此非常不满。

（摘自：http://www.veryeast.cn）

一、任务描述

分组完成如下服务情景的演练：

1.完成客人要求换房的处理;
2.完成因饭店原因请求客人换房的处理;
3.完成客人要求续住的处理;
4.完成客人客房增加住客或要求换人入住的处理;
5.完成客人提前离店的处理。
6.完成开重房后的处理。

二、任务分析

完成以上任务的关键在于严格遵守各项住房服务规范和工作标准,在尽量满足客人需求的前提下,兼顾饭店立场和利益,达成双赢。

三、相关知识

客人入住之后,出于各种不同原因,会出现要求换房、续住、换人入住等情况,前厅接待员应尽量满足客人的合理要求。

(一)换房服务

1. 客人要求换房的理由
(1)客房噪声太大;
(2)对客房方向、位置、楼层、房号等不满意;
(3)客房远离同行亲友、同事的客房,导致客人不便;
(4)客房设备不是很完善,一时又无法修复;
(5)要求不同的床类(双人床、单人床);
(6)要求不同价位的客房。

2. 饭店请求客人换房的原因
(1)客人的客房和其他客人预订客房撞车;
(2)客房突然发生了短时间不能修复的故障,须维修;
(3)由于饭店疏忽,同一客房在同一天分配给了两个不同客人;
(4)由于门锁系统原因致客房门锁无法使用;
(5)团队用房需要集中使用同一楼层、同一区域的客房;
(6)住客超出原计划住店天数续住,而下一个预订该房的客人又快要入住;
(7)由于发生了凶杀、失窃、死亡等意外事件,为保护现场须封锁客房。

3. 换房的注意事项
(1)有技巧地向客人说明因换房导致的房价变化。
(2)了解客人所换客房清洁是否已完成,如暂未清洁又别无选择,请求房务部优先整理,并问清整理客房所需时间,向客人解释说明。
(3)绝不可将未经清洁的客房与客人更换,以免影响客人对客房的印象。
(4)礼貌地请客人预先收拾行李,以便行李员搬运(必要时,征求客人意见,需否派服务员协助收拾行李)。

(5)对原住房发生的消费清单进行核查、请客人核对后签名。

(二)续住服务

有些住客会超出原住房计划延长住店天数,为满足客人需求,稳定饭店经营收入,饭店应尽量满足客人的续住要求。续住手续同入住登记手续大致相同,只是免去了重新录入客人信息和扫描身份证等手续,更加快捷和方便。在实际工作中视旅行社凭单结账或已付房费客房、交预付金或已预刷卡客房、换人续住客房等情况区别处理(详见表1-7-2(2) 续住服务任务实施表)。

(三)办理延迟退房

为吸引客人入住,大部分饭店在经营情况许可时,允许客人延迟退房时间(国际惯例为中午12:00之前),但时间也不会太长。

1.如客人没有经过店方允许延迟退房,则按规定须交纳一定的额外房费。退房时间在14:00~18:00前加收半晚房费;延至晚上18:00后退房应加收全晚房费。

2.如客人因故要求延迟退房时间又要求免收额外房费时,可根据实际情况和具体退房时间给予考虑。延迟退房时间免收日租需经前厅部门经理或大堂经理批准同意。

3.优先考虑给予减免房租的客人包括:①重要客人;②饭店常客;③饭店协议价客人;④由饭店行政人员介绍的客人。

4.客人需延迟退房时间,应及时在电脑中更新,避免其他同事再次打扰客人。

(四)加床服务

根据常规,正常情况下饭店一个标准间只能住2个成年人,如要住3个成年人,则需加床。具体可按规定为加床客人办理入住登记手续,加床费转至住客账单上,支付房费的住客需签名确认。

(五)开重房(Double C/I)

开重房不仅给先后入住客人均造成不便,容易将客人的隐私暴露在别人的面前,让客人产生不信任感,引起客人的极大不满和投诉,对饭店声誉造成负面影响,导致饭店蒙受损失。

1.导致开重房的原因

(1)将已预订的房间出售另一位客人后,未在当天预订本、电脑和房卡作房态的更改,接着,又将该房间出售给预订客人。

(2)接待员办理入住手续后未及时锁房或在电脑录入信息,房态仍显示"可售房(VC)",导致该房被出售给另一位客人。

(3)两位接待员分别在两台电脑同时安排同一间客房给不同的客人入住。

(4)录入电脑时将房号输入错误(将未开出去的房间入机,而开出去的房间未入机),之后将已经开出的房间出售给其他客人。

(5)客人预订两间客房,其中一人办理入住手续后,接待员误将房号录入为保留给另一位未到客人的房间号码,后未到客人取消预订,该房被改为"可售房"房态出售出去。

（6）接待员将预排给团队的房间出售给散客，未及时取出团队已经制作好的房卡，导致团队客人与先入住的散客"重房"。

（7）办理换房手续后，电脑未作更改，未开具转房单，导致房态差异。

（8）客人提前退房（或电话通知退房），收银员未及时回收房卡并"插限"，客人在十二点前（房卡未失效）返回已办理退房手续的原住房，而此时，该房间被作为干净房出售。

（9）上一个团队退出的房间安排给下一个团队，个别上一个团的"同住房"（两人并住同一房间）误退，未收齐全部房卡，且房门未及时"插限"，导致后入住团队"重房"。

（10）前厅和客房电脑所显示的房态存在差异（前厅显示可售房，而客房房态是续住房或无行李的住客房等），未能及时核对房态准确信息，导致同一房间被同时出售给两位客人。

2.有效地避免开重房

（1）预订出去的房间开给另一个客人，应及时在当天预订本、电脑和房卡做更改。

（2）不管是办理入住手续还是为预订客人预分房时，须认真核对已分配好房间，及时锁房、变更房态，并在入住登记表或预订单上登记好房号、房价和退房日期等信息。

（3）两位员工同时分别在两台电脑同时拿房前，一定要做好沟通工作。

（4）工作须认真细致，养成分房后仔细认真检查电脑、入住登记表和预订单的习惯，要及时发现问题，及时补漏。

（5）换房后要及时更改电脑信息，及时开出转房单，并通知收银、客户服务中心、问讯处、总机等部门。

（6）办理退费手续时，须及时收回房卡，一旦未能及时回收房卡，应立即通知大堂经理"插限"，使客人手中的房卡失效无法进入客房。

（7）同班次同事应及时沟通工作信息，上下班前做好不同班次间的交接班记录。

（8）管理人员严格控制好"预前售房"，督导员工及时更改电脑中房态的标识，并定时与客房部核对房态，杜绝房态差异可能造成的"重房"危机。

（六）矛盾房（房态差异，Room Discrepancy）的处理

矛盾房（房态差异）指电脑显示空房但实际有客在住等客房实际情况与电脑资料不符的情况。

1.产生矛盾房（房态差异）的原因

（1）客人已抵达酒店，但前台接待人员尚未及时将客人信息输入电脑。

（2）客人晚离店，但前台接待人员已把客人的全部信息从电脑中移出。

（3）客人已换房间，前台接待人员尚未及时更换电脑信息。

（4）客人已结账，但前台电脑尚未接到离店信息。

2.矛盾房（房态差异）的处理

（1）前厅接待员打印一份房态差异报表（Room Discrepancy Report）交由房务经理审查。

（2）房务经理按报表查看房间实际状态，在房态差异报表上签字认可，并转告当班接待员。

（3）前厅当班接待员根据房务经理检查完毕后的房间实际状态更改电脑中的信息。

(4)任何当班接待员确保在班次结束时电脑中不再显示矛盾房。

(5)前台接待员将此报表存档,以便日后查寻。

四、任务准备

1.电脑及多媒体设备、网络资源、前厅服务操作系统;

2.前厅实训场地;

3.住宿登记表、换房/续住/加床通知单、房卡、欢迎卡、有效证件、笔、房价表、客房状态表、证件阅读扫描仪、电话机、磁卡钥匙、制卡器等。

五、任务实施与评价

让我们试着演练以下几个任务,学习应对客人提出的不同住宿要求吧!

子任务1 换房服务

表3-1-7(1) 换房服务任务实施与评价表

序号	操作步骤	操作与评价标准	评价结果				注意事项、改进意见
			优	良	合格	不合格	
1	了解或说明换房原因,取得换房共识	(1)接到客人换房要求,问清原因,尽量为客人解决问题,建议客人不换房; (2)如客人换房理由充分,则根据客人要求,在房态表中找出符合客人要求的客房; (3)如客房未能即时清洁或客人还未迁出,解释不可马上换房的原因; (4)如因客满未能满足换房要求,应记录下客人要求,承诺次日优先换房; (5)如客人不满意,应报值班经理视情况给予一定折扣或赠送水果/早餐/康乐服务; (6)如属饭店原因,耐心解释,取得客人的谅解与配合。					
2	确认换房具体细节	(1)客人在现场要求换房:确认客房是否有行李,如无行李收回原房卡,直接为其更换新房卡;如客房仍有行李,请其返回客房整理行李,礼宾员5分钟内到达协助其换房; (2)客人在客房打电话要求换房:请客人在客房等候,礼宾员会在5分钟内至其客房协助其换房; (3)客人在店外打电话要求换房:告知客人已为其保留客房,待其返回饭店后为其换房; (4)客人要求饭店自动换房:通知客人预先把行李收拾好,服务员根据其要求为其办理; (5)说明换房后房价的变化、了解付款方式有无变更。					

续表

序号	操作步骤	操作与评价标准	评价结果				注意事项、改进意见
			优	良	合格	不合格	
3	客人在场情况下办理换房手续	(1)填写一式三联的换房单(含:客人姓名、原房号、现房号、房价是否变更、换房原因和时间等),经手人签字; (2)重新制作新房间的门卡,连同换房单一起交给礼宾员,提醒其将原客房钥匙取回返还接待处; (3)通知客房部原房号及换房后的房号; (4)行李员替客人办理好换房手续后,应把换房单上"行李处"一栏内签署,把第三联给予房务员,余下两联交返前厅;					
4	客人委托饭店代办换房手续	(1)避免告诉客人变更后的房号,以便根据实际情况灵活为其安排客房; (2)通知客人返回饭店后,可向前厅询问、领取新钥匙; (3)遵循正常程序办理换房手续; (4)行李员须由保安员陪同前往原客房取出行李,由保安员检查客人是否遗漏任何物品,然后陪同行李员把行李放在新的客房内行李架上,检查无误后关门离去。					
5	更改电脑信息及存档资料	(1)接待员立即更新电脑房态资料及住客信息,并在"备注栏"中注明换房房号及原因; (2)礼宾员将原客房钥匙和换房单第二联交返接待处,接待员将换房单第二联与入住登记表一同放到新客房的账目文件夹中; (3)礼宾员将换房单的第一联交与收银员,以便更改账目和入住登记表上有关资料; (4)通知问讯处和总机及时更改客名资料架上的房号; (5)如换房影响到客房预订与排房安排等,应及时通知预订部。					
6	跟踪客情,建立客史档案	(1)客人换到新客房10分钟后致电给客人,了解情况,为客人解决后续服务要求; (2)将客人具体要求、住店的喜好和忌讳等情况录入电脑"客史档案"栏。					

子任务 2　续住服务

表 3-1-7(2)　续住服务任务实施与评价表

序号	操作步骤	操作与评价标准	评价结果				注意事项、改进意见
			优	良	合格	不合格	
1	接到续住要求，了解客情	(1)问清客人姓名、房号、续住时间等； (2)了解当日和近日的客房状态； (3)做出同意续房申请或建议客人换房后续住的决定。					
2	旅行社凭单结账或已付房费客房的续住处理	(1)如不能享受原优惠房价，需向客人说明付款方式与房价的变动，必要时请示上级； (2)根据电脑资料填写客人登记表，注明续住时间、房价变动和付款方式等； (3)向客人说明须重交预付金，并通知收银处做账务处理； (4)用电脑续住程序修改客人离店日期、输入新房价与付款方式等； (5)操作程序与新开房程序相同。					
3	交预付金或已预刷卡客房的续住处理	(1)查核该客房是否已结账； (2)根据电脑资料填写"续住登记表"； (3)需交预付金的，请客人重交预付金；对预刷卡已结账客人，需重新刷预刷卡； (4)用电脑续住程序办理续住手续； (5)电话通知客房服务中心客人续住情况。					
4	换人续住客房的处理	(1)了解该客房是否已结账，请原住客结付旧账单； (2)征得原住客同意，按照入住登记手续为新客人办理手续，注明"换人续住"，须请原住客在入住登记表上签名确认； (3)确认新入住客人的付款方式、离店时间、特殊要求等，收回旧欢迎卡，发放新卡； (4)在原住客"登记表"上注明原住客已退房及退房日期； (5)将新客人资料输入电脑。					

子任务 3　延迟退房服务

表 3-1-7(3)　延迟退房服务任务实施与评价表

序号	操作步骤	操作与评价标准	评价结果				注意事项、改进意见
			优	良	合格	不合格	
1	接受客人延迟退房的要求	(1)核对客人的姓名及房号； (2)准确了解客人延迟退房的时间； (3)根据饭店开房率、客人实际情况、饭店营销策略等决定是否接受延迟退房的要求。					

续表

序号	操作步骤	操作与评价标准	评价结果				注意事项、改进意见
			优	良	合格	不合格	
2	解释饭店有关规定	(1)耐心解释有关延迟退房的国际惯例,即12:00(现在国内大部分酒店调整到14:00时)之前离店,需多付半天的房费,如客人在18:00之后离店需多付一天房费; (2)若客人有异议,需耐心礼貌地向客人解释,必要时及时通知当班主管解决。					
3	办理延迟退房手续	(1)把延迟退房的有关信息输入电脑保存; (2)重新制作门卡,在延迟退房时限内保证门卡继续有效; (3)根据有关政策,确定延迟退房需否收费并在电脑中注明; (4)及时将房号及确认的退房时间通知客房服务中心。					
4	延迟退房的权限	(1)14:00前退房需经前厅资深主管同意; (2)大堂副理有延迟至下午16:00前退房免加收半天房费,晚上20:00前仅加收半天房费的权限。 (3)各饭店延迟退房的权限会有不同规定。					

子任务4 加床服务

表3-1-7(4) 加床服务任务实施与评价表

序号	操作步骤	操作与评价标准	评价结果				注意事项、改进意见
			优	良	合格	不合格	
1	核对信息,确认能否安排加床	(1)接到加床服务要求后,迅速在电脑中查找客人的姓名、房号信息等是否与要求加床客人所提供的信息相符; (2)确认该房间能否加床。如是小房或单人房不能加床,说明情况并建议客人另开一间房。					
2	加床服务处理	(1)请需加床的客人出示有效证件、办理入住登记手续,将资料输入电脑; (2)打印登记表,注明加床数量、费用、结束日期等,请住客签名确认。					
3	加床信息传递与保存	(1)及时将加床信息通知客房服务中心; (2)在电脑中注明加床的单价、数量、加床日期,客服中心人员经办人等信息; (3)将加床标记输入客人入住资料,发出"加床通知单",分送总机、收银处、接待处、问讯处和管家部等部门。					

续表

序号	操作步骤	操作与评价标准	评价结果				注意事项、改进意见
			优	良	合格	不合格	
4	取消加床服务	(1)接到取消加床信息后,发出"通知书"到管家部和收银处,注明取消加床的住店客人姓名及房租更改等情况; (2)更改电脑中相应客人的资料。					

子任务5　开重房的处理

表3-1-7(5)　开重房处理任务实施与评价表

序号	操作步骤	操作与评价标准	评价结果				注意事项、改进意见
			优	良	合格	不合格	
1	致歉退出客房,立即通知接待处配合处理	(1)行李员引领客人进入客房发现开重房,立即向先后两批客人致歉,迅速离开客房; (2)安抚后入住客人的情绪,请其在楼层服务台(休息处)稍等,表示马上解决问题; (3)致电通知接待处和客房中心开重房情况,请求配合解决。					
2	查核房态,将客人带进新客房	(1)接待处与客房中心共同核对房态信息,在同一楼层搜寻可售房(空净房,VC); (2)行李员在楼层服务员协助下,迅速将客人带至另一间干净房间,放置好行李,简要介绍客房情况后,配合客人办理换房手续。					
3	办理换房手续	(1)接待处立即在入住登记表和电脑上变更入住登记信息,更换房卡等资料; (2)行李员返回大厅,将旧房卡及入住登记表还给接待处,领取新房卡和修改后的入住表。					
4	发放新房卡,登门致歉,了解客人的意见反馈	(1)行李员返回客房,将新房卡交给客人; (2)大堂经理登门向新、旧入住客人表达诚挚的歉意,了解客人对开重房处理是否满意,听取反馈意见; (3)如客人还是感觉不满,赠送鲜花、果盘、致歉函,甚或给予赠送自助早餐、康体娱乐服务,房间打折等补偿。					
5	查看有关资料了解开重房原因	(1)看前一客人何时退房,有无正常C/O手续(报吧结账操作、结账单等),是否可能误C/O; (2)查看最新制钥匙时间并查一下信息: ①查看前一客人退房后是否新入住登记表; ②查看转房单,是否转房而电脑上没做更改; ③查看免费房申请表是否总经理室或董事会成员取走钥匙。					

续表

序号	操作步骤	操作与评价标准	评价结果				注意事项、改进意见
			优	良	合格	不合格	
6	后续跟进工作	(1)当班主管详细记录在工作日志中; (2)补充客史档案,避免客人再次遇到类似情况; (3)进行个案分析,加强员工培训和督导。					

子任务6 矛盾房(房态差异)的处理

表3-1-7(6) 矛盾房(房态差异)处理任务实施与评价表

序号	操作步骤	操作与评价标准	评价结果				注意事项、改进意见
			优	良	合格	不合格	
1	查看所有房间的房态,排查房态差异情况	(1)前厅接待处和客房部分别根据房态表上所显示的信息查看所有房间的房态; (2)若为NB—无行李、SO—外宿、LB—轻行李、HB—重行李房态差异情况,了解房间是否为在住,是否为当日离店; (3)核对该房押金是否足够或刷卡消费的金额是否有欠款; (4)大厅经理负责密切注意晚上房态差异表与早上房态差异表是否相同,如相同,则注意是否就在凌晨24:00前做出处理;如早上报下的房态差异表中有特殊情况的房号,而晚上却没有的,应致电客房部确认。					
2	NB(无行李)房间的处理	查看电脑是否为DUE-OUT,若不是当日DUE-OUT,应致电联系客人确认。					
3	SO(外宿)房间的处理	(1)查看电脑有无提前结账操作,若有则联系当值员工确认该房是否已提前离店,若无则联系客人或订房人确认是否保留此房; (2)长住房SO可不予确认,但需关注此房,若三天连续SO应联系销售部与其公司确认。					
4	SO且LB(外宿+轻行李)房间的处理	(1)致电住客确认情况; (2)若无法联系客人,且又为当天DUE-OUT,可根据其LB内容判断是否需做强行退房,行李做L&F(LB内容为洗漱用品或食物)。					
5	SO且HB(外宿+重行李)房间的处理	联系客人确认,若无法联系客人且房间为当日DUE-OUT可直接顺延该房					

续表

序号	操作步骤	操作与评价标准	评价结果				注意事项、改进意见
			优	良	合格	不合格	
6	SO且NB(外宿+无行李)房间的处理	(1)致电住客确认情况； (2)在无法联系客人确认的情况下可做C/O处理。 (3)因查询房态差异而强行C/O的房间应在交班日志做好记录，避免客人返店发现房间已退房而引起客人的投诉。					

六、问题及解决方案

表3-1-7(7)　其他入住接待服务存在的问题及解决方案

序号	问题提出	处理方案	预防措施

七、拓展知识

阅读材料3-1-7　前厅接待处的细节服务

1.对于客人询问总台的事情如不能及时回答，先记下房号，然后立即帮助查询，事后通知客人查询结果。

2.在旺季，很多有预订的客人不能及时进房，特别是上午进店的客人可能会因房间没有打扫好等原因不能进房。遇到这类情况，可以发给他们一种卡片(或与房卡功能捆绑)，让他们去酒吧休息等候，饭店免费提供一杯饮料或鸡尾酒。

3.为一些年老或视力不好的客人办理CHECK-IN时，可以由开房员代填登记表，认真、仔细查验证件后，请客人签名；对一些行动不便的客人可以由开房员送客人进房间登记。

4.在CHECK-IN时，注意客人的出生日期，如果住店期间恰逢客人生日，将信息通知大堂(若是常包房还需通知客房部、餐饮部、销售部)，由大堂或与销售部一起代表饭店送上一份生日礼物。

5.给不住店的客人提供各种查询和信息转达服务。

6.如客人有困难或有事，可以通过长途电话，帮助客人确认异地机票或订房。

7.记住常住客人和老年客人的姓名、爱好及现在住店的房号，主动及时地提供服务。

8.在客满或客人不能接受我店房价时，帮助客人联系其他饭店住宿。

9. 在雨、雪天,准备雨伞或塑料袋。
10. 注意客人体态语言,把服务提供在客人要求之前。
(资料来源:http://wenku.baidu.com/view/26750f6aa45177232f60a264.html)

项目 2　客史档案建立

【案例导入】

斐济共和国总统访华,他在访问中国其他几个城市后来到上海,下榻锦江饭店。这位身材高大的总统有一双出奇大的脚,因此,他在访问中国期间,还没有穿到一双合脚的拖鞋。此刻,当他走进锦江饭店的总统套房,一双特大号拖鞋端端正正摆在床前,总统穿上一试,刚好跟脚,不由得哈哈大笑,问道:"你们怎么知道我的尺寸的?"服务员答道:"得知您将来上海,下榻我们锦江,公关部人员早就把您的资料提供给我们,我们就给您特地定做了这双拖鞋,您看可以吗?""舒服、太舒服了,大小正好! 谢谢你们!"当总统离开中国时,特意把这双拖鞋作为纪念品带回了斐济。

问题
1. 建立、充实客史档案具有哪些重要意义?
2. 客史档案主要涉及哪些内容? 通过什么渠道收集信息?

任务 1　客史档案的认知

一、任务描述

请分组完成以下客史档案建立必须掌握知识点的学习,并归纳于下列表格:

表 3-2-1(1)　客史档案项目的识别

序号	客史档案分类	客史档案项目内容	资料来源	目标与作用

表 3-2-1(2)　客史档案的建档方式

序号	客史档案建档方式	客史档案主要项目内容	优点	不足

二、任务分析

完成本任务的关键在于了解客史档案的项目构成、资料来源、资料收集的途径与方法，并学会分析对比、提炼归纳。

三、相关知识

客史档案（Guest History）是饭店对住店客人的个性情况、消费行为、信用状况和特殊要求、服务记录等的真实记录。这些档案资料既有利于为住客提供个性化服务，达到提高客人满意度和扩大市场占有率的目的，也有助于增进与客人的沟通，开展促销活动，争取回头客促进销售，也利于饭店改善经营管理、提高服务质量。

（一）客史档案的项目认知

1.常规档案。包括客人姓名、性别、国籍、出生年月、职业、职务，工作单位名称、地址及电话，家庭地址、电话号码，护照签发日期和地点、护照签证号等。收集常规信息有助于饭店了解客源市场的基本情况。

2.预订档案。包括客人的订房方式、介绍人、订房的季节及订房的类别等。掌握预订资料有助于饭店选择销售渠道，做好促销工作。

3.消费档案。包括用房种类、房价、消费累计情况、信用情况、信用卡及账号、VIP 卡号、住店日期及期限等。掌握客人消费档案利于了解客人的消费水平、支付能力、消费倾向、信用使用情况等，达成促销。

4.个性档案。又称习俗爱好、特殊要求档案。含客人的住店目的、爱好、生活习惯、宗教信仰和禁忌、住店期间的特殊爱好与服务要求等，有助于向客人提供有针对性的服务。

5.意见反馈档案。包括客人住店期间的建议、意见、赞扬、投诉及处理结果等。掌握客人的这些信息有助于饭店提升服务质量与管理水平,降低投诉率。

(二)客史档案的资料来源

1.订房单。有助于了解分析客人入住规律、住房偏好与要求、预订方式及渠道等。

2.住宿登记表。它可以显示客人的基本情况,利于提供个性化服务与客源分析。

3.账单。据此可了解客人的消费水平、信用情况等信息。

4.客人需求调查表/意见表(Questionnaire)及大堂副理的投诉及处理记录。通过客人的服务评价(表扬、投诉、特殊需要、意见等),真实反映经营状况与服务水平。

5.宾客拜访记录。大堂经理及公关营销人员拜访客人时所做的记录。

6.各服务部门接待记录。包括管家部、餐饮部、康体部等的对客服务记录以及与客人交流、观察获得的信息,从中可了解客人对服务的需求现状与趋势。

表3-2-1(3) 客史档案记录表1

姓名		性别		民族	
出生日期		身份证号码		协议担保人	
职业			职位		
工作单位					
单位地址			家庭地址		
移动电话			住宅电话		
住店记录			VIP卡号及折扣		
用餐记录					
最近一次服务记录					
饮食爱好、特殊要求及习惯					
表扬、投诉及处理					
消费累计			信誉程度		
不良记录			其他		

表 3-2-1(4)　客史档案记录表 2

编号	基础档案	姓名		性别	出生年月	单位名称	职务	电话	通信地址	电子邮箱
	消费档案		用餐爱好			住房爱好			客人忌讳	其他习惯
			1.餐具和杯具的要求			1.喜欢的房型、房号				
			2.调料的喜好(酱油、醋等)			2.喜欢的房间的位置(内外景、靠电梯、靠角落等)				
			3.菜肴喜好(酸、甜、辣等)							
			4.酒水的喜好			3.喜欢的枕头、棉织品等				
			5.茶水喜好(红茶、绿茶等)			4.喜欢的洁具(浴缸、淋浴、面盆)				
			6.喜爱的菜肴品种			5.喜欢看的电视节目、报纸等				

四、任务准备

1.相关教材、书籍、客史档案表或图片资料；
2.计算机及网络资源；
3.电脑或纸、笔、尺子等。

五、任务实施

表 3-2-1(5)　客史档案认知任务实施表

序号	步骤	操作及说明	要求	备注
1	查找资料	通过书籍、网络等查找并阅读有关客史档案建立的资料；观察对象，记录细致。	(1)思路清晰,行动迅速； (2)注重信息的时效性、客观性。	若只借助书籍，则事前书籍应准备充分。
2	分析归类	将所获得的资料按种类划分表进行归类。	(1)归类合理； (2)分析到位。	可打归类草稿。
3	整理完善	将所归类的资料整理在种类划分表上，并完善。	(1)内容完整清晰； (2)表格简洁规范； (3)信息全面具体。	也可以制作成电子材料。
4	总结分享	对任务实施过程、完成情况总结自评，并与他人分享。	(1)总结全面到位； (2)表述清晰流畅。	也可制作成PPT展示讲解。

六、任务评价

表 3-2-1(6) 客史档案认知任务评价表

序号	评价内容与分值	评价结果			显著优点或待补充完善之处
		自评	小组互评	教师评	
1	参与积极(10分)				
2	分工合理(10分)				
3	团队协作(10分)				
4	语言表达能力(10分)				
5	沟通协调能力(10分)				
6	信息收集能力(10分)				
7	信息分析归纳(10分)				
8	任务完成速度(10分)				
9	任务完成质量(10分)				
10	任务展示效果(10分)				
评价得分(100分)				评价平均分:	

七、问题及解决方案

表 3-2-1(7) 客史档案认知存在的问题及解决方案

序号	问题提出	处理方案	预防措施

任务2 客史档案的建立

【案例导入】

查尔斯(Charles Clinton)先生夫妇在前台办理入住手续时,接待员工为了体现服务水平,主动欢迎客人说:"查尔斯先生,欢迎您自2006年5月3日以来第4次入住我们酒店。"

查尔斯先生满脸诧异:"我已经有三年没来中国了。"旁边的查尔斯太太沉思半天之后说:"2006年我们5月1日结婚后你说你有重要的会议要去希腊,你却来了中国?"之后愤怒而去,随即引发查尔斯先生严重投诉。

问题
1.导致客人不满并投诉的原因是什么?接待员的失误有可能源于哪几个环节?
2.在开展客史档案信息收集工作时应注意哪些事项以避免类似情形的发生?

一、任务描述

1.描述班级任课老师、同学的爱好、特长、性格等或收集这些信息,将它们按照一定的标准进行整理归类,并试着以卡片的形式建立班级任课老师与同学的档案。

2.模拟操作饭店管理计算机系统,模拟演练预订或入住登记,并完成客史档案的建立、记录、补充任务。

二、任务分析

完成本任务的关键在于熟悉掌握客史档案建立的流程,细心观察、及时记录、分析归纳到位。

三、相关知识

(一)客史档案的收集与整理

1.充分收集客人信息

(1)加大信息收集的力度。及时掌握客人信息资料。例如,客人首次订房和入住时,须及时将常规资料和特殊要求录入电脑。当客人第二次订房或入住时,可直接调用以往客史,或帮助客人填写住宿登记表,做好个性化服务。

(2)收集和整理来自其他各服务岗位的有关客史信息,如及时收集宾客名片、准确录入常规档案内容,客人离店后及时更新客人的客史档案等,保证信息的及时性与客观性。

(3)利用班前会让员工提前掌握宾客信息。

(4)委派专人对于针对宾客喜好提供个性化服务情况进行检查。

2.分类整理到位

(1)为了对客史档案有更有效的利用,要对客史档案归类整理。客史档案分类依据较多,如按客源国别和地区划分,可分为国外客人、内地客人、港澳台地区客人等;按客人住店次数,可分为常客、非常客;按信誉程度划分,可分为信誉良好客人、信誉较好客人、黑名单客人等。

(2)对信息进行筛选整理,选择有价值的信息,储存在信息库中。

3.形成定期清理的机制

客史信息残缺不全、信息过多或信息过时均可能扰乱服务,降低服务效率。

(1)正确建立并选择客史档案,避免重建档案。

(2)每年系统地对客史档案进行一至两次的检查、整理,对资料进行必要的过滤整合,方能保证资料的准确性和完整性。

4.识别重点客人信息

客史档案管理的重点对象包括贵宾(VIP)、商务客人、有潜力的散客、常客(回头客)等,这些客人对饭店的收益管理至关重要。通过了解客史档案,根据入住次数划分VIP等级、信用等级等让常客感受到与众不同的待遇,提前准备客人入住登记、餐饮服务及登机等资料,减少常客服务等候时间。

(二)客史档案的建立

健全客史档案的管理制度(如建档权限、阅读权限、修改权限的界定等),可以确保客史档案工作规范化。饭店建立的客史档案一般分电子文档、书面文档两类;建档方式分别是计算机建档、纸质建档。

1.计算机建档方式

随着科技与行业发展步伐的加快,计算机建档成为客史档案最主要的建档方式,该种建档方式不仅操作简便,而且信息储存量大。前厅员工可以将客人的各种信息准确输入到饭店计算机操作系统中,设定客史档案项目,并可以实现一定范围内的共享阅读、修改储存。计算机建档的功能主要有:接受预订时可按客人姓名查询有无客史,如有客史记录则在新预订时可直接调用;办理客人入住手续时显示客史资料;对客史资料进行修改和输入新的项目;可根据客人姓名自动累积消费记录;等等。

2.纸质建档方式

(1)住宿登记单。有些小型饭店直接将客人住宿登记单的最后一联作为客史档案单,简单易行,但统计、分析、保存以及更新难度较大,信息量不大。

(2)客史档案卡片。卡片上印有须填写的客史资料项目,所有卡片按字母顺序排序。有些饭店将客史档案卡印制成各种颜色,代表不同的分类标准,方便工作人员阅读和查找。饭店规定一张卡片填满后再续写新卡,且原卡不能丢弃,以保持客史内容的连续性与完整性。档案卡片须定期整理,清理作废的卡片,纠正存放或操作的不当等。此种建档方式工作量较大。

(三)客史档案的系统化管理

1.客史档案的补充、更新与管理要保持同步,信息要互动共享。

2.提前核对宾客喜好,确保准确、及时。

3.对重点宾客的客史档案调用情况进行审核,为个性化服务提供信息保障。

4.建立宾客隐私保护程序。

5.设立客史档案经理。

6.设置好信息录入、更改、取消、调用的权限。

四、任务准备

表 3-2-2(1)　客史档案建立任务准备表

教师准备	学生准备	教具准备
1.收集资讯、设计课程； 2.编写教学方案； 3.准备教学案例、资料图片、课外延伸资料、服务情境等； 4.制作 PPT 及材料准备； 5.制作思维导图及评价表。	1.知识准备：课程知识点预习，网络、图书、图片资料等资讯收集； 2.项目成果：任务计划书、情景剧本编写及彩排、PPT 或纸质图片文字展示，案例收集、分析、讨论、情景演练等； 3.物品准备：相机、U 盘；笔、笔记本。	多媒体、U 盘、相机、彩色卡纸、笔、大白纸、A4 纸、剪刀、双面胶、图片/视频资料、奖品。

五、任务实施与评价

表 3-2-2(2)　客史档案建立任务实施与评价表

序号	操作步骤	操作与评价标准	评价结果				注意事项、改进意见
			优	良	合格	不合格	
1	信息收集	(1)通过各种渠道收集客人的信息； (2)及时记录。					
2	信息分析与归类	(1)将收集的信息进行分析； (2)归类为：常规档案、消费档案、预订档案、个性档案以及意见反馈档案等； (3)梳理有用信息,更新资料。					
3	信息传递与保存	(1)将客史档案信息传递到各相关部门； (2)从各部门沟通中收集反馈信息。					

六、问题及解决方案

表 3-2-2(3)　客史档案建立存在的问题及解决方案

序号	问题提出	处理方案	预防措施

七、拓展知识

阅读材料 3-2-2　前厅表单的设计原则

在设计饭店前厅表单时应遵循以下原则：

1. 符合运转体系要求。前厅管理者在设计或修改部门使用的表单时都要遵循符合运转体系要求这一原则。只有饭店确定了组织机构、职责范围后，才有可能设计出符合饭店运转体系、适合规章制度的表单，也才可能设计好各类表单的衔接与配套工作。另外，当饭店或部门的运转体系发生变动后，前厅管理者应考虑部门使用的表单的种类与内容是否有必要作相应的调整更改。

若要表单符合运转体系要求，还要确定分发对象，即明确将表单发给哪些部门与相关工作人员。例如，有的饭店在设计内部沟通表单时采用全英语设计，针对有些部门员工英语水平不佳的现实，这样的设计就显得不切实际。

2. 列项正确。表单设计包括确定表单的种类、内容两个方面。确定表单种类时，需要考虑的核心问题是该表单是否有保留及使用的必要性。前厅管理者应该思考：为什么设计此表单？如果没有这项表单，对工作将会产生什么影响？此类表单能否由其他表单代替？设计表单要比较"投入"与"产出"的关系。表单的设计要尽量达到高效率、低成本的目标，以有利于工作的顺利进行。确定表单的内容时，首先要考虑的是此表单所提供的信息能否满足接收者的需求，其次考虑表单内容的简明扼要，一目了然。

3. 形式科学。表单设计要考虑排版是否科学、美观，合乎逻辑，便于阅读。对于格式与尺寸，要明确什么尺寸最便于使用或存档，所设计的行距是否适于书写或打字录入，外观如何。例如，在设计欢迎卡时就应考虑到要便于客人插放于一般衬衣或裤子口袋中，以及能插入磁卡钥匙。

在决定与纸张和印刷有关的一系列事项时，需首先考虑的因素是此表单是否与客人见面，然后才考虑纸张质量与成本、印刷的数量与费用、复写的方式、颜色的选择、字体的选用、装订的方法以及是否需要编号等。供客人使用的表单应比饭店内部使用的更讲究质量。

4. 定期审视。前厅部每年至少审视一次正在使用的表单。若因服务或管理需要，需对表单的内容、格式等进行修正时，应广泛征求使用者及制作者的意见。表单的设计、修正工作完成后，要测试新设计表单使用的科学性，要经过培训、试用、审查、再次修正（如有必要）等阶段，才能正式印制并投入使用。

使用中的任何表单若须增加、变更、删减，必须得到前厅经理的批准，必要时，还需请示饭店高层管理者。前厅部还应将部门正在使用的所有表单汇集在样本册内，并进行编号，附加说明，以备印刷、更改之需。

（资料来源：滕玮峰.饭店前厅实务.南京:南京师范大学出版社.2012.2）

模块 4 收银服务

【开篇案例】
某饭店意外停电,一位客人来退房,总台收银员小张帮这位客人退房,核对夜审打印的客人余额表给客人进行手工结账,因客人余额表是夜审在夜间过账后打印的,该客人的部分电话(一般在 24:00 后)计费无法统计。客人因为要赶飞机,很急。但考虑到应尽可能挽回饭店的损失,小张礼貌地向客人解释并请客人自诉之后估计打了多少个电话,通话时间多久。经客人自诉和与总机核对,很快办理了退房手续,也没有使客人误机。

【知识目标】
- 能描述饭店收银处的岗位职责和工作标准;
- 能描述客账核收、结算的方法;
- 能描述饭店收银处服务范围、服务程序等。

【技能目标】
- 能正确和较熟练地识别卡、币和票据;
- 能正确和较熟练地建立客账、录入客账、提供结账服务;
- 能正确和较熟练地进行外币兑换服务;
- 能正确和较熟练地为客人进行贵重物品寄存服务。

【职业素养目标】
- 培养学生客账管理操作的条理性;
- 培养学生进行饭店结账服务时细致入微的工作态度;
- 培养学生对本模块学习的浓厚兴趣,积极参与探究和实践等。

项目 1 客账管理

【案例导入】
一天,一位客人来到前厅收银台前,问收银员能不能使用信用卡。收银员正忙着接待别的顾客,没有回答。顾客又问收银员,收银员答复:"有告示自己看。"

问题
饭店优质服务的要求是什么?我们在收银工作中应注意哪些事项?

任务1　卡、币和票据的识别

一、任务描述

很多客人选择用银行卡或人民币支付费用,请列出主要银行卡的类别、特点、使用范围。

表 4-1-1(1)　主要银行卡的划分

序号	主要银行卡类别	特点	使用范围

二、任务分析

完成本任务的关键在于通过各种途径搜集关于银行卡的相关资料,并进行分析对比、提炼归类。

三、相关知识

(一) 主要银行卡的识别

1. 主要银行类别

(1) 银行卡按能否提供信用透支功能,可分为信用卡和借记卡。

(2) 按银行卡的使用范围,可分为国际卡、国内卡和地区卡。

①国际卡:可在全球任何一个国际信用卡组织或信用卡公司所属的收单银行或特约商户中使用的银行卡。

②国内卡:只能在发卡银行所在国家使用的银行卡。

③地区卡:只能在指定地区使用的银行卡。

2. 认识银联卡

(1) "银联"标志以红、绿、蓝三种不同颜色银行卡的平行排列为背景,衬托出白颜色的"银联"汉字造型,突出了银行卡联网联合的主题。三种颜色,红色象征合作、诚信;蓝色象征畅通、高效;绿色象征安全。三种不同颜色银行卡的紧密排列象征着银行卡的联合。"银联"

全息防伪标志主要内容：立体天坛、双色背景、全息放大镜、银联图章等。见下图：

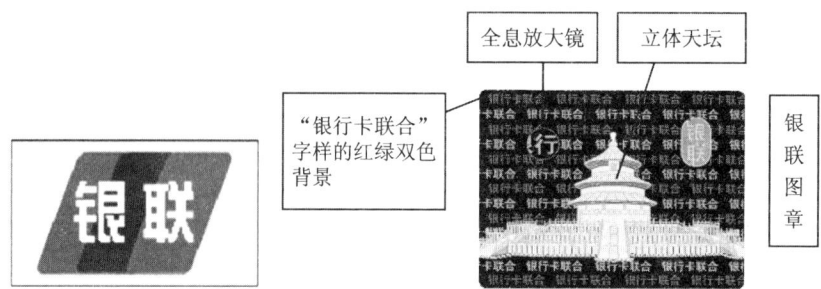

图 4-1-1(1)　银联标志 1

中国银联自 2005 年 10 月 18 日起正式启用具有国际化特征的新标志，目前新旧标志在一段时间内共同存在。

图 4-1-1(2)　银联标志 2

(2)银联标志卡的主要特征

①银行卡卡片正面右下角（限国内通用的银行卡）或右上方（国内外通用的银行卡）印制了统一的"银联"标志图案；

②卡片正面的"银联"标志图案上方加贴有统一的全息防伪标志；

③卡片背面使用统一的签名条(有"银联"字样)。

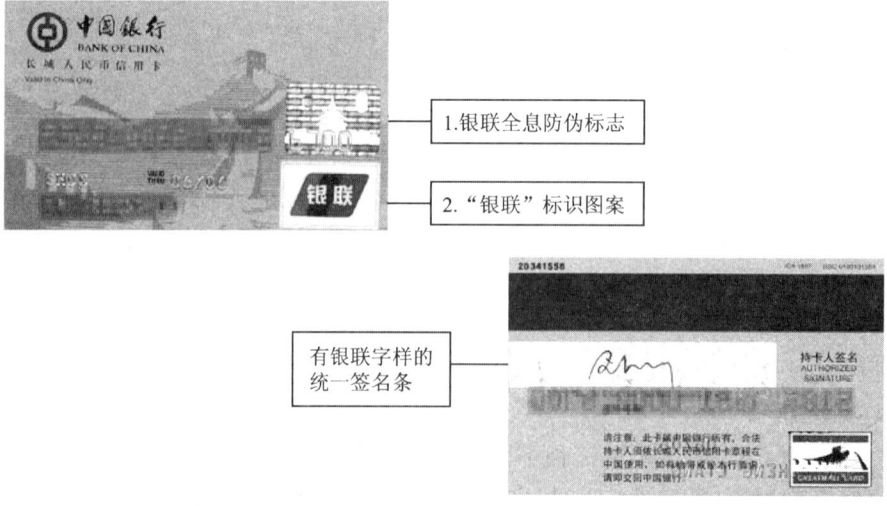

图 4-1-1(3)　银联卡

(二)钱币(人民币)真伪的鉴定

1. 摸

(1)表面凹凸感。人民钞是采用手工雕刻的方法制版,以凸版和凹版印刷,具有版文深、油层厚、字迹粗、头像逼真等特点,用手摸票面字样、数码、图像、人像、中国人民银行行名及盲文点(黑色小点)有明显的凹凸感。而机制假钞大多是用平版印刷,票面全胶印,手感光滑,线条模糊,无凹凸感。

(2)纸质。人民币用纸选用优质棉短绒加木浆,具有纤维长、强度高、耐用等特点,因而显得挺括、耐磨、手感厚实、不易折断。而假币则采用普通纸印刷,因而纸质相对软、较脆,易折没有韧性。这是识别真假人民币的主要特征之一。

2. 看

(1)色彩图案。人民币采用特殊油墨印刷,还具有无色荧光油墨印刷图案、有色荧光印刷图案、无色荧光纤维等专业防伪特征,因而颜色鲜亮、偏红,纹路清晰,立体感相对强一点,光变油墨面额数字随视角变化,颜色变化明显,横号码为黑色,竖号码为蓝色;而假钞则颜色灰暗不匀,相对白一点,图票模糊,变色无规律或无变色效果,号码颜色与真币有差异。新的假币色泽不均,如果深色部位难分,那浅色部位就容易识别。相对旧的假币,一般掉色。这是识别真假人民币的主要特征之一。

(2)水印。面值5元以上的人民币都有水印,水印背景为白色,与眼睛接近平行时看上去是白色,透过光线观察时图形显示为清晰阴影,人像生动逼真,立体感很强;而假钞一般都没有水印,有的看起来也有类似图案,但不是水印的,这些图案无论与水印多么相似,背景是黑色,且呈半梯形形状,但在逆光下一照都没有了,图形模糊,缺乏立体感。这是识别真假人民币的主要特征之一。

(3)纸质。真钞的纸质有着自然的纯白,显得挺括、耐磨、厚实,水印处表面光滑。

(4)草绿色数字。人民币与视线垂直时,可见票面下方的数字100的字样,它是绿色的,将它慢慢地倾斜到一定角度时,它的颜色变成了蓝色,它叫作光变油墨面额数字。

(5)有隐形的"100"字样。需把票面放得和眼睛接近平行,对着光源才能看到,假币是印上去的,任何角度都能看到"100"。

(6)古钱币标志。阴阳互补对印图案清晰,色彩鲜艳。真币:正背面图案准确对接,组合成一个完整的古钱币图案;假币:正背面图案错位。

(7)红蓝彩色纤维。纸张制造过程中红蓝彩色纤维是放在纸浆里,随机分布;而假币红蓝彩色纤维印刷于纸张表面。

(8)胶印缩微文字和文字安全线。在放大镜下,真币微小且字形清晰干净,磁性缩微文字安全线嵌于纸张内部,仪器检测有磁性;假币字形模糊,无磁性或磁性特征不稳定。

(9)头像眉毛。真币毛主席头像的左眉毛与眼睛很清晰地分开,假币左眉毛与眼睛相连接。

(10)接驳。看有没有接驳的地方。这是分辨变造币的主要依据之一。

3. 听

钞票纸张是特殊的纸张,挺括耐折,如果用手拿着钞票在空中抖动,或者两手拿着钞票的两端一松一紧地拉动,或者用手指轻弹纸的表面,都会发出清脆的声音来。

4.对比

货比货。这是最准确、实用的方法,如果对以上几点都不确定,就拿一张真的人民币,仔细对比关键的区别(如水印、色泽、古钱币图案、凹凸的地方、纸质、尺寸),就较容易分辨出真伪。

图4-1-1(4) 假币鉴别方法

(三)发票的开具与保管

发票是指在购销商品、提供或者接受服务以及从事其他经营活动中,开具、收取的收付款凭证。饭店内部建立有发票使用登记制度,设置发票登记簿,各营业部门应指定专人负责发票的领用和保管,并定期向财务部门报告发票使用情况。

1.开具发票的基本原则

(1)"都开"的原则

单位和个人凡是销售商品、提供服务以及从事其他经营活动对外发生经营业务收取款项时,收款方应向付款方开具发票,收购单位和扣缴义务人支付款项时,由付款方向收款方开具发票。

(2)"都要"的原则。

所有单位和从事生产、经营活动的个人在购买商品、接受服务以及从事其他经营活动支付款项时,应当向收款方取得发票。同时,对取得发票的一方提出禁止性规定:不得要求变更品名和金额。

2. 开具发票的规范要求

(1)开具发票的时限。

开具发票的单位和个人必须在发生经营业务、确认营业收入时开具发票。未发生经营业务一律不准开具发票。

(2)开具发票的具体规定。

①必须保持开具发票的真实性。

②必须保持开具发票的完整性。

③保持开具发票的真实性、完整性的措施。

- 客户单位填写规范。
- 日期的填写规范。
- 服务项目填写规范。
- 金额、天数等的填写规范。
- 大小写金额的填写规范。大写金额数字一律用正楷字填写,如壹、贰、叁、肆、伍、陆、柒、捌、玖、拾、佰、仟、万、亿、圆、角、分、零、整等。
- "开票人"的填写规范。
- 开票的字迹要清楚,容易辨认。
- 发票由依法领购发票的企业自己的经手人填开,不要"主随客便",让顾客自行填写。
- 开具发票时必须加盖发票专用章。
- 不重复开具发票。

3. 发票的保管

(1)饭店目前使用发票的范围

①住宿专用发票。本发票适用于住宿收入。

②饮食业定额发票。本发票适用于餐饮收入。

③收款专用发票。本发票适用于收款业务,即非经营性业务收入,如电话费、水电费等。

④其他服务统一发票。本发票适用于其他服务收入,即培训业务收入,如培训费、教材费、会务费等。

(2)作废发票的保管

对由于开票人员工作失误或其他原因开错的发票,应当在发票上加盖"作废"戳记,再重新开具发票,不得在开错的发票上涂改。开错的"作废"发票必须全部联次妥善保管,粘贴在原发票存根上,不得私自销毁,以备查核。

(3)发票存根的保管

开具发票的饭店应按税务机关的规定存放和保管发票,不得擅自损毁。已开具的发票存根联和发票登记簿,应当保存5年。保存期满,报经税务机关查验后销毁。

4. 丢失发票的处理

(1)作废声明规范化。说明丢失发票的全称,发票号码,发票的金额位数。

（2）建立必要的登记备案和情况通报制度。业户作废声明刊登或播出后,应将有关资料报送发票监制部门、专管员备查,并分类登记在案,供鉴定真伪发票时参考。丢失数量较多的大额商品销售发票,还要抄送有关税务(含进出口税收主管部门)及工商、公安等部门。

四、任务准备

1.相关书籍;

2.电子资源;

3.电脑或纸、笔、尺子、相关图片或票据资料等。

五、任务实施与评价

表 4-1-1(2) 卡、币和票据的识别任务实施与评价表

序号	操作步骤	操作与评价标准	评价结果				注意事项、改进意见
			优	良	合格	不合格	
1	查找资料	通过书籍、网络等查找并阅读有关银行卡的相关资料。 (1)思路清晰,行动迅速; (2)资源占有量足。					若只通过书籍,则事前书籍准备量大。
2	内容归类	将所获得的资料按种类划分表进行归类;归类合理。					可现建归类草稿。
3	整理完善	将所归类的银行卡的相关资料整理在表上,并完善。 (1)内容完整清晰; (2)表格简洁规范。					也可制作成电子材料。
4	总结与分享	将任务实施过程、完成情况进行总结自评,并与他人分享。 (1)总结完整到位; (2)陈述清晰流畅。					也可制作成PPT展示讲解。

六、问题及解决方案

表 4-1-1(3) 卡、币和票据的识别存在的问题及解决方案

序号	问题提出	处理方案	预防措施

七、拓展知识

阅读材料 4-1-1(1)　四大国有商业银行的银行卡

1.中国工商银行:牡丹卡

图 4-1-1(5)

2.中国农业银行:金穗卡

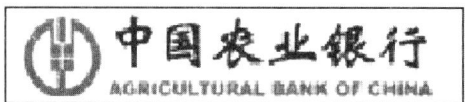

图 4-1-1(6)

3.中国银行:长城卡

图 4-1-1(7)

4.中国建设银行:龙卡

图 4-1-1(8)

阅读材料 4-1-1(2)　全国性股份制商业银行的银行卡

1.交通银行:太平洋卡

图 4-1-1(9)

2.兴业银行:兴业卡(原名:兴业顺通卡)

图 4-1-1(10)

3.招商银行:一卡通、招商银行信用卡

图 4-1-1(11)

4.中国光大银行:阳光卡

图 4-1-1(12)

5.中国民生银行:民生卡

图 4-1-1(13)

6.中信银行:中信卡

图 4-1-1(14)

7.华夏银行:华夏卡

图 4-1-1(15)

8.上海浦东发展银行:东方卡

图 4-1-1(16)

9.广东发展银行:广发卡

图 4-1-1(17)

10.平安银行

图 4-1-1(18)

11.城市商业银行

全国各个城市银行发行的银行卡,如北京银行的京卡,上海银行的申卡,广州商业银行的羊城卡,等等。上海银行:申卡

图 4-1-1(19)

阅读材料 4-1-1(3)　中华人民共和国发票管理办法

《中华人民共和国发票管理办法》(中华人民共和国国务院令第 587 号,2011 年 2 月 1 日起施行)第四章第十九条至第二十九条对发票的开具和保管明确要求如下:

第十九条　销售商品、提供服务以及从事其他经营活动的单位和个人,对外发生经营业务收取款项,收款方应当向付款方开具发票;特殊情况下,由付款方向收款方开具发票。

第二十条　所有单位和从事生产、经营活动的个人在购买商品、接受服务以及从事其他经营活动支付款项时,应当向收款方取得发票。取得发票时,不得要求变更品名和金额。

第二十一条 不符合规定的发票,不得作为财务报销凭证,任何单位和个人有权拒收。

第二十二条 开具发票应当按照规定的时限、顺序、栏目,全部联次一次性如实开具,并加盖发票专用章。

任何单位和个人不得有下列虚开发票行为:

(一)为他人、为自己开具与实际经营业务情况不符的发票;

(二)让他人为自己开具与实际经营业务情况不符的发票;

(三)介绍他人开具与实际经营业务情况不符的发票。

第二十三条 安装税控装置的单位和个人,应当按照规定使用税控装置开具发票,并按期向主管税务机关报送开具发票的数据。

使用非税控电子器具开具发票的,应当将非税控电子器具使用的软件程序说明资料报主管税务机关备案,并按照规定保存、报送开具发票的数据。

国家推广使用网络发票管理系统开具发票,具体管理办法由国务院税务主管部门制定。

第二十四条 任何单位和个人应当按照发票管理规定使用发票,不得有下列行为:

(一)转借、转让、介绍他人转让发票、发票监制章和发票防伪专用品;

(二)知道或者应当知道是私自印制、伪造、变造、非法取得或者废止的发票而受让、开具、存放、携带、邮寄、运输;

(三)拆本使用发票;

(四)扩大发票使用范围;

(五)以其他凭证代替发票使用。

税务机关应当提供查询发票真伪的便捷渠道。

第二十五条 除国务院税务主管部门规定的特殊情形外,发票限于领购单位和个人在本省、自治区、直辖市内开具。省、自治区、直辖市税务机关可以规定跨市、县开具发票的办法。

第二十六条 除国务院税务主管部门规定的特殊情形外,任何单位和个人不得跨规定地使用区域携带、邮寄、运输空白发票。禁止携带、邮寄或者运输空白发票出入境。

第二十七条 开具发票的单位和个人应当建立发票使用登记制度,设置发票登记簿,并定期向主管税务机关报告发票使用情况。

第二十八条 开具发票的单位和个人应当在办理变更或者注销税务登记的同时,办理发票和发票领购簿的变更、缴销手续。

第二十九条 开具发票的单位和个人应当按照税务机关的规定存放和保管发票,不得擅自损毁。已经开具的发票存根联和发票登记簿,应当保存5年。保存期满,报经税务机关查验后销毁。

备注:根据《国家税务总局关于普通发票行政审批取消和调整后有关税收管理问题的通知》(国发〔2008〕15号)第四点规定:使用电子计算机开具发票,按一般普通发票领购手续办理。税务机关有统一开票软件的,按统一软件开具发票;没有统一软件的,由纳税人自行开发票,其相关开票软件须报主管税务机关备案。

任务2 客账的建立与录入

【案例导入】

饭店前台来了一位客人入住,办理好入住登记后,来到收银处预付。

收银员小陈接待了客人张先生,张先生提出用信用卡预付,张先生先递给小陈建设银行的龙卡,小陈按规范进行预授权操作,可是无法进行授权,张先生又递给小陈农业银行的金穗卡,小陈操作后,无法对客人的信用卡进行授权……

问题

客人预付的方法有哪些?我们应该怎样做才规范?

一、任务描述

在客人办理完入住登记手续后,前台接待员应根据住宿登记表和预订单有关内容,按不同客人类型制作相应的账单,并连同登记表(账务联)立即送交收银处。总台收银处接到接待员开具的客人账单后,按照不同类型账单予以核收并建账。

1.请查找建立客账的相关资料,总结出建立客账的服务流程,完成下表:

表4-1-2(1) 建立客账的服务流程

序号	服务步骤	特点

2.5~6人一组分成若干小组。分别扮演客人、前台收银员,对收银建账和入账服务进行情景模拟。

二、任务分析

完成本任务的关键在于通过各种途径收集关于建立客账的相关资料,并进行分析、归类、提炼和整理。

三、相关知识

1.饭店账目一般有如下分类

（1）住客分类账账目

①散客个人账户

②团队账户：包括主账户（Master folio）也称 A 账户和杂项账户（Incidental folio）也称 B 账户。

（2）应收款账目：包括店外客户账户和店内管理人员账户。

2.客账的录入

（1）客人住店期间所发生的费用，应记入该客人的个人账户。例如，支付的定金、预付款、直拨长途费、餐饮费、洗衣费、电传费、传真费、健身娱乐费等。

（2）检查各营业点传递来的账单（凭证）。注意是否有房号、住客姓名（使用正楷）和客人签字。

（3）将手续完备的账单（凭证）记入分户账内。其中，给住客的一联与分户账夹在一起，待结账时交给客人，另一联则分部门存放，交稽核组复核、检查。

四、任务准备

1.查阅资料并进行整理；

2.服务情境剧本编写、演练彩排等；

3.实操训练：准备账单、电脑、实训场地等。

五、任务实施与评价

表 4-1-2(2)　客账建立任务实施与评价表

序号	操作步骤	操作与评价标准	评价结果				注意事项、改进意见
			优	良	合格	不合格	
1	准备工作	（1）仪表仪容端庄优雅； （2）微笑、举止得体、友好； （3）熟练掌握工作英语、工作程序、岗位职责； （4）检查所有设施设备，保证能正常使用； （5）根据预抵店客人名单，查询客人预付方式，了解可免交住房押金的特定客人情况。					
2	主动迎接	（1）客人到达 30 秒内热情友好地礼貌问候客人； （2）主动为客人提供帮助； （3）礼貌确认客人姓名，确认客人名字后在之后的交流中始终称以姓氏+尊称称呼客人。					

续表

序号	操作步骤	操作与评价标准	评价结果				注意事项、改进意见
			优	良	合格	不合格	
3	预收押金	(1)礼貌询问客人预付方式： ①未入住先预付的客人：根据预订处提供的预订号码在电脑上清数。在订单注明预付金额(外币则注明折算汇率)、日期、签名、盖章； ②入住时用人民币预付的客人：礼貌解释押金的计算方法及用途，提醒客人保存好押金条，在电脑对应的房间账内清数，打印押金单(账单)，呈给客人签字确认后，将其中一联交给客人保存； ③住客的房费由旅行社或协议单位支付：收银员不可告知客人房价，请客人按相应规定预付自理的杂费押金； ④入住时用信用卡担保的客人：在相应的post机上做预授权，待客人退房时进行刷卡消费。 (2)礼貌告知押金收取标准，收取押金操作规范； (3)在客人将钱、卡等物递给员工时，感谢客人； (4)提醒客人保存好押金单据； (5)押金信息正确录入电脑。					
4	建立账户	(1)客人登记入住后，以"入住登记表"的收银联作为依据，将押金单的其中一联与其订在一起，按照房号为住客设立账户； (2)检查账单：检查账单各项内容如客人姓名、房号、房型、房价、抵店和离店日期、付款方式等是否填写齐全、正确；检查有关附件：如入住登记表、免费/折扣通知单、预付款收据等是否齐全； (3)迅速正确录入电脑； (4)存放账单：将客人的账单连同相关附件放入标有相应房号的分户账夹内，存入住店客人账单架中。建账规范，准确快速。					
5	礼貌道别	工作完毕后向客人道谢，祝愿客人居住愉快。送客礼貌热情。					

表4-1-2(3) 客账录入任务实施与评价表

序号	操作步骤	操作与评价标准	评价结果				注意事项、改进意见
			优	良	合格	不合格	
1	准备工作	(1)仪表仪容端庄优雅； (2)微笑、举止得体、友好； (3)熟练掌握工作英语、工作程序、岗位职责； (4)熟练掌握。检查所有设施设备，保证能正常使用。					

续表

序号	操作步骤	操作与评价标准	评价结果				注意事项、改进意见
			优	良	合格	不合格	
2	入账	(1)仔细核对客人身份和信用额度； (2)认真核查账单内容完整、正确； (3)准确并及时将账单信息录入房间账户。房租等费用可通过计算机直接入账，某些营业场所的收银处电脑，如餐厅与前厅收银处电脑联网，可先入电脑，有些营业场所不与前厅收银处电脑联网，如代付款等，这就只能将账单送到前厅收银处直接入账； (4)准确并及时将账单放入住客账卡里。					

六、拓展知识

阅读材料4-1-2(1)　前厅收银术语(Front Office Cashier Terminology)：

Front Office Cashier：FOC 前厅收银

Check-in：C/I 入住

Check-out：C/O 退房

Room Rate：RM RT 房价

Service Charge：SVC CHG 服务费

Government Tax 政府税收

Credit Card 信用卡

Deposit 押金

Advance Deposit 预付订金

Cash 现金

Signature 签名

Guest Folio 客单

Traveler's Cheque (Check) 旅行支票

Foreign Exchange Service 外币兑换服务

Bill/folio 账单

Black List 黑名单

Balance 差额

House Account 公司账

Late Charge 迟退收费

Master Card 万事达卡

Master System 手工操作

Transfer Accounts Check 信汇

任务3　饭店日审与夜审工作

一、任务描述

请同学们查找饭店日审与夜审工作的相关资料,总结并列举饭店日审和夜审的工作内容,完成下表:

表 4-1-3(1)　饭店日审与夜审的工作内容对比

序号	日审工作内容	夜审工作内容

二、任务分析

完成本任务的关键在于通过各种途径收集关于饭店日审与夜审工作的相关资料,并进行分析、归类、提炼和整理。

三、相关知识

饭店日审和夜审是引进国外饭店管理方法后产生的岗位,饭店的营业收入每天要经过夜审与日审。夜审是在夜间规定的时间,将上一个营业日的所有收入过入账中,并整理一天的账单与报表,检查是否有差错。其工作目的是要有效地审核饭店收入,保证当天饭店收益的真实、正确、合理和合法。日审就是将夜审的报表再审核一遍,并且将报表报送相关部门。

(一)饭店日间审核工作

日审是对夜审的审核工作,日审无误后可以入账。

1. 对餐饮收入的日间审核工作

对餐饮收入的日间审核工作主要包括三个方面:检查餐饮收入夜间审核的工作,汇总编制饭店营业收入报表,控制现金、银行存款的收进。

(1)账单核销:审核所有账单与相应的点菜单,审核金额、服务费、折扣权限等,检查信用卡、挂账单有无客人签名、是否有效。将所有账单按照付款方式汇总,审核餐饮收入报表的各项数字是否与餐单相符。检查是否有未结账账单。核对食品、饮料、香烟、酒水数。

(2)汇总编制"每日餐饮收入报表"转交成本部,汇总编制"餐厅营业情况统计表"给厨房。

(3)核对现金结算账单汇总数与电脑报表数、收银员缴款报告数是否一致,核对所有账单金额与发票金额是否相符。

以上步骤如有任何问题必须联系相关人员及时解决,如不能马上解决,则记入夜审LOG-BOOK,以便后继部门跟进处理。

2. 对客房收入的日间审核工作

(1)审核房租。

前厅接待处的房态报表、房务中心的房态报告、夜审的房租过账报表三份报表必须一致。

(2)审核夜审汇总表。

日审员工必须核对夜审汇总表,以确保入账数据的正确。之后,日审员工汇总编制正式收益报表将全部收益按项目记入各会计账。

①复核前厅收银员的账单、报表,审核押金等单据。

②复核现金账单、现金支出单据。

③复核客房房租收入。

④复核"冲减、折扣"单据。

⑤复核信用卡、挂账、支票结算单等。

3. 制定饭店营业收入日报表

多数星级饭店的营业收入日报表分为客房收益、餐饮收益、其他营业收益三个项目,分别进行今日、本月累计和去年同期实际累计。日审员工需检查夜间审计员制作的各项营业报表的正确性,如数据计算有误,应立即修改,追究夜间审计员责任。

(二)饭店夜间审核工作

1. 对餐饮收入的夜间审核工作

(1)核查所有出勤的餐饮收银员是否已全部交来收银员报表及账单。

①分类汇总餐饮收银账单,与"收入交款单"核对。

②核对餐饮收银账单与电脑中的"结账报告单"是否相符。

(2)核查餐饮账单。

①账单与附件单的核对,核查餐饮账单后所附单据(酒水单、餐厅多用单、餐厅消费单、套菜单等)。

②核对营业对账表。核查所有的收入调减是否合理、手续规范。

③核查打折权限的使用是否正确,收取赔偿等收费是否符合饭店规定的标准。

④核查挂账、招待是否有客人与授权人签字(挂账账单签字的是否为协议单位授权人)。

⑤核查会员卡结账是否拓印卡号,是否有会员签字,所拓印卡号与结账卡号是否一致。

⑤核查燕、鲍、翅类的餐厅消费单,并转交成本部。
⑥将有问题的账单做标记并在"交班本"上登记,并将所有账单按结账方式分类归集。
⑦统计消费卡、招待消费项目,统计后在做营业收入报表时在相应项目中冲减。

2.对客房收入的夜间审核工作

(1)核查所有出勤的前厅收银员是否已全部交来收银员报表及账单。
①分类汇总前厅收银账单,与"客房收银出纳报表"核对。
②核对前厅收银账单与"客房入账报表"是否相符。
(2)核查客房账单。
①核对前厅结账处的结账单及收银员个人报表。客房结账单是由前厅收银员为住店客人结账所打印的账单,反映向客人收取的房租、餐费及其他费用。收银员收银明细表是反映当天所结房客账(包括向客人收取的现金、信用卡、支票、外汇、转会议账)的汇总表。
②审核"今日入住客人报告",审核今日入住的每一间房房价输入与开房单上的价格是否一致,折扣房手续是否完整。
③审核"今日非平账离店报表",审核非平账离店的原因,确认责任人。
④审核"今日调整账目表",审核调整账目的原因,是否有负责人签字。
⑤审核"今日离店客人报告",审查半天房费用。
⑥核查结账单后所附单据(临时入住登记单、押金单等)是否齐全,挂账是否有客人与授权人签字,协议房价是否准确等。

3.制定饭店营业收入相关报表

(1)夜审审计资料维护:将当日数据复制到"c"盘或"d"盘,为夜审顺利进行做好准备。
(2)进入夜审数据统计:营业组审核(打印出营业点总班结账表),完成预审报告,完成自动过费,审核账务报告两遍,终审。
(3)数据整理。
(4)出具夜审报表:编制"××饭店营业日报表""今日非平账离店报表""今日调整报表"各一份。填写"夜间审计报告表",将夜审过程中发生的每件事记录下来,将当日发现的问题登记在夜审报告中,需日审协助处理的要注明,填写时要认真。

当班结束:各项工作完成后,将打印出的报表于早晨报总经理及各相关领导。对于发现的问题及特殊情况与日审进行交接。将资料进行整理分类后,交到日审办公室。

四、任务准备

1.相关书籍;
2.计算机及电子资源;
3.电脑或纸、笔、尺子、纸质版或电子版的相关报表资料等。

五、任务实施与评价

表 4-1-3(2)　饭店日审与夜审任务实施与评价表

序号	操作步骤	操作与评价标准	评价结果				注意事项、改进意见
			优	良	合格	不合格	
1	查找资料	通过书籍、网络等查找并阅读有关饭店日审与夜核工作的相关资料。 (1)思路清晰,行动迅速; (2)资源占有量足。					若只通过书籍,则事前书籍准备量大。
2	内容归类	将所获得的资料按种类划分表进行归类,归类合理。					可现建归类草稿。
3	整理完善	将所归类的饭店日审与夜核工作相关资料整理在表上,并完善。 (1)内容完整清晰; (2)表格简洁规范。					也可制作成电子材料。
4	总结与分享	将任务实施过程、完成情况进行总结自评,并与他人分享。 (1)总结完整到位; (2)陈述清晰流畅。					也可制作成PPT展示讲解。

六、问题及解决方案

表 4-1-3(3)　饭店日审与夜审存在的问题及解决方案

序号	问题提出	处理方案	预防措施

七、拓展知识

阅读材料 4-1-3　财务部中英文职衔

1.财务总监 CFO/Finance Director/VP
2.财务经理 Finance Manager(Financial Controller)
3.财务主管/总账主管 Finance Supervisor

4. 会计经理/会计主管 Accounting Manager/Chief Accountant

5. 会计 Accountant / Accounting Trainee

6. 出纳员 Cashier

7. 税务专员 Tax Executive

8. 总账报表员 Accounting Clerk

9. 往来结算员 Payable/Receivable Clerk

10. 财产核算员 Property Control

11. 成本核算员 Cost Control

12. 工资核算员 Payroll Control

任务 4　结账服务

【案例导入】

某日，一位长住的客人到前厅收银处，支付最近一段时间在店内用餐的费用。当他一看到总金额时，马上火冒三丈："你们真是乱收费，我不可能有这样的高消费！"收银员面带微笑地回答客人说："对不起，您能让我再核对一下原始单据吗？"客人当然没有表示异议。收银员一面检查账单，一面对客人说："真是对不起，您能帮我一起核对吗？"客人点头认可，于是和收银员一起对账单进行核对。其间，那位收银员顺势对几笔大的账目金额，如招待宴请访客以及饮用名酒等作了口头提示以唤起客人的记忆。等账目全部核对完毕，收银员有礼貌地说："谢谢您帮助我核对了账单，耽误了您的时间！"客人听罢连声说："小姐，麻烦你了，真不好意思……"

问题

我们在进行结账服务时应注意哪些事项？

一、任务描述

星级饭店一般采用"一次结账"的收款方式。这样，既能给客人带来方便，又能够给客人留下服务态度好、工作效率高的良好印象。

1. 请同学们查找结账服务的相关资料，总结并列出收银结算方式，完成下表：

表 4-1-4(1)　收银结算方式

序号	收银结算方式	特点

2.请同学们分成若干小组,5~6人一组为最佳。分别扮演客人、前厅收银员,对收银结账服务进行情景模拟。

二、任务分析

完成本任务的关键在于通过各种途径收集关于结账服务的相关资料,并进行分析、归类、提炼和整理。

三、相关知识

办理结账手续是客人离店前接受饭店提供的最后一项服务,许多饭店规定办理结账退房的时间不超过三分钟。客人结账的方式一般有如下三种。

1.现金结算

现金结算的客人在入住时所付的押金金额往往包含多预收一天的房费,收银员需注意识别钱币真伪,收回客人的押金条等。

2.支票结算

收银员需注意核对支票:注意真伪、有效期、有无涂改印记及签字等。

3.信用卡结算

收银员需注意核对信用卡的真伪、有效期、持卡人、最高限额、使用范围、压印附件等。

四、任务准备

1.查阅资料并进行整理;
2.参观考察饭店前厅收银工作;
3.实操训练:准备房卡、账单、电脑、验钞机、银行卡、发票、POS机、实训场地等。
4.撰写情景演练剧本、演练彩排等。

图 4-1-4(1)　POS机

五、任务实施与评价

操作表 4-1-4(2)　结账服务任务实施与评价表

序号	操作步骤	操作与评价标准	评价结果				注意事项、改进意见
			优	良	合格	不合格	
1	准备工作	(1)仪表仪容端庄优雅; (2)微笑、举止得体、友好; (3)熟练掌握工作英语、工作程序、岗位职责; (4)按时打印次日离店客人名单。当日安排员工向次日预离店客人送达"离店结账通知单",或在房间闭路电视中安装查账系统; (5)了解今日离店信息,为预离店客人准备好账单(账单信息准确和完整)。					
2	主动迎接客人	(1)客人到达30秒内主动、礼貌迎接客人; (2)主动为客人提供帮助; (3)礼貌问候核实客人姓名和房号,确认客人名字后在之后的交流中始终以姓氏+尊称称呼客人。					
3	办理退房手续	(1)核实退房房号,收回房卡和押金条; (2)询问客人是否居住很愉快; (3)及时告知总机、客房服务中心退房房号、查房,委婉地问明客人是否还有其他即时消费(半小时内),如电话费、餐饮费等。					
4	散客结账	(1)仔细审核客人发生的费用,保证账单准确和完整; (2)按客人要求打印账单并呈给客人审核,解释清楚账单内容; (3)征询客人结账方式,在客人将钱、卡、钥匙等物递给员工时,感谢客人; (4)主动将信用卡收据订在账单上; (5)将账单、发票整齐放入信封递给客人; (6)在电脑中进行结账操作,所有的明细单都留存备查。					
5	团队结账	(1)团队结账前半小时做好相关的准备工作,复查团队账目。注意团队客人的房价不能透露给客人; (2)如预订单标明付款方式为转账,按可签单客人要求打印账单并呈给客人审核,解释清楚账单内容,请客人签名确认。凡不允许挂账的单位,其团队费用一律到收款处现付; (3)通常接待单位或旅行社只支付房租及餐饮费用,其他杂项,如电话费、洗衣费、酒水费由客人自付。按要求打印账单并呈给客人审核,解释清楚自付账单内容,请客人结账; (4)将账单、发票整齐放入信封递给客人,高效(3分钟内)完成团队结账服务; (5)在电脑中进行结账操作,所有的明细单都留存备查。					

续表

序号	操作步骤	操作与评价标准	评价结果				注意事项、改进意见
			优	良	合格	不合格	
6	离店服务	(1)视情况询问客人是否需要行李服务、订车服务等； (2)感谢客人光临并欢迎客人再来。					

六、拓展知识

阅读材料4-1-4 快速结账服务

饭店退房时间为中午12:00前，客人退房结账较为集中，以致前厅收款处客人拥挤，收银员工作较为繁忙。为避免此种现象的出现及为了方便客人，一些饭店力求为客人提供快速的结账服务，大致分为两种模式：客人房内结账和客人填写"快速结账委托书"办理结账手续。

1.客人房内结账

(1)饭店利用客房内的电视机，将其与饭店的计算机管理系统连接，客人在离店的前一天晚上根据服务指南中的说明启动房内结账系统，开始结账。

(2)在离店的当天早上，客人就可以在电视屏幕上看到最后的账单情况，并提前通知收银员准备账单，这样就加快了结账速度。

(3)如果客人使用信用卡结账，就不必到前厅收款处办理结账手续；如果客人用现金结账，则必须到前厅收款处结账。因为付现金的客人还没有与饭店建立信用关系，所以计算机管理系统控制程序不允许现金付款的客人采取房内结账。

2.客人填写"快速结账委托书"办理结账手续

对于有良好信用的客人，使用信用卡结账的饭店为其提供快速结账服务。"快速结账委托书"上客人的签名将被视为信用卡"签购单"上的签名，财务部凭信用卡签购单和"快速结账委托书"向银行追款。

(1)客人离店前一天填好"快速结账委托书"，允许饭店在其离店时为其办理结账退房手续。

(2)客人可以在前厅收款处索取"快速结账委托书"将其填好后送至收款处，收银员对其支付方式进行核对。

(3)在客人离店的当天早上，收银员将客人消费大致费用告诉客人，在稍微空闲时替客人办理结账手续，并填制好信用卡签购单。

(4)为了方便客人备查，饭店最后将账单寄给客人。

项目2 收银其他服务

任务1 货币兑换服务

【案例导入】

一天,住客高先生到饭店收银部兑换外币,收银部员工小张核实住客身份后,接过客人的200美元,但认为其中有一张面额为100元的美元是假币,于是不由分说,没收了高先生的200元可疑币,并以饭店的名义开具了一张没收单据。其内容为:"没收高××假币200元,某饭店。"第二天,客人拿着没收单据索要,但是小张已经销毁"假币",客人立即投诉……

问题

客人需要兑换外币,我们应该怎样处理?应注意哪些细节?

一、任务描述

饭店受中国银行委托,代办外汇兑换业务。中国银行根据饭店业务量大小,相应拨给饭店定额周转金(亦可由代兑饭店垫付后再向银行办理结算)。那么,哪些是可以兑换的外币呢?

1.请同学们查找关于饭店可兑换的常用外币的相关资料,总结并列出可兑换外币的币种和对应的货币符号,完成下表:

表 4-2-1(1) 饭店可兑换的常用外币

序号	可兑换外币	货币符号	外币图片

2.请同学们分成若干小组,5~6人一组为最佳。分别扮演客人、前厅收银员,对货币兑换服务进行情景模拟。

二、任务分析

完成本任务的关键在于通过各种途径收集关于饭店可兑换外币的相关资料,并进行分析、归类、提炼和整理。

三、相关知识

1.外币兑换水单

内容包括外币种类及数量、汇率、折算成人民币金额、客人姓名及房号等。外币兑换水单为三联单。第一联:银行留存;第二联:客户留存;第三联:饭店留存。

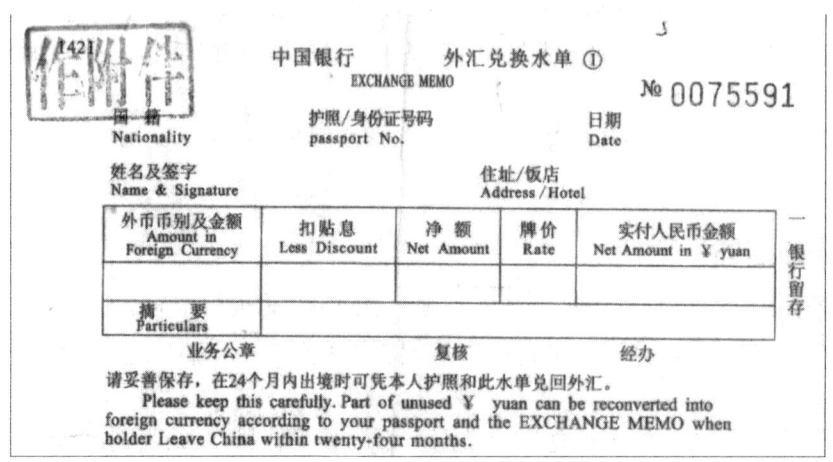

图4-2-1(1) 外币兑换水单

2.旅行支票(Traveller's Checks)

即银行或大旅行社专门发行给到国外旅游者的一种定额支票,旅游者购买这种支票后,可在发行银行的国外分支机构或代理机构凭票付款。旅游者在购买支票时,需要当面在出票机构签字,作为预留印鉴。旅游者在支取支票时,还必须在付款机构当面签字,以便与预留印鉴核对,避免冒领。

四、任务准备

1.查阅资料并进行整理;

2.撰写情景演练剧本、安排人员分工、彩排演练等;

3.实操训练准备:各类样币、验钞机、货币兑换水单、实训场地等。

五、任务实施与评价

表 4-2-1(2) 货币兑换服务任务实施与评价表

序号	操作步骤	操作与评价标准	评价结果				注意事项、改进意见
			优	良	合格	不合格	
1	准备工作	(1) 仪表仪容端庄优雅； (2) 微笑、举止得体、友好； (3) 熟练掌握工作英语/工作程序、岗位职责； (4) 整理收银处环境卫生检查所有设施设备,保证能正常使用。					
2	主动迎接	(1) 客人到达 30 秒内热情友好地礼貌问候客人； (2) 主动为客人提供帮助； (3) 礼貌确认客人姓名,确认客人名字后在之后的交流中始终以姓氏+尊称称呼客人。					
3	外币兑换服务	(1) 核实客人住客身份； (2) 在客人递交外币时,感谢客人； (3) 熟练辨别外币种类和真伪；收银兑换点可接受美元、日元、瑞典克朗、挪威克朗、新加坡元、英镑、澳大利亚元、欧元、加拿大元、港币、丹麦克朗、瑞士法郎、菲律宾比索、泰国铢、澳门元、韩元、卢布和林吉特(马来西亚币) 18 种外币； (4) 正确换算兑换金额(现钞使用现钞买入价)唱数； (5) 正确填写《外币兑换凭证》,请客人签名确认； (6) 为客人配款准确； (7) 双手交给客人本地货币与《外币兑换凭证》的顾客联,请客人查验,提醒客人保留凭证,兑换服务在 3 分钟内完成。					
4	兑换外币旅行支票服务	(1) 核实客人住客身份； (2) 在客人递交外币旅行支票时,感谢客人； (3) 熟练辨别核对外币旅行支票； (4) 礼貌请客人当面在持票背面签名； (5) 礼貌请客人出示有效证件,核对客人的相片及签名无误； (6) 准确计算贴息和实付金额,为客人配款准确； (7) 正确填写《外币兑换凭证》,请客人签名确认； (8) 双手交给客人本地货币与《外币兑换凭证》的顾客联,请客人查验,提醒客人保留凭证。					
5	道别	(1) 询问客人是否还需要其他服务； (2) 向客人礼貌道别。					

六、拓展知识

阅读材料 4-2-1 外币兑换的知识

出国旅游、留学等都涉及外币兑换和使用。在哪里可以兑换呢？根据央行相关公告，目前国内办理个人（含居民、非居民）本外币兑换的途径主要有三条：一是可办理外币兑换业务的银行网点；二是主要设立于饭店、机场内与银行签约的外币代兑机构；三是正在试点的个人本外币兑换业务特许经营机构。

为便于公民识别货币兑换网点，外汇局要求所有可办理个人本外币兑换业务的经营机构，都需在其营业场所的显著位置悬挂（张贴）个人外币兑换服务统一标志。

目前可兑换的外币包括美元、日元、瑞典克朗、挪威克朗、新加坡元、英镑、澳大利亚元、欧元、加拿大元、港币、丹麦克朗、瑞士法郎、菲律宾比索、泰铢、澳门元、韩元、卢布和林吉特（马来西亚币）等18种常规外币。除此以外的外币，如新西兰的纽币，很难兑换到，此时可选择在境外机场货币兑换机构兑换。

表4-2-1(3) 部分常用外币对应的货币符号（来源：国际标准化组织）

国家/地区	货币名称		货币符号	
	中文	英文	旧符号	标准符号
中国	人民币元	Renminbi Yuan	RMB￥	CNY
中国香港	港元	HongKong Dollars	HK $	HKD
越南	越南盾	Vietnamese	Dong D.	VND
日本	日元	Japanese Yen	￥;J.	￥,JPY
泰国	泰铢	Thai Baht	BT.;Tc.	THP
欧盟	欧元	Euro	EUR	EUR
英国	英镑	Pound, Sterling	£ ;£ Stg.	GBP
加拿大	加元	Canadian Dollar	Can. $	CAD
美国	美元	U.S.Dollar	U.S. $	USD
澳大利亚	澳大利亚元	Australian Dollar	$ A.	AUD
新西兰	新西兰元	New Zealand Dollar	$ NZ.	NZD

（摘自：http://beijing.pbc.gov.cn/publish/beijing/3960/2012/20121115164635616522535/20121115164635616522535_.html）

任务2　贵重物品保管服务

【案例导入】

某饭店接待一个300人的会议,会务组准备了50份瓷器礼品(每份价值6 000元),每天不定时地取走一些发放给客户,饭店该如何处理这些贵重物品的保管工作……

问题：

客人的贵重物品应该如何保管？应注意哪些事项？

一、任务描述

星级饭店一般提供贵重物品保管服务,饭店提供的每个保险箱只有一套钥匙,实行双钥匙制度,一把钥匙由客人保管,一把由饭店保管,必须两把钥匙同时使用才能开启。

1.请同学们查找关于饭店贵重物品保管服务的相关资料,总结出贵重物品保管服务流程,完成下表：

表4-2-2(1)　贵重物品保管服务流程

序号	服务步骤	注意事项(服务标准)

2.请同学们分成若干小组,5～6人一组为最佳。分别扮演客人、前厅收银员,对贵重物品保管服务进行情景模拟。

二、任务分析

完成本任务的关键在于通过各种途径收集关于饭店贵重物品保管服务的相关资料,并进行分析、归类、提炼和整理。

三、相关知识

饭店通常为客人提供客用安全保险箱(Safe Deposit Box),供客人免费寄存贵重物品。保险箱的数量,一般按饭店客房数的15%～20%来配备,若饭店的常住客和商务散客比较多,可适当增加保险箱的数量。

收银处设置贵重物品保管室,设在收银台后面或旁边一间僻静的房间,由收银员负责此项服务工作。每个保险箱有两把钥匙,一把由收银员负责保管,另一把由客人亲自保管,只有两把钥匙同时使用,才能打开和锁上保险箱。

保险箱的启用、中途开箱、退箱,一定要严格按饭店规定的操作程序进行,并认真填写有关保险箱记录,以确保客人贵重物品的安全,防止各种意外事故的发生。

四、任务准备

1.查阅资料并进行整理;
2.撰写服务情景剧本、安排人员分工、演练彩排等;
3.实操训练:准备房卡、保险箱、保险箱登记卡、实训场地等。

五、任务实施与评价

表4-2-2(2)　贵重物品保管服务任务实施与评价表

序号	操作步骤	操作与评价标准	评价结果				注意事项、改进意见
			优	良	合格	不合格	
1	准备工作	(1)仪表仪容端庄优雅; (2)微笑、举止得体、友好; (3)熟练掌握工作英语、工作程序、岗位职责; (4)整理收银处环境卫生;检查所有设施设备,保证能正常使用。 图2-2-1					
2	主动迎接	(1)客人到达30秒内热情友好地礼貌问候客人; (2)主动为客人提供帮助; (3)礼貌确认客人姓名,确认客人名字后在之后的交流中始终以姓氏+尊称称呼客人。					

续表

序号	操作步骤	操作与评价标准	评价结果				注意事项、改进意见
			优	良	合格	不合格	
3	保险箱租用服务	(1) 核实客人住客身份； (2) 正确填写《保险箱登记卡》，核对客人姓名、客人房号，请客人签名确认； (3) 合理分配保险箱，将保险箱号登记在《保险箱登记卡》上，收银员签名； (4) 礼貌告知保险箱使用规定，解释清楚； (5) 请客人存放物品，注意保护客人隐私； (6) 客人存放物品后，保险箱立即上锁，礼貌将保险箱的一把钥匙交给客人保管； (7) 礼貌引领客人离开保险库； (8)《保险箱登记卡》按保险箱号分类保存好； (9) 相关信息正确输入电脑。					
4	保险箱"中途开箱"服务	(1) 核实客人身份(姓名、房号)及保险箱号； (2) 正确填写"开保险箱记录"，请客人签名确认； (3) 核对签名是否一致； (4) 开启保险箱，在客人递交钥匙时，感谢客人，并注意保护客人隐私； (5) "开保险箱记录"正确归档至相应登记卡信封内； (6) 礼貌引领客人离开保险库。					
5	保险箱退还服务	(1) 核实客人身份(姓名、房号)及保险箱号； (2) 礼貌请客人在《保险箱登记卡》的取消保险箱使用权栏签名并填写日期； (3) 核对签名是否一致； (4) 在客人递交钥匙时，感谢客人； (5) 当面检查保险箱内盒里已无物品； (6) 迅速高效地完成保险箱退还服务； (7)《保险箱登记卡》归档保存好。电脑中清除相关信息。					
6	礼貌道别	(1) 询问客人是否还需要其他服务； (2) 向客人礼貌道别。					

六、拓展知识

阅读材料 4-2-2 《中国旅游饭店行业规范》相关规定

（中国旅游饭店业协会 2009 年 8 月修订版）

第五章 保管客人贵重物品

第十七条 饭店应当在前厅处设置有双锁的客人贵重物品保险箱。贵重物品保险箱的位置应当安全、方便、隐蔽,能够保护客人的隐私。饭店应当按照规定的时限,免费提供住店客人贵重物品的保管服务。

第十八条　饭店应当对住店客人贵重物品的保管服务做出书面规定,并在客人办理入住登记时予以提示。违反第十七条和本条规定,造成客人贵重物品灭失的,饭店应当承担赔偿责任。

第十九条　客人寄存贵重物品时,饭店应当要求客人填写贵重物品寄存单,并办理有关手续。

第二十条　饭店客房内设置的保险箱仅为住店客人提供存放一般物品之用。对没有按规定将贵重物品存放在饭店前厅贵重物品保险箱内,而造成客房里客人的贵重物品灭失、毁损的,如果责任在饭店一方,可视为一般物品予以赔偿。

第二十一条　如无事先约定,在客人结账退房离开饭店以后,饭店可以将客人寄存在贵重物品保险箱内的物品取出,并按照有关规定处理。饭店应当将此条规定在客人贵重物品寄存单上明示。

第二十二条　客人如果遗失饭店贵重物品保险箱的钥匙,除赔偿锁匙成本费用外,饭店还可以要求客人承担维修保险箱的费用。

第六章　保管客人一般物品

第二十三条　饭店保管客人寄存在前厅行李寄存处的行李物品时,应当检查其包装是否完好、安全,询问有无违禁物品,并经双方当面确认后,给客人签发行李寄存牌。

第二十四条　客人在餐饮、康乐、前厅行李寄存处等场所寄存物品时,饭店应当当面询问客人寄存物品中有无贵重物品。客人寄存的物品中如有贵重物品的,应当向饭店声明,由饭店员工验收并交饭店贵重物品保管处免费保管;客人事先未声明或不同意核实而造成物品灭失、毁损的,如果责任在饭店一方,饭店按照一般物品予以赔偿;客人对寄存物品没有提出需要采取特殊保管措施的,因为物品自身的原因造成毁损或损耗的,饭店不承担赔偿责任;由于客人没有事先说明寄存物品的情况,造成饭店损失的,除饭店知道或者应当知道而没有采取补救措施的以外,饭店可以要求客人承担相应的赔偿责任。

模块 5　前厅其他服务

【开篇案例】

某三星级饭店接待参加全省烹饪比赛的选手。比赛进行到第二天,问询处柜台前来了两位访客,要求查询某市参赛单位 A 饭店的领队马总经理的房号。问询员小罗在电脑上查找客人信息,发现那位马先生没有在这儿登记过。"据我们所知,有些饭店的代表不住在这儿,会不会在别家饭店?"小罗关切地问道。两位客人面面相觑,心有不甘。小罗十分有礼貌地回答说,"但我可以告诉两位,A 饭店的 6 名参赛选手前天已经报到,现住在 1308、1309 和 1310 三个房间,他们也许知道马总经理的住处。"两位访客觉得这个建议很有用,请小罗代为拨通 1308 房间的电话。铃响了数下,房内没人接听。小罗估计选手还未回房间,便请两位客人稍候,她赶到比赛场地找选手询问,得知马总经理一下火车就被当地一家大饭店的总经理邀去吃饭,还没来得及赶到这儿。两位访客尽管已经知道马总经理的去向,但因有急事相告,还是为联系不上马总经理而犯愁。小罗见状,开始联系那家大饭店,要求总机转总经理办公室,从办公室那儿知道了马总经理吃饭的餐厅。两位访客终于和马总经理联系上了。他们开心地向小罗表示感谢。

案例中两位访客要找的客人当时还不是饭店的住客,问询员小罗服务相当细致、周到。本来只需要客客气气地告诉访客要找的人不住在饭店便可结束此事,但小罗主动提供线索,并且代客人打电话到房间,这就属于超常规服务了。当她得知寻找对象在另一家饭店时,再次主动联系,服务质量又上了一个台阶,这显示了小罗良好的服务素质。

不管客人进入我们饭店有没有消费,但来者均是客,我们都要以礼相待。因为饭店运营不仅仅是为了盈利,还要树立良好的企业形象,获得较好的口碑。目前,国内不少星级饭店已开始把服务目标放在超常规服务和零缺点服务上。让我们从下面的学习中寻找关于这些服务的答案吧。

【知识目标】

- 能描述问询服务的工作流程及标准;
- 能描述总机服务所需设备;
- 能描述总机服务的工作流程及标准;
- 能描述商务中心服务所需设备;
- 能描述商务中心服务的工作流程及标准等。

【技能目标】

- 能准确和熟练地为客人提供问询服务、总机服务、商务中心服务。

【情感目标】

- 培养学生对本模块学习的浓厚兴趣,积极参与探究和实践等。

项目1 问询服务

任务1 查询服务

一、任务描述

情景模拟演练:同学自由组合,分别扮演问询员、客人与来访者,轮流练习。以小组为单位进行总结。要求:

1. 提供咨询服务时,要求语气委婉、语音清晰、语速平缓适中。
2. 情景练习时,应以客人为主,运用礼貌用语,突出主动服务的意识。
3. 自由设计情景时,请扩大咨询范围,每组演练的内容应各不相同,以锻炼实际操作能力以及迅速反应能力。

二、任务分析

完成本任务的关键在于掌握问询服务基本知识点,熟悉操作程序并加以灵活应用。

三、相关知识

问询处经常会接到打听住客相关情况的问询。问询员应根据具体情况区别对待。

(一)确定访客查找的是否为本店住客

问询员应该与访客核对清楚所查询客人的姓名和拼写,方可查询。

(二)访客查询客人是否入住本店

除非住客要求保密,否则问询员应如实回答。

1. 查电脑或住宿资料显示架名单及接待处刚转来的入住单,确定客人是否已入住;
2. 查预抵客人名单(Early arrival list),核实该客人是否即将到店;
3. 查当天已结账的客人名单,核实该客人是否已退房离开;
4. 查以后的订房单(订房部贮存),看该客人以后是否会入住。

如客人尚未抵店,则以"该客人暂未入住本店"回复客人;如查明客人已退房,则向对方说明情况。已退房的客人,除非有特殊的交代,否则不应将其动向及地址告诉第三者。公安检察机关除外。

（三）访客查询客人是否在房间

1.问询员先确认被查询的客人是否为住客,如系住客则应核对客人姓名及房号,然后打电话给住客；
2.如住客在房内,则应问清访客的姓名,征求住客意见,是否可以将电话转进房内；
3.如客人已外出,则要征询访客意见,是否需要留言。
4.如住客在饭店但不在客房内,问询员可通过电话或广播代为寻找,并请客人在大堂等候,亦可请行李生在大堂内举牌摇铃代为寻找。

（四）来访者查询客人入住的房号

为住客的人身财产安全着想,问询员不可随便将住客的房号告诉第三者,如要告诉,则应让住客通过电话告诉给访客。

（五）住客是否有留言给访客

有些住客在外出时,可能会给访客留言或填写留言授权书。交予问询员的留言授权书是住客外出时允许特定访客进入其房间的证明书。问询员则应先核对证件确认访客的身份。然后按饭店程序办理。

（六）打听房间的住客情况

无论访客有何种理由,问询员都应该为住客保密,不可将住客的姓名、单位名称及相关信息告诉给对方。

四、任务准备

1.查阅资料并进行整理；
2.选角色进行模拟情景对话；
3.实训场地:前厅实训室；
4.实训用具:纸、笔、电脑、访客留言单、留言授权书等。

五、任务实施与评价

- 模拟地点:环市大饭店前厅；
- 模拟角色:前厅服务人员小王、饭店住客高藤一木先生、访客业务员小张。

表5-1-1(1) 查询服务任务实施与评价表（情景模拟演练）

序号	实训任务	查询服务标准	评价结果				注意事项、改进意见
			优	良	合格	不合格	
1	小张:"我想找一位叫高藤一木的先生。"	与访客核对清楚客人的姓名和拼写方可查询。					

续表

序号	实训任务	查询服务标准	评价结果				注意事项、改进意见
			优	良	合格	不合格	
2	小张:"我想了解高藤一木先生是否入住本饭店。"	(1)查有关资料,确定客人是否已入住; (2)如客人尚未抵店,则以"该客人暂未入住本店"回复客人; (3)如客人已退房,说明情况。除非有特殊的交代,否则不应将客人动向及地址告诉第三者。公安检察机关除外。					
3	小张:"请您告诉我高藤一木先生的房号。"	不可随便将住客的房号告诉第三者,如要告诉,则应让住客通过电话告诉给访客。					
4	小张:"我有很重要的事情要找高藤先生,您可以告诉我他的房号吗?"	不可随便将住客的房号告诉第三者,如要告诉,则应让住客通过电话告诉给访客。					
5	小王:"高藤先生此时不在房间,他留言说让张先生您在饭店大堂稍等他一下。"	若客人外出给访客留了言或填写了留言授权书,问询员应先核对证件确认访客身份,然后按饭店程序办理。					
6	小张:"我想知道高藤先生是不是三星公司的总经理。"	不可随便将住客的信息告诉第三者。					
(可另外补充情景)							
7							
8							
9							
10							

六、问题及解决方案

表5-1-1(2) 查询服务存在的问题及解决方案

序号	问题	处理措施	预防措施

七、拓展知识

阅读材料 5-1-1　总机的问询服务

饭店内外的宾客常常会直接向总机话务员提出各种问询,在工作允许的时间内,话务员应像问询员一样,掌握大量的信息资料,及时、准确地回答宾客的问题。

1. 在铃响三次之内,接听电话,清晰地报出所在部门,表示愿意为宾客提供帮助。
2. 仔细聆听宾客所讲的问题,必要时,请宾客重复某些细节或含混不清之处,重述宾客问询内容,以便宾客确认。
3. 若能立即回答宾客,及时给宾客满意的答复。
4. 若需进一步查询方能找到答案,请宾客稍候,在电脑储存的信息中查找宾客问询内容,找到准确答案。
5. 待宾客听清后,征询宾客是否还有其他疑问之处,表示愿意提供帮助。
6. 如果查不到宾客需要的信息,在征求宾客意见后,可以将电话转到问询处。

任务 2　留言服务

一、任务描述

分组进行留言服务情景模拟演练:

访客小方打算到饭店拜访公司客户王女士,与她商谈一份非常重要的销售合约,合约非常紧急,希望饭店能帮忙找到王女士。但王女士外出,此时不在房间。

任务 1:假如你是前厅部员工小李,该如何帮助小方?

任务 2:王女士知道小方会来饭店找自己,离开房间前托付饭店告诉小方早上 8 点到 12 点在饭店咖啡厅可以找到她,这一留言服务从始至终前厅部员工应如何操作?

任务 3:但此时已经是下午 2 点,小方去咖啡厅没见到王女士,王女士也不在房间,于是他把相关资料装在信封里交给饭店前厅,请服务人员帮忙转交王女士。应怎样转交?

提示:具体任务内容也可自行设计。

任务要求:

1. 同学自由组合,分别扮演问询员、客人与来访者,轮流练习。以小组为单位进行总结。
2. 提供服务时,要求语气委婉、语音清晰、语速平缓适中。
3. 情景练习时,应以客人为主,运用礼貌用语,突出主动服务的意识。
4. 自由设计情景时,请扩大咨询范围,每组演练的内容应各不相同,以锻炼实际操作能力以及迅速反应能力。

二、任务分析

完成本任务的关键在于学习完留言服务相关知识后,通过实操训练不断强化服务技能和水平。

三、相关知识

留言服务是问询处的一项主要服务,同时也是饭店主动为顾客提供服务的一个范例。

留言服务分为以下四类

1. 访客亲自(或来电)给住客留言

被访问的住客不在房间时,问询员则征询访客意见是否需要留言,如愿意留言,则请访客填写留言纸,或访客口述,问询员记录,客人签名确认。

若饭店留言服务归口问询处处理,当住客外出,有电话找时,问询员也应征询对方意见是否需要留言。如对方愿意,问询员则应填写留言纸,并向对方复述确认。

饭店为做好访客亲自给住客留言的工作,设计了访客留言单(见资料5-1-2(1)),并在客房电话上设置了留言指示灯以提示客人,或在住客房间显眼处留下住客通知单(见资料5-1-2(2))告知客人有留言待接收。有些饭店配置了高级的电脑管理系统,给住客的留言可在房间的电视荧屏上显示,其格式类似访客留言单。

2. 来访者亲自(或来电)给暂未入住的客人留言

有时来访者亲自(或来电)给暂未入住本饭店的客人留言,问询员碰到这种情况一样要热情提供服务,请访客填写留言纸,或填写留言单并向对方复述确认,然后根据暂未入住客人的订房情况区别对待。

3. 住客给来访者留言

住客暂时离开客房或饭店,如想告知来访者自己在何处可填写宾客通信备忘(见资料5-1-2(3))。留言单一般一式两联,问询处和总机各存一联。

4. 饭店给住客留言

问询员收到住客较为重要的邮件等,一般填写"住客通知",由客人前来签名领取。前厅员工办理向客人催缴押金、征询客人是否续住等事项时,通常通过电话口头通知或联系,抑或填写"住客通知"以书面形式通知。

四、任务准备

1. 查阅资料并进行整理;
2. 选角色进行模拟情景对话;
3. 实训场地:前厅实训室;
4. 实训物品准备:纸、笔、电脑、访客留言单、留言授权书、住客通知单等。

五、任务实施与评价

子任务1 访客给住客留言服务

表 5-1-2(1) 访客给住客留言服务任务实施与评价表

序号	操作步骤	操作标准	评价结果				注意事项、改进意见
			优	良	合格	不合格	
1	询问宾客需求，查询客人信息	(1)主动问候宾客，询问宾客需求； (2)接到留言要求后，迅速查询客人的名字、房号是否与要求留言者所提供的信息相符； (3)核对客人是否住店，客人是否预抵但尚未登记入店，除非客人已结账离店，否则应提供留言服务。					
2	准确记录留言内容	(1)记录留言者的姓名、电话号码、何处打来电话等； (2)准确记录留言内容。					
3	重复留言内容	重复一遍访客姓名、住店客人姓名、电话号码及留言内容以获得确认。					
4	留言条处理	(1)请宾客填写留言单(一式三联)； (2)请留言者签字确认，确认后当班人签名； (3)将留言单装入信封，通知行李员签收，并送发留言单"客人联"至客人房间； (4)另一联留言单送往总机开启客房电话的留言灯； (5)"留存联"由前厅留底备查。					
5	给予抵客人留言	(1)存放在专用文档袋内，与客人住店预订单放在一起，以便客人入住登记时及时收到留言； (2)在交接本上及时做好记录，进行每日交接。					

资料 5-1-2(1) 访客留言单

```
                          访客留言单
                       WHILE YOU WERE OUT
致 TO _____
房号 ROOM NO._____
时间 TIME _____                              日期 DATE _____
贵客有留言来自 YOU HAD A MASSAGE FROM
电话号码 TEL NO._____
令友并无留言 PARTY LEFT NO MESSAGE
令友将给您回电话 PARTY WILL CALL YOU AGAIN
令友希望您回电话至 PLEASE CALL BACK TO
令友将再次到访 PARTY WILL COME AGAIN
留言内容 MESSAGE _____
谢谢 THANK YOU
                                                  经办人 CLERK
```

资料 5-1-2(2) 住客通知单

```
                              住客通知单
                             GUEST NOTICE
日期 DATE _____        时间 TIME _____
住客姓名 GUEST NAME _____    房号 ROOM NO._____
兹收到一份 PLEASE BE INFORMED THAT THERE IS A
_____
给您 FOR YOU AT THE INFORMATION DESK
请联络问询处索取或致电安排传递
FOR COLLECTIN,PLEASE CONTACK INFORMATION DESK OR CALL FOR DELIVERY SERVICE,THANK YOU.
留言 MESSAGE_____
顾客签名 GUEST SIGNATURE
                                                         经办人 CLERK
```

子任务 2 住客给访客留言服务

表 5-1-2(2) 住客给访客留言服务任务实施与评价表

序号	操作步骤	操作标准	评价结果				注意事项、改进意见
			优	良	合格	不合格	
1	询问客人需求	(1)主动问候住客,询问客人的需求; (2)接到留言要求后,迅速核对住客的名字、房号是否与要求留言者所提供的信息相符。					
2	准确记录留言内容	(1)记录接收留言者的姓名、电话号码、留言服务期限等; (2)准确记录留言内容。					
3	重复留言内容	重复一遍住店客人姓名、房号、电话号码,接收留言者姓名、留言内容等,获得住客确认。					
4	留言条处理	(1)请住客填写留言单(一式两联); (2)代住客填写留言单后请住客签字确认,确认后当班人签名; (3)将留言单装入信封送至客房服务中心或楼层台班; (4)将另一联留言单送至总机; (5)"留存联"由前厅留底备查。					

资料 5-1-2(3) 宾客通讯备忘

```
                            宾客通讯备忘
                       GUEST LOCATION MESSAGE
日期 DATE _____        时间 TIME _____
住客姓名 GUEST NAME _____    房号 ROOM NO._____
由 FROM _____ 上午 A.M./下午 P.M.至 TO _____ 上午 A.M./下午 P.M.
可以在以下地点与我联络 I CAN BE CONTACTED AT THE PLACE
_____
顾客签名 GUEST SIGNATURE _____
经办人 CLERK
```

六、问题及解决方案

表 5-1-2(3)　留言服务存在的问题及解决方案

序号	问题	处理措施	预防措施

七、拓展知识

阅读材料 5-1-2　总机的留言服务

当宾客来电找不到受话人时,总机话务员应主动向来电人建议是否需要留言。

1.当客房电话无人接听,来电人要求留言时,话务员应认真核对来电人要找的住店宾客姓名。

2.核对宾客是否正在住店,是否预抵但尚未登记入住。除非宾客已结账离店,否则一般均应提供留言服务。

3.在便笺上记录来电人姓名、电话号码,是从何处打来的电话;记录留言内容。

4.将来电人姓名、住客姓名、电话号码及留言内容重复一遍以确认。

5.将留言内容输入电脑,然后将留言用打印机打印出来。

6.留言单一联交问询处保管,一联由行李员送到客房,一联放入留言袋内。

7.通过电话系统打开宾客房间内电话上的留言灯,以便通知宾客来查询留言。

8.当宾客收到留言后应将电脑中的留言删除,关闭留言灯,从留言袋中取出留言单销毁。

9.如果饭店采用电话语音留言系统,来电人会根据电话语音提示,将留言录入程控交换机;宾客回房间后可凭密码按照电话语音提示回放来电人的语音留言。

任务 3　邮件服务

一、任务描述

分组进行处理到店邮件的情景演练。

二、任务分析

处理客人的进店邮件是饭店问询处的一项重要职责。如果饭店收到了住客的挂号信或特快专递但没有递送给客人,饭店可能要对客人由此所受到的损失或对客人所造成的不便负责任。因此,建立高效率的邮件处理系统是非常必要的。完成本任务的关键在于学习完邮件服务相关知识之后,通过实操训练不断强化服务水平和技能。

三、相关知识

目前,国内外的大饭店都设有专职邮电员,其工作职责是处理邮件、电报、电传、包裹、信件等。不管收到的是限时邮件、特快专递、挂号信,还是电报、传真或是信件,问询员都应立即通过电话、留言或其他方式通知客人。如果客人不在饭店内,待客人一回到饭店,就要及时把邮件交给客人。

邮件服务分进店邮件服务和代办邮件服务两大类。专职邮电员负责与邮政公司邮递员或快递公司快递员直接打交道。在接收邮件时,清点完邮件件数、检查邮件有无破损然后交接签字、分类登记后,接下来要做的就是及时、准确地将邮件分发到收件人手上。

(一)进店邮件服务

进店邮件可分为电讯、电报、信件、挂号信、特快专递、汇款单、包裹等。

1.饭店邮件,分发给饭店相关部门。

2.员工邮件,通过人事部或办公室转交。

3.租用饭店场所的单位邮件,一般由饭店物业部或问询处处理。

4.宾客邮件,包括住店客人(In-house guest 或 Current guest)邮件、已离店客人邮件、订了房但尚未抵店的客人邮件及姓名不详无法查找的客人邮件等几种,需区别对待处理。

(二)进店邮件服务

1.不可拆阅或扔掉任何信件及包裹。

2.熟悉饭店各级管理人员的名字、部门等情况,不得与客人信件混淆。

3.如收信时发觉信件已破损,应以铅笔在信封正面注明,以使其他同事知晓。

4.做好交接班工作,及时处理邮件。

(三)住店客人邮件服务

一般按照以下程序处理住店客人邮件:

1.接收邮件。仔细清点邮件件数、检查有无破损,在邮递员收件簿上签收。

2.分类登记。给进店邮件分类,在有邮戳的邮件上打上收到的日期及时间,在"客人邮件收发簿"上登记。

3.核查住客姓名及房号。通过电脑或从住客资料显示架上查对,核实收件人是否与住店客人的姓名和房号吻合。如邮件上只有姓名而无房号,从电脑或住客资料显示架中找出房号,并在邮件上注明房号;如邮件上标有房号及姓名,但房号不正确,则应在邮件上注明正确的房号,并加括号以示区分,但不能涂改原房号,住客来签领时请住客确认。

4.挂号信、包裹单、汇款单、特快专递等,应立即电话通知客人前来签领;如客人不在房间,则填写"住客通知单",按留言程序进行分发,通知客人前来签取,客人签领时要核查有效证件。

5.普通邮件则放入客人问询架中,移交行李员,由行李员送交住客;如住客不在房内,则转交楼层台班,由其送入客房内。

(四)离店客人邮件服务

1.通过查找,在确认客人已退房后,在邮件上注明客人离店日期。

2.如客人退房时未作任何交代,又属普通邮件,在邮件上注明保留天数(5~7天),过期后按寄件人的地址退回。

3.如客人退房时留下了地址委托饭店转寄邮件,饭店则应按要求给予办理。

4.查看今后30天内是否有该客人的预订。如有,通过预订单上注明的联系方式联系客人,征求处理意见并照办。

5.如是特快专递、电报电传等,在邮件上盖上退回业务章,标注客人已退房后,按原址退回,并填写"邮件退回记录卡",备查。

(五)姓名不详无法查找的客人邮件

1.对于姓名不详的客人邮件,要想方设法通过多种渠道、多种方法查找,并要多次试分发给姓名相近似的客人,由行李员进行分发,请住客确认。

2.如实在无法查找的客人急件,在信件上盖"查无此人"印章,同时打上收件日期后立即退回。

3.如属普通邮件,则按饭店规定保留一定期限(一般不超过一个星期),并在保留期内每天查对,若确定无人领取,则退回给寄件人,做好邮件退回记录。

4.当班时,每天检查一次信格中的所有邮件,如发现已超过规定保留期的,则取出邮件并盖上"退件"章,次日作退件处理。

四、任务准备

1.查阅资料并进行整理;
2.实训场地:前厅实训室;
3.实训物品准备:纸、笔、邮件、留言单等。

五、任务实施与评价

表5-1-3(1)　邮件服务任务实施与评价表

序号	操作步骤	操作标准	评价结果				注意事项、改进意见
			优	良	合格	不合格	
1	邮件接收	(1)接收邮件; (2)清点件数; (3)在记录簿上做好登记。					—

续表

序号	操作步骤	操作标准	评价结果				注意事项、改进意见
			优	良	合格	不合格	
2	邮件交接	(1)与邮递员进行交接(签领); (2)在邮件上打上时间戳。					—
3	邮件分类	(1)对邮件进行分类; (2)不同邮件按要求处理; (3)确认邮件收件人房号及姓名。					若客人已退房则应立即以最快捷的联系方式告知客人,若无法联系的则应退回发件人。
4	邮件分发	(1)对邮件进行分发(或转寄或留存); (2)按在店宾客—预抵店宾客—要求转寄服务的宾客—离店宾客等顺序进行。					
5	邮件签领	客人对邮件进行签领。					包裹单、汇款单、特快专递等重要邮件,须由客人签收。

六、问题及解决方案

表 5-1-3(2)　邮件服务存在的问题及解决方案

序号	问题	处理措施	预防措施

项目 2　总机服务

【案例导入】"0"与"00"

一位东北客人住进了上海的某宾馆。一天他在客房内使用电话与国内的客户联系工作。他翻开床头柜上的宾馆服务指南,"电话使用说明"提示:"国内直拨先拨'80'再拨区号和电话号码"。该客人照此做,果然打通了,但传来的却是一位小姐一连串的英语。他随即挂断了电话,重拨号码,又听到小姐的一串英语。"怎么搞的,难道我拨错了?"一边这样想一边又重新仔细地看了一遍"电话使用说明"。没错,他又照此拨号,还是传来这位小姐的声音,一连五次听到的都是莫明其妙的英语,于是不得不挂上话筒。

当客人离开宾馆结账时,服务员对他说:"先生,这是您总共五次打加拿大国际电话的账单。"客人大吃一惊:"什么加拿大电话?我没打过。"服务员说:"电脑是这样显示的,没错!"客人说:"怎么没错?我没有加拿大朋友,根本不需要打加拿大电话,肯定是你们的电脑出问题了。"服务员说:"电脑是不会出差错的。"客人恼火了:"电脑也会出差错的,这钱我可是不付的"。服务员也急了:"明明是您打了五次国际电话,怎么可以赖账?"客人怒气冲冲地说:"我赖账?你们简直不讲道理,我要找你们总经理评理!"双方争执越演越烈。当争吵声传到客房部,盛经理马上意识到问题又出在"0"上。"使用说明"规定先拨"80",再拨区号和电话号码,但没有说区号前的"0"不需再拨,而东北客人恰恰重复了这个"0"。显然宾馆方面负有一定的责任,应承担一定经济损失,但另一部分的费用怎样才能让这位客人支付呢?这位客房部经理曾在东北生活过十余年,通过长期的接触,深知东北人有朴实、豪爽的性格特点,仔细倾听了客人诉说,充分了解客人身份和事情经过后,盛经理很诚恳地对客人说:"很对不起,刚才服务员对您的指责是不应该的,我向您表示歉意。我曾经在东北生活过十余年,十分了解东北人。东北人热情、豪爽又通情达理。我知道您并不是打了电话不肯付钱,也不是付不起这些电话费,而是您根本没有拨打国际电话的念头,拨到加拿大完全是您无意的。我们宾馆的电话使用说明有问题,我们宾馆有一定的责任,我们的电话使用说明今后一定修改。"盛经理实事求是的态度深深打动了东北客人,客人说:"你说得对,说出了我心里话。"盛经理又说:"尽管您并没有想拨国际电话,但由于您实际上五次接通了加拿大电话,产生了费用问题。我们宾馆应承担一部分费用,是否请您也承担另一部分费用呢?"客人马上说:"你说的有道理,既然你实事求是,那我也应该实事求是,另一部分费用我付。"这样便妥善解决了这个矛盾,事后这位东北客人认了客房部经理为半个老乡,以后每次来上海总住那家宾馆。

提醒:全国各大宾馆、饭店的"电话使用说明"中对"0"与"00"应有所交代,以免发生类似的误会。

(资料来源:http://www.canyin168.com)

1.如果你是这位客人,遇到上述这种情况,你会怎么想?
2.如果你是饭店总机服务人员,如何避免出现上述问题?

任务1　总机业务和设备认知

一、任务描述

通过学习总机相关业务及设备知识,了解总机可向客人提供的服务种类,完成下列表格:

表 5-2-1(1)　总机业务识别表

序号	总机业务种类	服务要求	备注

表 5-2-1(2)　总机服务设备识别表

序号	总机设备（并找出或画出相关设备的图片）	使用方法	备注

二、任务分析

电话总机是饭店内外沟通联络的通信枢纽和喉舌,以电话为媒介,直接为客人提供转接电话、挂拨国际或国内长途、叫醒、查询、DND 等多项服务,是饭店对外联系的窗口,代表着饭店的形象,体现着饭店服务的水准。完成本任务的关键在于学习完总机业务及设备相关知识后,通过实操训练不断强化服务技能和水平。

三、相关知识

总机服务在饭店对客服务中扮演着重要角色,每一位话务员的声音都代表着饭店的形象,是饭店"只闻其声,不见其人"的服务大使。话务员必须以热情的态度、礼貌的语言、甜美的嗓音、娴熟的技能,优质高效地开展对客服务,使客人能够通过电话感觉到来自饭店的微笑、热情、礼貌和修养,甚至感受到饭店的档次和管理水平。下面让我们来了解一下关于总机的相关知识,看看你是否符合要求。

（一）话务员的素质要求

1.修养良好,责任感强。

2.口齿清楚,音质甜美,语速适中。

3. 听写迅速,反应敏捷。
4. 专注认真,记忆力强。
5. 有较强的外语听说能力。
6. 熟练掌握电话转接及相应设备的使用相关技能。
7. 具有良好的沟通能力。
8. 熟知饭店的设备分布。
9. 熟悉本地的旅游、娱乐、交通等常识与信息。

(二)总机服务基本要求

1. 礼貌规范用语常不离口,坐姿端正,不得与客人过于随便。
2. 电话铃声响后,立即应答,高效率地转接电话,应该对于以下几种情况区别对待:
(1)若客户指明要找某人接听电话,应协助寻找受话人,而不仅是简单接通某分机。
(2)若需客人等候,在接通期间应不断地将进展情况通报客人,不应只按音乐键。
(3)线路接通后,应先通知客人,再接通电话。
(4)应答外部来电时,应先报本饭店名称,并向客人问候。
(5)应答内部来电时,应先报本岗位名,再向对方问候。
(6)对于客人留言的内容,应做好记录,不可仅凭记忆,复述时应注意核对数字。
3. 使用婉转的话语建议客人,而不可使用命令式的语句。
4. 若对方讲话不清,应保持耐心,要用提示法来问清问题,切不可急躁地追问或嘲笑、模仿等。若接到拨错号码或故意烦扰的电话,也应以礼相待。
5. 应能够辨别饭店主要管理人员的声音。
6. 结束通话时,应主动向对方致谢,待对方挂断电话后,再切断线路,切忌因自己情绪不佳而影响服务态度与质量,不可将私人情绪带入工作中。

(三)总机的业务范围

1. 长途电话服务

根据客人要求,准确挂拨长途电话;熟悉所有长途区号、国家代码以及收费标准;做好外接电话登记;及时开出所有长途电话的账单或通知前厅,以便客人结算;应前厅要求随时启动或关闭长途电话直拨功能。饭店内长途电话服务通常有两种:国际长途电话(简写为 IDD,International Direct Dial)和国内长途电话(简写为 DDD,Domestic Direct Dial)。

2. 饭店内线电话服务

熟悉饭店所有内线分机号码;掌握饭店主要管理人员的姓名及联络方式;帮助客人或店内部门呼叫所需要寻找的人员;掌握当地及附近公安、消防、医院、供电部门的电话号码;发生紧急事故时应立即通知总机主管和值班经理。

3. 住客电话服务

熟记市内各主要饭店总机号码及当地常用电话号码(至少200个以上);熟悉本饭店各项服务设施及服务项目、营业时间、营业地点与收费标准;根据客人要求,随时转接店内电话;处理电话留言,及时通知问询处或客人;准确及时提供电话查询服务。

4.叫醒服务(Wake-up call, Morning call)

根据客人要求做好叫醒服务记录,并核对记录(包括房号、时间);准时叫醒客人;若房内无人接听,应及时通知大堂副理或管家部办公室。

5.电话免打扰服务

尊重住客提出的要求,按住客对电话免打扰的要求分别进行操作与应答;设置电话免打扰功能,通知前厅等各有关部门当班人员,并记下对方工号;在交班本及白板上做好记录,并把客人的要求输入电脑。如果住客要求取消电话免打扰功能,操作程序同上。

6.回答饭店内外相关问题

(四) 总机接听电话的总体要求

1.接听电话速度要快,必须在铃响三声之内接起电话,如超过三声,必须向客人致歉。

2.自报店名或身份、岗位,并表达服务意向。如:"早上好/中午好/晚上好,这里是国际大饭店前厅部,我是小王,很高兴为您服务。"(Good morning/afternoon/evening, GUOJI hotel reception, This is Wang speaking, What can I do for you , Sir?)

3.对于留言或吩咐,应记录以备查。

4.耐心倾听对方说话,并适时地回答,不能敷衍地使用"嗯""好的"等词句回答。

5.通话完毕,多谢客人的电话,向客人道"再见",并且让对方先挂电话后方可挂电话。

四、任务准备

1.查阅资料并进行整理;

2.参观饭店;

3.实训场地:前厅实训室;

4.实训物品准备:纸、笔、电话、总机相关设备等。

五、任务实施与评价

表 5-2-1(3)　总机服务任务实施与评价表

序号	操作步骤	操作标准	要求	评价结果				注意事项、改进意见
				优	良	合格	不合格	
1	查找资料	通过书籍、网络等查找并阅读有关总机业务和总机设备等资料。	(1)思路清晰,行动迅速; (2)注意信息的时效性、客观性。					若只借助书籍,则事前书籍应准备充分。
2	分析归类	将所获得的资料按种类划分表进行归类。	(1)归类合理; (2)分析到位。					可打归类草稿。
3	整理完善	将所归类的总机业务和总机设备资料整理在种类划分表上,并加以完善。	(1)内容完整清晰; (2)表格简洁规范; (3)信息全面具体。					也可以制作成电子材料。

续表

序号	操作步骤	操作标准	要求	评价结果				注意事项、改进意见
				优	良	合格	不合格	
4	总结与分享	对任务实施过程、完成情况进行总结自评,并与他人分享。	(1)总结全面到位; (2)表述清晰流畅。					也可制作成PPT展示讲解。

六、问题及解决方案

表 5-2-1(4)　总机服务存在的问题及解决方案

序号	问题	处理措施	预防措施

任务2　电话转接服务

【案例导入】

某公司的毛先生是杭州某三星级饭店的商务客人。他每次到杭州,肯定入住这家三星级饭店,并且每次都会提出一些意见和建议。可以说,毛先生是一位既忠实友好又苛刻挑剔的客人。

某天早晨8:00,再次入住的毛先生打电话到总机,询问同公司的王总住在几号房。总机李小姐接到电话后,请毛先生"稍等",然后在电脑上进行查询。查到王总住在901房间,而且并未要求电话免打扰服务,便对毛先生说"我帮您转过去",说完就把电话转到了901房间。此时901房间的王先生因昨晚旅途劳累还在休息,接到电话就抱怨下属毛先生不该这样一早吵醒他,并为此很生气。

(资料来源:http://www.canyin168.com)

请问:总机李小姐的做法是否妥当? 如果你是总机接线员,你会怎样转接电话?

一、任务描述

掌握电话转接服务相关程序和要求,准确迅速地为客人提供服务。

二、任务分析

完成本任务的关键在于学习完电话转接服务相关知识后,通过实操训练不断强化服务技能和水平。

三、相关知识

(一)总机服务的总体要求

1.现代饭店管理崇尚 CS 理论。规范化服务、超前服务如果违背了客人的本意,就说明服务还不到家,还不能让客人满意。根据 CS 理论,顾客满意(Customer Satisfaction),是顾客在消费了相应产品之后感到满足的一种心理体验。

2.客人对服务的要求越来越高,服务永无止境。饭店全体员工都应该把"宾客至上"的服务宗旨落实到行动上;应站在客人的立场,为宾客着想,认真揣摩客人的心理,服务到位,真正做到使客人满意。

(二)案例分析

李小姐应该考虑到通话的时间,早上 8:00 是否会影响客人休息。同时应迅速分析客人询问房号的动机。此时毛先生的本意也许并不是要立即与王总通话,而只想知道王总的房号,便于事后联络。在不能确定客人动机的前提下,可以先回答客人的问话,同时征询客人意见:"王总住在 901 房,请问先生需要我马上帮您转过去吗?"必要时还可委婉地提醒客人,现在时间尚早,如要通话是否 1 小时之后再打。这样做既满足了客人的需求,又让客人感受到了服务的主动、超前、周到。

四、任务准备

1.查阅资料并进行整理;
2.实训场地:前厅实训室;
3.实训物品准备:纸、笔、电话、总机相关设备等。

五、任务实施与评价

表 5-2-2(1)　电话转接服务任务实施与评价表

序号	操作步骤	操作标准	评价结果				注意事项、改进意见
			优	良	合格	不合格	
1	电话接听	(1)电话铃响后,应在铃响三声之内接起电话; (2)面带微笑、语调柔和、吐字清晰地问候客人,报出自己饭店的名称。如,"您好,××饭店",表示愿意为客人提供服务。					

续表

序号	操作步骤	操作标准	评价结果				注意事项、改进意见
			优	良	合格	不合格	
2	电话转接	(1)仔细聆听并重复客人所要接通的电话号码,或根据客人提供的住客姓名、房号查找号码(若要找的客人与登记客人不符,问清对方姓名,并问清住店客人房间内是否有其要找的人); (2)向客人确认电话号码或查找到其要找的住客的电话号码后,请客人稍等,然后准确、迅速地接通其所需的电话分机。					
3	处理占线的情况	(1)若电话占线,按取消键并及时向客人说明电话占线; (2)若客人有急事,要求必须转接的,应问清对方姓名、地点,然后按"强插"键告知客人; (3)若客人同意接,按键转入;若客人不同意,按取消键并通知对方,请他稍后再打。					
4	处理无人接听的情况	(1)若电话没人接,应及时向客人说明情况,请客人稍后再拨或留言; (2)若客人需留言的话,将留言内容写到便笺纸和交接本上,写完后再和客人核对一下; (3)将便笺纸放到客房间显眼处,让楼层服务人员注意客人动向,发现客人回来后提示客人有人为其留言。					
5	处理免打扰情况	应礼貌地向来电者说明,并建议其留言或待取消"免打扰"之后再来电话。					

六、问题及解决方案

表 5-2-1(2)　电话转接服务存在的问题及解决方案

序号	问题	处理措施	预防措施

任务3 免打扰服务

【案例导入】

一天晚上19:00,韩国客人金先生入住某饭店。办理完入住手续之后,行李员将客人引领进902房间,按服务规程想给客人介绍一下饭店的服务设施,金先生却对他说:"没事了,我想休息一下。"行李员忙向客人告辞离开了房间。

金先生想着已经与几个重要客户预约好在20:00开始的宴会,想先洗个澡,洗去旅途的疲乏。他在卫生间,正准备放水时,却听到了门铃声。金先生犹豫了一下,连忙跑出卫生间,对着房门说"请等一下",然后以最快的速度穿好衣服。开了门,却发现一个客房服务员站在门口,并对金先生说:"您好,先生,这是我们饭店的欢迎茶。"客人看着放在托盘里的沏好的茶和小毛巾,却一点也没有乐于接受的样子,只说了一句:"放在桌上吧。"然后看了看手表,问服务员:"还有什么事吗?"服务员说:"希望您居住愉快。"然后,告辞而去。金先生等服务员离开房间后,又看了看手表,到卫生间先放好了水,将脱下的衣服放在面巾架上。正准备进浴缸,却又听到了门铃声,金先生犹豫了一下,门铃连续响了三遍,只得又穿好衣服,打开了门,看到一位行李员憨笑着站在门口,向金先生说:"这是今天晚上的报纸,祝您居住愉快。"说完告辞转身离去,又去按隔壁的门铃。金先生拿着报纸,叹了口气,扔在了床上,然后坐在了沙发上。卫生间的水龙头还开着……金先生坐了一会儿,突然灵机一动,走到床边,正准备按下"请勿打扰"指示灯,门铃又响了。金先生打开房门,刚才送欢迎茶的服务员站在门口,非常有礼貌地对客人说:"我现在可以为您做夜床吗?"金先生却只是生硬地回答了两个字"不用!",然后将门关上,回到床边,按下了"请勿打扰"指示灯。

(资料来源:http://www.canyin168.com)

请问:饭店设置免打扰服务的原因是什么?应该如何进行免打扰服务?

一、任务描述

1.为要求保密的住客提供电话免打扰服务;
2.为要求请勿打扰的住客提供电话免打扰服务。

二、任务分析

完成本任务的关键在于学习完免打扰服务的相关知识后,通过实操训练不断强化服务技能和水平。

三、相关知识

在饭店服务中,"不打扰客人"是一条重要的服务原则。任务2的案例中的话务员显然违背了这一原则,给客人带来了麻烦。此外,只有被客人认可、接受和喜欢的服务才是真正有效的、能够让客人满意的服务;反之,服务的规范、周到反而可能成为客人的负担。因此,现在有许多饭店都对所提供的各种服务项目进行了重新的思考,以尽量减少对客人的打扰为原则。如整理房间、做夜床尽量在客人外出时进行,客人在房间时,可先通过电话等征询客人意见,或者安排在客人提出的最方便的时间。送欢迎茶的服务更强调与客人进入房间的同时性,即行李员引领客人进入房间时,楼层服务员应该已经手捧欢迎茶来到客人房间,否则倒不如不提供这一服务。送报纸更不应该打扰客人。许多饭店专门设计了可挂放在门外把手上的书报袋;也有些饭店将报纸从门缝塞进客房;还有些饭店只将报纸放在服务台上或楼层书报架上,供客人自己取;等等。这些做法的目的只有一个,即适应现代客人的需要,不打扰客人,为客人提供真正有效的服务。这表明饭店的经营理念正从以我为主、凭着想当然为客人服务步入以客人为主、关注客人需求的时代。

四、任务准备

1.查阅资料并进行整理;
2.实训场地:前厅实训室;
3.实训物品准备:纸、笔、电话、总机相关设备、网络资源等。

五、任务实施与评价

表 5-2-3(1)　免打扰服务任务实施与评价表

序号	操作步骤	操作标准	评价结果				注意事项、改进意见
			优	良	合格	不合格	
1	接听电话	铃响三声内接听电话,问好并自报饭店名。					
2	记录要求	将要求"免打扰(DND)"服务的客人姓名、房号、具体服务时间记录在交接本上,并写明客人通知的时间。					在电脑系统里给房间电话做上"请勿打扰"标记。
3	免打扰期间电话处理	在免打扰期间,如有人要求与住客通话,话务员应将有关信息通知来电人,建议其留言或待住客取消"免打扰"之后再来电话。					对于要求房号保密、表示不接听任何电话的住客,凡有来电者,应回复访客住客未入住本饭店。
4	"免打扰"取消	客人要求取消"免打扰"服务后,话务员应立即释放被锁的电话号码,同时在交接本上进行记录。					

六、问题及解决方案

表 5-2-3(2)　免打扰服务存在的问题及解决方案

序号	问题	处理措施	预防措施

任务4　叫醒服务

【案例导入】

一天早晨9点,上海某饭店大堂黄副理接到住在806房间的客人的投诉电话:"你们饭店怎么搞的,我要求叫醒服务,可到了时间,你们却不叫醒我,误了我乘飞机……"不等黄副理回答,对方就"啪嗒"一声挂了电话,听得出,客人非常气愤。

黄副理意识到这投诉电话的严重性,于是查询当日806房间的叫醒记录,记录上确有早晨6点半叫醒服务要求,根据叫醒仪器记录和总机接线员回忆,6点半时确为806房间客人提供过叫醒服务,当时客人曾应答过。黄副理了解清楚情况后断定,责任不在饭店,但黄副理仍主动与806房间客人联系。

"孔先生,您好!我是大堂副理,首先对您误了乘飞机而造成的麻烦表示理解。"黄副理接着把了解的情况向客人作了解释。但客人仍怒气冲冲地说:"你们饭店总是有责任的,为什么不反复叫上几次呢?你们应当赔偿我的损失!"客人的口气很强硬。

"孔先生,请先息怒,现在我们暂时不追究是谁的责任,当务之急是想办法把你送到要去的地方,请告诉我,您去哪儿,最迟必须什么时候到达"。

黄副理的真诚使客人冷静下来。客人告诉他明天早晨要参加西安的一个商贸洽谈会,所以今天一定要赶到西安。黄副理得知情况后,马上请饭店代售机票处更改下午去西安的机票,而代售处下午西安的机票已售完。黄副理又打电话托他在机场工作的朋友,请务必想办法更改一张下午去西安的机票,后来又派专车去机场更改机票。

孔先生接到更改的机票后,才坦承自己今晨确实是接过叫醒电话,但应答后又睡着了,责任在自己,对黄副理表示歉意。

(资料来源:http://www.canyin168.com)

请问:叫醒服务的注意事项有哪些?

一、任务描述

1. 为散客提供叫醒服务；
2. 为旅游团队领队/导游/客人提供叫醒服务；
3. 为会议团客人提供午休叫醒服务；
4. 为客人变更/取消叫醒服务。

二、任务分析

完成本任务的关键在于学习完叫醒服务相关知识后,通过实操训练不断强化服务技能和水平。

三、相关知识

叫醒服务是饭店为方便客人乘飞机、火车或小睡后赴约、洽谈,应客人要求而提供的一项服务,要求客人填写叫醒记录单。话务员在受理此项服务时,应非常认真负责、慎重准时。

四、任务准备

1. 查阅资料并进行整理；
2. 实训场地：前厅实训室；
3. 实训物品准备：纸、笔、电话、总机相关设备等。

五、任务实施与评价

表 5-2-4(1)　叫醒服务任务实施与评价表

序号	操作步骤	操作标准	评价结果				注意事项、改进意见
			优	良	合格	不合格	
1	电话接听	(1)按要求接听电话,听到客人需要叫醒服务时,要问清客人房号、姓名及叫醒时间； (2)复述客人叫醒的要求,以获得客人确认； (3)检查叫醒客房的种类和客人类型,如是套房、VIP,必须做出特别提示； (4)祝客人晚安,通知客房服务员再次对房间叫醒服务做确认。					
2	记录叫醒要求	(1)将叫醒时间输入电脑后,在"叫醒登记本"上按时间顺序填写客人的房号、客人叫醒时间； (2)客人要求做叫醒时,应重复客人要求。并主动询问客人是否需要二次叫醒； (3)认真复查,签上话务员姓名。					

续表

序号	操作步骤	操作标准	评价结果				注意事项、改进意见
			优	良	合格	不合格	
3	输入系统	(1)按电脑上的叫醒键,输入客房房号和叫醒时间; (2)首先由电脑给客人做叫醒服务,如果客人没有接听,十分钟后会自动弹回来,正常情况下是机器做一遍,人工做一遍,如果没有人接听,要立即通知房服中心,由服务员再次到房间进行叫醒服务。					
4	人工为VIP叫醒	(1)在客人指定的叫醒时间,按下客人的房间号码; (2)用亲切和蔼的语气称呼客人的姓名; (3)叫醒时要讲:"早上好(或者中午好,等等),现在是×点钟,已到您的叫醒时间"; (4)二次叫醒时的规范用语:"早上好,这里是总机,现在是北京时间7:05,您的二次叫醒时间到了"; (5)祝客人愉快。					
5	团队叫醒	(1)接到前厅的团队叫醒单,按照程序把叫醒信息输入机台; (2)检查叫醒团队客人的情况,如有问题及时纠正; (3)提供叫醒服务时如果没有人接听,要立即通知房服中心,由服务员再次到房间进行叫醒服务。					
6	取消叫醒	(1)如有客人要求取消叫醒服务,话务员必须在登记本、电脑上同时做出更正,并在交接本上说明; (2)如有客人要求多次叫醒,话务员必须在"叫醒登记本"上做出说明。					

六、问题及解决方案

表 5-2-4(2) 叫醒服务存在的问题及解决方案

序号	问题	处理措施	预防措施

任务5　客人投诉电话接听服务

一、任务描述

1.模拟进行客人投诉电话接听服务。注意按照相关程序和要求,准确迅速地为客人提供服务。

2.每组设计一个客人投诉电话的服务情景,各组轮换进行情景模拟实训。

二、任务分析

在饭店服务过程中,服务人员难免会遇到一些棘手的问题,例如客人投诉等。这就需要饭店员工有熟练的沟通技巧和处理问题的能力,以此来让客人满意,维护饭店的形象。完成本任务的关键在于学习完客人投诉电话接听服务相关知识后,通过实操训练不断强化服务技能和水平。

三、相关知识

(一)处理投诉的基本原则

饭店员工应正确认识投诉。客人对饭店投诉是正常现象,也是客人对饭店信任的表现。正确处理投诉是提高服务质量的必要保证。

服务员在处理客人投诉时,应注意遵守下列三项基本原则。

1.真心诚意地帮助客人解决问题

客人投诉,说明饭店的管理及服务工作有漏洞,说明客人的某些需求尚未被重视。服务员应理解客人的心情,同情客人的处境,努力分辨及满足他们的真正需求,满怀诚意地帮助客人解决问题。只有这样,才能赢得客人的信任与好感,才能有助于问题的解决。

2.绝不与客人争辩

当客人怒气冲冲前来投诉时,首先应适当地选择处理投诉的地点,避免在公共场合接受投诉,其次应该让客人把话讲完,然后对客人的遭遇表示歉意,还应感谢客人对饭店的关心。当客人情绪激动时,服务人员更应注意礼貌,绝不能与客人争辩。如果不给客人一个投诉的机会,与客人争强好胜,表面上看服务员似乎胜利了,但实际上却输掉了客人的真诚和信任。当客人对饭店不满而又投诉无门,他下次再也不会光临这家饭店了。因此,服务员应设法平息客人的怒气,请管理人员前来接待客人,解决问题。

3.不损害饭店的利益

服务员对客人的投诉进行解答时,必须注意合乎逻辑,也不能推卸责任,随意贬低他人或其他部门。因为采取这种做法,实际上并不利于问题的解决和改变客人心目中对饭店的不良印象。而只会让客人觉得饭店内部门间相互推诿、缺乏责任心,甚至没有集体观念。因为一方面,处理投诉的服务人员希望饭店的过失能得到客人的谅解,另一方面却在指责饭店的某个部门。此外,除了客人的物品遗失或被损坏外,减免客账不是解决问题的最有效的方法。对于大部分的客人投诉,是通过饭店提供的面对面的沟通服务,以及对客人的关心、体谅、照顾来得到解决的。

(二)投诉的类型

客人的投诉可以归纳为以下四类。

1.对设备的投诉

客人对饭店设备的投诉主要涉及空调、照明、供水、供电、家具、电梯、电话,等等。即使饭店建立了设备的检查、维修、保养制度,也只能减少此类问题的发生,而不能保证消除所有设备潜在的问题。服务人员在受理客人有关设备的投诉时,最好的方法是立即去实地观察,然后根据情况,采取措施。事后服务人员应再次与客人电话联系,以确认客人的要求已得到了满足。

2.对服务态度的投诉

客人对服务人员服务态度的投诉主要涉及粗鲁的语言、不负责任的答复或行为、冷冰冰的态度、爱答不理的接待方式、过分的热情,等等。饭店服务人员服务态度应纳入饭店的员工考核体系,保证员工在规范服务的基础上再追求个性化服务。但需要承认的是,饭店客人形形色色,性格、修养、住店期间的情绪状态各异,因此即便面对同样的服务也会有不同的感受和看法,从而可能造成投诉。但对于这种投诉饭店也应耐心诚心予以处理和解决,以维护饭店形象。

3.对服务质量的投诉

对服务质量的投诉主要包括服务的速度(即服务效率)和准确度方面的投诉。如:服务人员没有按照先来先服务的原则提供服务,开房员分错了房间,邮件未能及时送交客人,行李无人帮助搬运,总机转接电话速度很慢,叫醒服务不准时等,都属于对饭店服务质量的投诉内容。此类投诉,在饭店接待任务繁忙时,尤其容易发生。减少客人对服务态度与服务质量投诉的最好方法是加强对服务人员的培训。大多数服务人员不是有意对客人无礼,有些服务员甚至是好心办坏事,他们往往事先未预料到自己的接待服务方式会使客人不满。因此,对他们进行有关对客服务的态度、知识、技能的培训是非常重要的。

4.对异常事件的投诉

无法买到机票、车票,因天气原因飞机不能准时起飞,饭店的客房已经订完等都属于异常事件的投诉。饭店很难控制此类问题,但客人希望饭店能够帮助解决。服务人员应尽量在力所能及的范围内予以帮助解决。如果实在无能为力,应尽早告诉客人。只要服务人员的态度通情达理,大部分客人是能谅解的。

四、任务准备

1.查阅资料并进行整理;

2.实训场地:前厅实训室;

3.实训物品准备:纸、笔、电话、总机相关设备等。

五、任务实施与评价

表 5-2-5(1)　客人投诉电话接听服务任务实施与评价表

序号	操作步骤	操作标准	评价结果				注意事项、改进意见
			优	良	合格	不合格	
1	电话接听	(1)按照要求接听电话； (2)认真听取客人的意见和诉求； (3)通过提问的方式来弄清问题，集中注意力听取对方的意见。					
2	保持冷静	不要反驳客人的意见，不要与客人争辩。					
3	表示关心、同情或理解	(1)设身处地考虑并分析问题，对客人的感受要表示理解； (2)用适当的语言给客人以安慰，如"谢谢您告诉我这件事"，"对于发生这类事件，我感到很遗憾"，"我完全理解您的心情"等。					
4	不转移目标	(1)把注意力集中在客人提出的问题上； (2)不随便引申，不归罪于他人，不推卸责任，绝不能怪罪客人。					
5	记录要点	(1)记录客人投诉的要点； (2)适当提问，引导客人讲述重点。					
6	提出建议，征求客人意见	(1)把将要采取的措施告诉客人并征得客人的同意； (2)请客人选择解决问题的方案或补救措施； (3)绝对不能对客人表示，由于权力有限自己无能为力，但千万不要向客人做不切实际的许诺； (4)把解决问题所需要的时间告诉客人。要充分估计解决问题所需要的时间。不含糊其词，告诉客人一个解决问题的具体时限。					
7	感谢并礼貌道别	感谢客人提出的宝贵意见，礼貌道别。					
8	记录存储信息	记录并存储、传递有关客人投诉信息。					

六、任务评价

请回答以下问题并填写后面的表格，完成自我评价：

1.假设你是话务员，现在感到身体不舒服，心情也不太好，这时客人打错电话，你的第一反应是什么？

2.话务员的声音要动听悦耳，服务要尽职尽责。你认为用心服务更重要，还是声音悦耳动听更重要？还是两种说法都不全面？

3. 话务员是"看不见的接待员",所以服务态度好坏问题不大,反正客人也看不见话务员服务时的表情。请告诉我,这种说法对不对。

对照下列质量检查表中的各项内容,看看我们将要从事的工作岗位对话务员都有哪些职业要求,然后完成表格,针对自己的弱项进行强化训练。

表 5-2-5(2)　某连锁饭店总机服务质量检查表

序号	检查内容	好	一般	有待改进
1	是否在电话铃响 10 秒内接听			
2	电话铃响 10 秒后接听电话,是否向客人表示歉意			
3	员工接电话是否恰当问候,报饭店名称并主动提供帮助			
4	如果请对方等候,等候的时间是否控制在 30 秒之内			
5	员工是否准确地将电话转接到客人需要联系的部门			
6	如果被转电话没人接听(6 声之内),员工是否将电话切回到对方的线上并向客人说明			
7	员工是否熟练掌握工作用语			
8	接听背景是否没有干扰或噪音			
9	员工是否语言明了,态度礼貌			
10	员工在转接电话前是否向对方确认叫醒电话接听			
11	员工在确认客人的名字后是否在之后的交流中始终以姓氏+尊称称呼客人			
12	员工是否为了确保正确,将叫醒服务的细节重复一遍			
13	员工是否向对方道谢			
14	员工是否祝客人晚安			
15	客人是否在要求叫醒时间的 5 分钟内接到叫醒电话			
16	客人接听叫醒电话时,员工是否有恰当的问候语			
17	客人接听叫醒电话时,员工是否称呼客人的姓氏+尊称			

续表

序号	检查内容	好	一般	有待改进
18	客人接听叫醒电话时,员工是否报时			
19	客人接听叫醒电话时,员工是否报出天气情况			
20	客人接听叫醒电话时,员工是否祝客人愉快			
21	接听电话的语音语调是否甜美、清晰、令人愉悦			
22	在确认叫醒电话信息时是否礼貌亲切			
23	在叫醒服务时语音语调是否甜美、清晰、亲切、令人愉悦			

七、问题及解决方案

表5-2-5(3)　客人投诉电话接听服务存在的问题及解决方案

序号	问题	处理措施	预防措施

八、拓展知识

阅读材料5-2-5　语言和声音是我们接线员的商品

这个商品要打上我们工作时明快、愉悦的印记提供给顾客。所以,说话真是费精气神儿,不敢大意,至于每天的发声练习,就是必要中的必要了。

人的音质多种多样,既有高而亮的声音,也有低而浊的声音;听到哪种声音觉得悦耳,又是因人而异。有人喜欢透彻的高音,有人觉得沉着的低音非常好听。这么一来,我们就无法定下一种大家都喜爱的声音。可是,对饭店的接线员来说,有一个必须达到的水准,那就是发音、吐字要清楚,给听的人一个明快的印象。

帝国饭店的新人接线员,在正式工作之前,一定要接受一个月的培训,进行彻底的发音练习。比如一口气说出一个绕口令,目的是为了练习清楚发音。没有必要勉强提高声音的度数,如果太勉强,总是不自然,也不可能坚持很长时间。但是,为了给顾客一个明朗的印象,应比平时提高一阶发音。而且,一意识到发音,人们容易加快说话的速度。其实,跟顾客通话时,速度慢一点比较理想。

培训结束后，只有达到标准的人才有资格在交换台前坐下。但是，接线训练仍然没有完，即使是熟练的接线员，每天在就座之前，也必须进行发声练习。每周一次，集中分析业务录音中的对话。检查自己的声音是否给人低沉的印象，某些发音是否脱漏掉，或者，每次的应对是否得要领，态度上是否程式化、缺少亲切感，有没有使顾客烦躁、不快……接线员在培训者的指导下，一处一处地分析、研究以上要点，明确自身的弱点加以改正。

其实，做接线工作最重要的是，在声音中加入自身积极的情绪、温暖的态度提供给顾客。就是说，控制感情也成了我们要时刻注意的一个项目了。而且，感冒了声音沙哑，就是对客人的不尊重。可以说，接线员注意不感冒是工作最基本的条件。

项目3　商务中心服务

【案例导入】

一天傍晚，南方某饭店1429房间的客人打电话到商务中心，说："我是1429房间的客人，马上有一个客户发传真过来，我们这就派人去取。"

几分钟后，有一位客人来到商务中心，对服务员小赵说："我是14层的客人，来取传真。"小赵随即将传真递给客人，并让客人签了单，然后将账记到了1429房间。

过了两分钟，1429房间的客人又给商务中心打来了电话，问："我们的传真来了吗？"小赵说："已经有人取走了。"客人非常惊讶，忙问："谁取走的？我们的人还没有下去呢！"小赵赶紧查账单签字，说："是×××取走的。"1429房间的客人说："我们这里没有这个人。"

小赵再一细查，发现原来客人签的是1409房间。小赵赶紧与1409房间的客人联系，得知客人取走的确实是发给1409房间的传真，而1429房间客人的传真还没有传到。于是，他马上通知1429房间客人传真未到，随即又与收银员联系，及时调整有关账目。

但1409房间的客人对商务中心找他查对1429房间的账单表示不理解，心想：我取的是自己的传真，跟1429房间有什么关系呢？

(资料来源：http://www.canyin168.com/)

商务中心服务包括哪些服务项目？服务标准是怎样的？

任务1　商务中心业务及设备识别

一、任务描述

请认真学习商务中心业务要求及识别商务中心设备，然后完成下表：

表 5-3-1(1)　商务中心主要设备及其用途

序号	设备	名称	用途	使用注意事项
1				
2				
3				
4				

二、任务分析

商务中心(Business Center,简称 B/C)对于宾客来说就是"办公室外的办公室"。当会务客人需要打印时,当商务客人需要发送、接收传真时,当游客需要订票时……都要找到商务中心。商务中心接待员会热情礼貌地为客人提供专业秘书服务。

商务中心一般设在饭店大堂附近的公共区域内,一则方便宾客,二则便于与前厅联系;若商务中心本身配备大小不等的会议室,则往往单独设在饭店某一楼层上。但是,随着现代信息科技的发展、电子商务的流行,饭店商务中心的发展也受到了一定冲击。

三、相关知识

(一) 商务中心文员的素质要求

- 热情礼貌,耐心细致
- 掌握技巧,善于沟通
- 工作认真,精通业务
- 认真执行保密制度,为客人保守商务秘密

(二) 商务中心的装备

1.资料装备。如字典、词典、商务刊物、报纸、图书资料、企业名录大全、电话号码本、地图册等。

2.办公设备。一般有收发传真用的传真机,用于复印资料的复印机,用于打字和收发电子邮件的计算机(配备打印机),装订资料的装订机,可打国内、国际长途电话的电话间,还应配备碎纸机、办公柜台和一定数量的办公家具。

3.会议服务设施设备。一般包括可供出租的洽谈室、会议室,专门用于会议服务的投影仪(电脑投影仪、实物投影仪、普通胶片投影仪)、幻灯机、录像机、VCD 机(DVD 机)等。

(三) 商务中心环境要求

为便于客人从事商务活动,商务中心应有安静、隔音、舒适、优雅的环境。

1.室内安静、无噪音。办公环境干净整洁。

2.室内灯光设计和采光效果符合各项商务活动的需要。

3.室内环境布置、家具办公用品等的配置应以方便使用为宗旨,兼顾审美情趣。功能区域划分合理,客人彼此间互不干扰,能有效保护客人隐私。

4.室内通风,空气新鲜,温度适宜。能根据不同地区气候保持适当的湿度,使室内无静电。

5.室内配有适当的绿色植物、鲜花、饰品等装饰物,让客人能够在视觉上得到放松。

四、任务准备

1.相关教材、书籍、网络资源等;

2.实训场地:前厅实训室;

3.实训物品准备:电脑或纸、笔、尺子、图纸、商务中心相关设备图片等。

五、任务实施与评价

表 5-3-1（2） 商务中心业务及设备识别任务实施与评价表

序号	操作步骤	操作标准	要求	评价结果				注意事项、改进意见
				优	良	合格	不合格	
1	获取信息	通过书籍、网络、向他人了解等各种方式，获取关于商务中心的各种资料。	（1）思路清晰，行动迅速； （2）资源充足。					可课前准备。
2	提出问题	了解商务中心主要工作内容及设备的用途，并提出自己的问题。	（1）思路开阔； （2）集思广益。					
3	解决问题	通过查找资料解决问题。	（1）善于发现问题； （2）及时找到问题的答案，增长见识、拓宽思路。					
4	总结与分享	（1）总结完成工作情况和小组合作情况等； （2）分享心得体会。	（1）总结全面准确； （2）表达准确流畅。					可结合 PPT 进行展示。

六、问题及解决

表 5-3-1（3） 商务中心业务及设备识别存在的问题及解决方案

序号	问题	处理措施	预防措施

任务 2　打印、复印和传真服务

一、任务描述

进行打印、复印、传真工作的练习。

二、任务分析

完成本任务的关键在于学习完相关知识后,通过实操训练不断强化服务技能和水平。

三、相关知识

商务中心是饭店对客服务的一个综合性部门,它主要为客人提供收发传真、打字复印、票务预订、长途电话、国际互联网等服务项目。因为这些服务项目对于客人特别是那些商务客人来说具有重要的商业价值,所以不管客人需要哪项服务,都会希望时间上尽量快一些,而且服务过程要准确无误,这就要求服务人员在接受项目、提供服务、结算账单等的过程中认真、负责、细心,严格按有关程序进行操作。

本项目开头的案例中服务员小赵在整个服务过程中都没有按操作程序工作,取传真件时没有核对接收传真件的房间号,给客人传真时又没有确认客人的房间号,在让客人签单时仍然没有核对客人的房间号,而只是想当然地认为面前的客人就是刚才打电话要取传真的1429房间的客人,以致出现张冠李戴的情况。

案例中1409房间的客人取走的确实是发给自己的传真,只是服务员小赵错将账单记到了1429房间,幸而小赵发现错误后立即与收银员联系,及时调整了账单的房间号,使问题迅速得到解决。但试想,如果1409房间的客人取走的是1429房间的传真,而该传真又涉及重大商业秘密,那后果将是不堪设想。由此看来,商务中心的主管和领班应对员工加强服务程序方面的培训,同时加强现场督导检查,以确保服务的准确和高效。

四、任务准备

1.查阅资料并进行整理;
2.实训场地:前厅实训室;
3.实训物品准备:电脑或纸、笔、尺子、图纸、商务中心相关设备等。

五、任务实施与评价

表5-3-2(1)　打印/复印装订、传真发送服务任务实施与评价表

序号	操作步骤	操作标准	评价结果				注意事项、改进意见
			优	良	合格	不合格	
1	了解客人需求	(1)客人到来时,主动向客人礼貌问候; (2)向客人详细了解文稿要求,包括排版要求、稿纸规格、打印数量; (3)迅速阅读原稿,对文稿中不清晰或不明白的地方,礼貌地向客人了解清楚。					如果自己正在忙碌,则向客人表示歉意,请客人稍等;并向客人点头微笑致意,示意客人在休息处稍候。

续表

序号	操作步骤	操作标准	评价结果				注意事项、改进意见
			优	良	合格	不合格	
2	进行服务	(1)告知客人完成服务的最快交件时间,同时向客人介绍收费标准; (2)如不能在短时间内完成,记下客人的姓名、房号和联系电话以便及时与客人联系; (3)正式服务前,要调试好机器。					
3	校对稿件	(1)服务完成后,要认真进行校对; (2)请客人校审后,如有问题再次按客人要求进行校正,直到客人满意为止。					
4	交件收费	(1)将打印文稿装订,双手将文稿递给客人; (2)处理原稿; (3)按规定价格计算费用,办理结账手续。					将作废的稿件放入碎纸机前征求一下客人对稿件的处理意见,若客人同意做粉碎处理再置入粉碎机,并保证处理正常、有效。
5	送别客人	礼貌地向客人致谢、告别。					

六、任务评价

表5-3-2(2) _____服务技能评价表

序号	操作步骤	评价标准	评价结果				注意事项、改进意见
			优	良	合格	不合格	
1							
2							
3							
4							
5							

七、问题及解决方案

表 5-3-2(3)　商务中心各项服务问题及解决方案

序号	问题	处理措施	预防措施

任务 3　票务服务

【案例导入】

一日夜班,某饭店大堂里比较安静。将近凌晨一点,来了一位刚下飞机、面带倦容的客人。服务员快捷周到地为客人办理了入住手续,客人临走时问道:"小姐,请问你们这儿可以预订机票吗?"

"可以啊!商务中心已经下班了,但我可以帮助您,请问您需要订什么时间的机票?"

"早晨8:30去北京的机票!"

"对不起,订8:30的机票可能在时间上会很仓促,即使商务中心能够以最快的速度将机票取到,您去机场也需要半个小时,况且您今晚的休息也会受到影响。如果可以的话,是否错后您需要的航班时间?当然,如果您必须要8:30的航班,我可以让保安立即去办理。"

客人看着服务员满脸真诚的微笑,不假思索地说:"那也行,最迟订10点左右的飞机,希望能有9点多的航班。"

服务员再与客人确认了是否本人的机票,请客人填写了一张预订单,同时关切地告诉客人:"请您回房好好休息,我会让总机小姐在航班起飞前一小时十五分叫醒您!祝您睡个好觉!"客人抿嘴一笑,表示感谢!

客人走后,服务员输入电脑相关信息,做好了后续的工作。忽然想起预订机票需要押金,而此时再与客人联系,很可能会打扰客人的休息。一番考虑之后,服务员将客人的预订事宜记录在交接本上,以便备忘。

早晨7:30,商务中心小巩上班,前厅服务员把该客人预订机票一事简单扼要地告诉她,并说忘了向客人收押金。小巩说她会处理好余下的事,同时总机的叫醒服务也由她来负责。

小巩先向航班预订处联系了机票,9:30有飞往北京的航班,小巩要求预留。8:00左右,小巩将电话拨往客人房间:"先生,早上好!晚上休息得好吗?"在与客人简单交流之后,待客人渐渐清醒过来,小巩追问客人预订9:30的机票是否可以,并希望客人来交一下押金,或让礼宾员上房间去取。同时小巩告诉客人在他整理物品和用早餐的时间里,机票完全可以送达,余下的一小时时间可以轻松去机场。

客人没有因为小巩的打扰而抱怨,反而感谢饭店服务的无微不至。礼宾部员工前去取了订票押金。接下来发生的一切,就如小巩预先安排的一样。客人很高兴地离去,临走时还带走了一张饭店名片,他说以后预订房间时用得着。

(资料来源:http://www.canyin168.com)

一、任务描述

1.完成票务预订服务。
2.完成票务更改服务。
3.完成票务取消服务。

二、任务分析

旅行社组织的团队客人的票务问题一般是旅行社自行解决,散客和一些会议客人则通常要求饭店为其代购车、船、机票。在旅游旺季代客解决票务问题,是饭店吸引客人、扩大客源的重要条件之一。完成本任务的关键在于学习完相关知识后,通过实操训练不断强化服务技能和水平。

三、相关知识

饭店服务既包括功能服务,也包括心理服务。饮食的可口、睡床的舒适、康体设施的完善等,都属于功能服务之列。而心理服务则是指在服务过程中,服务员良好的态度、热情的微笑、亲切的语言等,使得客人在接受服务时始终都能有一种愉快的心情,并在心中留下难忘的美好印象。卓越的心理服务让客人有"宾至如归"甚至"饭店胜家"的感觉。优质的服务应该是功能服务与心理服务二者兼备。从某种意义来说,心理服务比功能服务更重要。

任务3案例中,不论是前厅服务员还是商务中心服务员小巩,对服务中的每一个细节都考虑得很细致,既尽量不打扰客人,又能按照饭店的服务规范和制度办事。同时两位员工服务语言的运用也非常得体,使得客人在繁忙的商务旅行中切实感受到家人般的关怀和温暖。正是因为两位员工的心理服务做得比较到位,才使得客人深受感动,并取走饭店名片以备后用。良好的服务会为饭店争取回头客打下基础。

四、任务准备

1.查阅资料并进行整理;
2.实训场地:前厅实训室;
3.实训物品准备:电脑或纸、笔、尺子、商务中心相关设备、相关票据等。

五、任务实施与评价

表 5-3-3(1) 票务服务任务实施与评价表

序号	操作步骤	操作标准	评价结果				注意事项、改进意见
			优	良	合格	不合格	
1	了解订票信息	向客人了解并记录订票的种类、日期、班次、张数、到达的目的地及对座席的要求。					票务种类如:火车票、飞机票、车票、景区门票、演出票等。
2	了解票务情况	(1)向相关票务中心了解是否有客人需要的票; (2)如没有,则问清能订购的最近的时间,并向客人推荐。					
3	进行订票	(1)向客人介绍服务费收费标准、票价订金收取办法; (2)当客人确定时间后,查阅客人证件的有效期限,请客人在订票单上签字并收取订金,向客人说明最早的拿票时间; (3)送走客人后,向相应票务中心订票。					
4	送票	拿到票务中心送来的票后,根据订票单上的房号或客人的联系方式通知客人取票,并提醒时间。					对重要客人,则由行李员亲自将票送交客人。
5	结账道别	(1)按规定办理结账手续; (2)向客人致谢道别。					

六、问题及解决方案

表 5-3-3(2) 票务服务存在的问题及解决方案

序号	问题	处理措施	预防措施

任务4　商务中心其他服务

【案例导入】

出租车提示卡帮了客人的大忙

2010年10月28日上午,某饭店一位年轻女宾客急匆匆地来到大堂,径直走到大堂副理面前,语气急促地说:"我是早上乘坐出租车来到你们饭店的。刚才我在房间收拾行李时,突然发现我把摄影机的架子遗忘在出租车的后排座位上了。而且我当时没有索要出租车的发票,你们有什么办法能找到那辆出租车吗?"大堂副理说:"小姐,您别着急,让我们一起想想办法!请问您早上大约几点到达我们饭店的?"客人说:"具体时间记不清了,大概9点多钟吧!"

"请出示一下您的房卡好吗?"大堂副理接过房卡,并请客人在大堂吧稍候,随即来到前厅查询该客人的具体入住时间,又到大门口询问是哪位行李员帮助这位客人打开车门的。行李员小马说:"是我接待这位女士的,当时我上前为这位女士拉开车门。这时,后面又有其他出租车上来,我就赶紧关了车门,并迅速在出租车提示卡上记下了这辆出租车的号码交给了她,还帮她提行李到了前厅办理入住手续。"

大堂副理快步回到大堂吧。"让您久等了,我问一下您早上下车时,行李员当时给您的那张出租车提示卡还在吗?""好像还在,我找一下。"客人随即在手提袋里翻找起来,终于找到了那张捏成一团的小小提示卡。

"就是这张卡,上面有那辆出租车的车牌号码。把卡给我吧,我马上去和该出租车公司联系一下。"大堂副理立即联系到了出租车调配中心,查找到了这家出租车公司的电话,并在电话里向对方说明了情况。对方表示将以最快的速度找到出租车司机。

20分钟后,一辆出租车停在了该饭店门口。司机把摄影架送到了大堂。大堂副理迎上前去,对司机表示了感谢,司机也向客人表达了歉意。拿到摄影架的女宾激动不已,高兴地笑着说:"幸好有这张小小的出租车提示卡。太谢谢你们了,你们饭店的服务真是细心和周到,我下次来这儿一定还住你们饭店!"

一、任务描述

能迅速准确地为客人办理商务中心的相关其他服务,如翻译服务,秘书服务,会议室出租服务,上网服务,出租商务设备、物品服务,出租车服务等。

二、任务分析

完成本任务的关键在于学习完相关知识后,通过实操训练不断强化服务技能和水平。

三、相关知识

饭店的行李服务对于客人来说非常重要,因为有时候一旦行李发生差错,就会影响客人的整个工作安排和行程安排。现在有些服务比较好的饭店对于那些乘坐出租车抵店的客人,一般都会要求行李员及时记下出租车的车号,以备客人将行李遗落在车上时及时查找。尽管这种服务对于饭店员工来说增加了一些工作量,但万一客人出现意外情况,查找起来就会非常容易。上述案例中幸好饭店提供了出租车登记服务,试想如果没有这张小小的出租车提示卡,客人要想找回自己的行李恐怕就会非常困难。另外,无论是抵店客人还是离店客人,如果有行李服务,饭店员工一定要及时与客人确认行李件数,以免客人落下行李,这也是新版《饭店星级标准》中的明确要求。为客人服务细致,考虑周全,这样的饭店服务才算真正做到位。

(一)翻译服务

翻译,一般分为口译和笔译,两者的服务内容和收费方式不同,但其服务受理程序基本相同,本书以笔译服务为例。

(二)会议室出租服务

我国《旅游涉外饭店星级的划分及评定》规定,四、五星级饭店商务设施应有可以容纳不少于10人的洽谈室;洽谈室服务包括洽谈室出租及客人会议洽谈期间的服务。

(三)上网服务

随着Internet的发展,上网、收发电子邮件的业务越来越普遍。Internet服务是指为客人收发电子邮件、提供网上电子商务服务,其中发送电子邮件是较常见的服务。当信件或附件存于客人提供的软盘时,首先需要对客人的软盘进行杀毒。

(四)出租车服务

根据预订部提供的有关通知及预抵店客人名单、国籍等信息,提前通知机场饭店代表和车队。

四、任务准备

1. 查阅资料并进行整理;
2. 实训场地:前厅实训室;
3. 实训物品准备:电脑或纸、笔、尺子、图纸、商务中心相关设备等。

五、任务实施与评价

表5-3-4(1) 商务中心服务任务实施与评价表

序号	操作步骤	操作标准	评价结果				注意事项、改进意见
			优	良	合格	不合格	
1	了解客人需求	(1)主动迎接客人,详细了解客人需求; (2)向客人介绍收费标准。					

续表

序号	操作步骤	操作标准	评价结果				注意事项、改进意见
			优	良	合格	不合格	
2	提供服务	按照客人的需求,按规定流程为客人提供服务。					
3	结账送客	(1)服务完成后,及时询问客人意见; (2)办理结账手续;向客人致谢告别。					

六、任务评价

表 5-3-4(2)　　　　服务任务评价表

序号	操作步骤	评价标准	评价结果				注意事项、改进意见
			优	良	合格	不合格	
1							
2							
3							

备注:可任选其中一种服务来评价。

七、问题及解决方案

表 5-3-4(3)　商务中心其他服务存在的问题及解决方案

序号	问题	处理措施	预防措施

八、拓展知识

阅读材料 5-3-3　商务中心服务英语

1.欢迎光临,请问有什么可以为您效劳的吗?
Welcome to our hotel. Is there anything I can do for you?

2.好的,先生,您准备复印几张?

Yes, sir. How many pages are you want to copy?

3.我们发出传真后,会把您的原稿送到您的房间去的。

We'll send your master copy to your room after we have faxed that.

4.发传真费用是:一张七元钱,另收电话费。

Fax rate are: one paper seven yuan, add telephone charges.

5.您要订票的话我们可以帮您联系礼宾部,他们会帮您订的。

If you want to book tickets, we can call concierge, they will help you.

6.请告诉我你的传真号码,先生?

Can you give me your fax number, please, sir?

7.请稍等一下。

Just a moment, please.

8.对不起,请再说一遍好吗?

I beg your pardon?(或Pardon?)

9.对不起,让您久等了。

Sorry to make you waiting too long.

10.请您写下传真的草稿好吗?

Could you draft the fax, please?

11.请您写下来好吗?

Could you write down, please?

12.请问传真发到哪里?

Where to please?

13.我可以问一下您的房间号码吗?

May I have your room number, please?

14.对不起,现在占线。

I'm sorry, the line is busy now.

15.对不起,我们的传真机坏了。

I'm sorry, our fax machine doesn't work.

16.我为此道歉。

I apologize for this.

17.我们商务中心提供上网服务,费用是每小时20元。

We have internet services in the business center. It costs 20 Yuan for one hour.

18.对不起,先生。恐怕您的号码是错误的。您能核对一下或者再给我一个号码吗?

Excuse me, sir. I wonder if the number is wrong. Would you please check the number again or give me another one?

19.纸已经放进复印机里了,但复印机需要预热,恐怕您要稍等一下。

The paper in the copier and it has to take a while to warm up. I'm afraid you have to wait a moment.

20.请问您是付现金还是挂房账？

Which payment do you want？cash or put in your room？

21.请您在这儿签字。

Could you sign here，please.

22.您准备签字挂账吗？

Would you like to sign for that？

23.这是你的账单，您核对一下吧？

Here is your bill.Would you like to check it？

24.恐怕对方收到传真后字迹不是很清楚,您介意我再发一遍吗？

I'm afraid the fax not clear .Would you like send it again？

25.对不起，我无法接通，房间里没人。

I'm sorry sir, I can't get through.There's nobody in the room.

26.很高兴能为您服务。

My pleasure.（或 With pleasure.）

27.别客气,不用谢。

You are welcome./ Not at all./ Don't mention it.

28.请别遗忘您的东西。

Please don't leave anything behind.

29.希望您入住愉快。

Hope you will enjoy your stay here.

30.谢谢光临。

Thank you for staying with us.

（资料来源：http：//wenku.baidu.com/view/5539030316fc700abb68fc00.html）

模块 6　前厅督导管理

【开篇案例】

高出租率与低效益的反思

某饭店是拥有近千间客房,综合设施齐全的集商务、会议及康乐等设施于一身的大型豪华饭店。饭店客人档次较高,平均停留时间超过 4 天,出租率一直稳定在 75% 以上。然而,尽管客房利用率不低,但销售额并不高。在收入结构中,客房占到 80% 以上,剩下的主要为餐饮收入,而餐饮收入中,住店客人的消费并不多。

为此,饭店总经理带着前厅经理开展全面调查。发现前厅接待员办理入住登记手续时,当客人提出打折,总是欣然允诺。此外,接待员也很少主动向客人介绍饭店其他服务设施。前厅经理询问接待员为什么不向客人介绍,对方答道:"一怕耽误办理登记手续的时间,违反饭店在 3 分钟之内办完登记的规定;二怕过多推荐,引起客人反感;三是推荐与不推荐没什么两样,何必去冒那么多风险。"

听到这些,前厅经理陷入反思之中……

本案例中,较高的客房出租率却收不到良好的效益,究其原因,是由于前厅员工缺乏对前厅销售的正确认识,更主要的是缺乏积极有效地进行客房销售的动力,而员工的工作动力源自于管理者有效的激励与高效的管理。

前厅管理者应如何看待和运用督导管理呢?下面,让我们来了解并探究一下前厅管理者的督导管理工作是怎样开展的吧。

【知识目标】
- 能描述前厅日常管理的工作流程及标准;
- 能描述前厅服务方案拟订的工作流程及标准;
- 能描述处理客人投诉的工作流程及标准;
- 能描述前厅紧急事件处理的工作流程及标准等。

【技能目标】
- 能完成部门例会的组织;
- 能完成人员分工与调配;
- 能完成工作计划与备忘录的编写;
- 能完成前厅服务质量控制与考核;
- 能完成前厅服务方案拟订;
- 能完成客人投诉处理;
- 能完成突发应急事件处理;
- 能完成消防安全应急事件处理等。

【情感目标】
- 培养学生日后从事前厅基础管理工作的计划性和条理性;
- 培养学生主动与人沟通协调的团队意识与灵活机变能力;
- 培养学生对本模块学习的浓厚兴趣,积极参与探究和实践等。

项目1　前厅日常管理

任务1　前厅部管理目标及管理内容认知

一、任务描述

通过分组学习交流,完成如下表格:

表 6-1-1(1)　前厅部的管理目标与管理内容

序号	前厅部管理目标	相关管理内容	完成目标的核心要素	备注

表 6-1-1(2)　前厅收益管理要素分析

序号	收益管理关键要素	要素概念	完成要素的途径/做法	备注

二、任务分析

完成本任务的关键是了解前厅部管理目标和管理内容,收集、分析、归纳相关资料和数据。

三、相关知识

(一)前厅部管理的基本目标

1.配合饭店决策层和营销部门做好收益管理

由于前厅部是饭店的信息汇集中心,各种客房经营数据、价格历史档案、各类房价的备份档案、各时期的各房类的入住率、各种客史资料等都集中在前厅部的资料库,使得前厅部成为除营销部之外,饭店收益管理系统中最重要的部门之一。在饭店传统的收益管理中,常以客房出租率和平均房价作为衡量前厅部管理业绩的主要参数。

(1)努力达到合理的客房出租率。

客房出租率,即开房率(Occupancy Rate),是指已出租的客房数与饭店可供租用的房间数之百分比。计算公式如下:

$$客房出租率 = \frac{实际出租客房数}{饭店可供出租客房总数} \times 100\%$$

客房出租率是饭店经营的主要指标,显示出客房的利用状况、管理水平和经济效益。出租率并非越高越好,较高的出租率会带来较高的经济利益,但长期过高的开房率不可避免地可能影响饭店设备的维修保养,降低员工的服务质量水平,造成服务应变的机动性不足等,加上客房价值的不可储存性、待修房、保留部分免费招待房等原因,饭店年开房率不可能达到100%。一般而言,合理的出租率控制在70%~85%之间。70%即可维持盈利,说明饭店的服务质量是较好的,经营管理水平视为正常;一旦低于70%,如无特殊情况,对饭店的营销策略和服务质量标准执行情况则应予以检测整改;而开房率维持在85%~90%则比较理想,证明饭店在服务质量方面已经得到客人的满意和认同。

(2)力争平均房价和平均入住率最大化。

平均房价和平均入住率是影响饭店房务收益的两大因素。饭店在追求出租率的同时,还要兼顾平均房价。

$$客房平均房价 = \frac{客房销售总收入}{客房出租总数量}$$

①适度调控好协议客人和散客的入住比率。散客的房租收入对饭店的平均房价有重大影响,但饭店营销部门则不断扩大协议客人的比例,提升部门工作业绩,散客的入住率会一路走低。为保障平均房价的最大值,须分析市场情况和营销部、前厅部各自的房租收入历史资料,确定科学的散客入住比率,达到平均房价的最大值。

②合理设定动态价格。包括协议公司散客优惠价、旅游团队房价、会议团队房价、长住客房价、门前散客浮动价等。对于饭店来说,在制定动态价格时,最有参考价值的资料数据是同一地区同星级的竞争对手饭店的分类房价。

(3)努力维持良好的收益率。

收益率(RevPar, Revenue Per Available Room)是衡量客房销售状况最客观、有效的经济指标。收益率是饭店客房实际收入(实际平均房价×出租客房数)与潜在收入(客房门市挂牌价×全部客房数)的百分比。三者之间的关系可由收益率的计算公式得出：

$$客房收益率 = \frac{客房实际收入}{客房潜在销售额}$$

$$= \frac{客房实际平均房价 \times 实际销售客房数}{标准房价 \times 客房总数}$$

$$= \frac{实际平均房价}{标准房价} \times \frac{实际售出客房数}{客房总数}$$

$$= 房价实现率 \times 客房出租率$$

饭店收益管理与收益率的两个指标——客房出租率和平均房价有着紧密联系。在供不应求的旺季，要采取提高平均房价增加收入的策略；而在供大于求的淡季，则应尽量大力销售客房，甚至不惜大幅度降低房价，提高客房出租率。

(4)适度调整超额预订控制的力度。

①核对预订。前厅部要在客人抵达前通过电话与客人进行多次核对，一旦预订变更迅速做出调整，并通知相关部门将客房重新预订或销售给其他客人。

②增加保证类预订。在饭店营业高峰如节假日、当地重大经贸活动时，应预收保证金或要求信用卡担保，确保开房率和房费回收率。

③加强与营销部门协调。为合理拟订超额预订的比例，前厅部须加强与营销部门的沟通协调，分析判断超额预订的历史情况和各协议公司散客预订情况的"虚"和"实"，采取预收定金的方法滤掉"虚"的预订房，增加"实"的预订房比例，以确定合理的超额预订比例。此外，由于大部分预订客人由营销部门与协议单位协议产生，而营销部门的各营销员为了提高本人业绩，一般会放宽要求给协议单位，为此前厅部须加强对超额预订的控制，减少饭店损失。

2.营造前厅舒适怡人的服务氛围

饭店前厅须营造一种宁静优雅、温暖舒适、让人怡然自得的氛围，给客人家外之家的舒心放松的感觉。

3.灵活得体的推销使客人乐于消费

前厅部是饭店客房的销售中心，除客房外，还须负责销售饭店所有其他的服务产品。前厅部必须建立从预订到接站、从礼宾到接待、从问讯到商务中心及其他服务的综合推销系统，强化每一位员工的服务意识和全员营销意识，提高推销技巧，通过优质到位的服务，引导并带动客人乐于消费、主动消费。

4.维系良好的宾主互动关系

(1)令人满意的服务。

前厅部以出售劳务为主，提供的服务纯粹是无形的。对客人来说，办理入住登记手续、付款结账等服务，不仅没有任何实际利益，而且还可能是种种"不便"和"麻烦"，这就要求前厅提供令人满意的服务。前厅需简化服务流程,提前做好各种准备,为客人提供高效率的服务。同时要注意服务的规范性,为客人提供微笑服务、有声服务、热情主动的服务;要注意服务的一致性,即对待客人一视同仁、坚持"先来先服务,后来后服务"的排队原则,保持服务过程的完整性,做到前后一致,有始有终。

(2)高回头率。

回头率,即再次住店客人占住店客人的百分比。客人再次光临饭店,说明其对饭店的服务是满意的,回头率越高说明饭店的服务质量越好。但在使用回头率作为评定服务质量的标准时应注意:其一,一般饭店开业三年后才能从回头率上反映饭店的服务质量。其二,通常商务型饭店回头率较高。因此,应客观公正予以评价。

(3)低投诉率。

投诉率即投诉的客人人数占全体住店客人的百分比。投诉率的高低直接反映饭店的服务质量和服务水平。正常的投诉率应维持在1%以下。一旦超过1%,意味着饭店的服务质量不稳定或服务质量欠佳。如投诉率高而开房率低,就说明饭店服务质量存在严重问题,既影响饭店的形象,又影响到饭店的收入,急需整顿、完善。

(二)前厅部管理内容

为达成上述前厅管理目标,前厅部要通过管理与控制前厅各部门各岗位日常工作,保证前厅部的正常运转,提升服务质量,提高饭店客房销售量和客房销售收入,充分发挥前厅部的信息中心和服务枢纽组织等职能。前厅管理具体内容如下。

1.保障组织机构正常运营,使"人、财、物、信息、资源"达到最佳组合

(1)设计完善信息沟通系统,保证良好的部门内部及部际沟通;

(2)服务规程制定与实施监控;

(3)全程控制服务流程;

(4)人力资源合理配备与调配。

2.分析、预测销售前景,实现有效的动态管理和边际收益管理

精准的预测是饭店常用的收益管理的重要基础。对不同类别的客人需求进行相对准确的预测,并采用不同的预订政策和客房销售策略,适度控制折扣比例,及时调度安排前厅服务人员,实行有效的动态管理和边际收益管理,是整个饭店前厅运营管理的关键。

3.制定客房销售政策,完成销售指标

(1)明确饭店的目标市场;

(2)确定客房销售的经济指标;

(3)拟定销售价格政策等。

4.保证准确的房态,提高客房销售的效能

前厅部凭借完善的管理制度与良好的沟通,能及时发现与预防部门间掌握的房态的差异,通过随时保证准确的房态信息,保障客房销售与分配的效率和准确性,房态的准确率直接反映饭店前厅部的管理水平。

5.促进客房及饭店相关产品的销售,提高饭店的整体收入

前厅管理的主要任务就是利用各种销售策略和销售手段,灵活运用价格策略和收益管理,提高客房收入,最终提高饭店的整体收入。

6.收集反馈客人意见,发挥沟通协调职能

通过多渠道、全方位收集、分析、整理各种类型的客人的服务需求信息,对整个饭店的服务接待起到组织、沟通及协调等作用。同时,收集汇总客人对饭店各项产品的评价、意见和建议,为饭店决策提供真实可靠的依据。

7.提高服务质量,提升客人的满意度

(1)规范培训制度,强化服务技能;
(2)监控服务过程,检查服务效果;
(3)处理顾客投诉等。

四、任务准备

1.相关教材、书籍、视频、图片资料等;
2.计算机、网络资源;
3.笔、纸张、图表等。

五、任务实施

表6-1-1(3) 前厅管理目标与管理内容认知任务实施表

序号	操作步骤	操作标准	要求	备注
1	查找资料	(1)参观饭店前厅; (2)通过书籍、网络等查找有关资料; (3)请教学哥学姐。	(1)思路清晰,行动迅速; (2)注重信息的时效性、客观性。	
2	任务分配	各学习小组进行学习任务分配,协同完成学习任务。	(1)分工合理; (2)协同互助。	组长撰写任务计划书。
3	任务过程	(1)收集信息; (2)资料分析归类; (3)完成任务表格。	(1)内容完整清晰; (2)表格简洁规范; (3)信息全面具体。	可制作电子材料、图表、数据模型等。
4	任务成果展示	对任务完成情况进行自评与互评。	(1)总结全面到位; (2)表述清晰流畅; (3)互动积极高效。	对任务完成过程作记录,作为评估依据,利于总结。

六、任务评价

表 6-1-1(4)　前厅管理目标与管理内容认知任务评价表

序号	评价内容与分值	评价结果			优点/不足
		自评	小组互评	教师评价	
1	参与积极性(10 分)				
2	分工合理(10 分)				
3	团队协作(10 分)				
4	语言表达能力(10 分)				
5	沟通协调能力(10 分)				
6	信息收集能力(10 分)				
7	信息分析归纳(10 分)				
8	任务完成速度(10 分)				
9	任务完成质量(10 分)				
10	任务展示效果(10 分)				
评价得分(100 分)					评价平均分：

七、问题及解决方案

表 6-1-1(5)　前厅管理目标与管理内容认知存在的问题及解决方案

序号	问题提出	处理方案	预防措施

八、拓展知识

阅读材料 6-1-1　前厅收益管理的实务操作(节选)

一、对市场和顾客细分并进行需求预测

Philip Ketler 和 John Bowen 两位先生在其《接待业和旅游市场营销》一书中指出："收益管理背后的概念是通过定价的差别来有效地管理收益和库存,而它的基础是被选择出来的细分市场的需求弹性"。每一饭店有其自己的市场定位,但顾客的分类、来源渠道和消费特点仍有许多不同之处,不同类别的客人消费的需求、价格和消费特点也有很大的不同,因此其消费行为模式也不一样。对市场和客人科学的细分,为饭店控制资源、提高收益提供准确的信息来源。

在细分市场和客人信息的基础上,就能对不同类别的客人需求进行相对准确的预测,并采用不同的预售方法和价格差异化的控制,实行动态管理和边际收益管理,让资源的使用风险最小化。如果资源使用风险能做到最小化,则饭店收益的预期就可以乐观其成了。

二、节假日和重大活动的价格需求控制

节假日和市场的重大活动往往是饭店获利的最佳时段,是饭店管理部门和前厅部发挥最佳管理收益效能获取最大收益的时候。这一时段的管理格言应该是"该出手时就出手,该提价时就提价",否则时不我待,机不再来。在一个市场短暂的"供不应求"的时机,最基本的消费心理就是"求"而不是"供"。

三、团队销售和销售代理的管理

对于团队销售如旅行社的旅游团队价格,应根据每一阶段的市场变化,主要是对该旅行社的消费总量和饭店的平均入住率、平均房价的涨落情况和本地市场的经济景气指数,适时进行调整控制,而对于销售代理如网络订房中心代理,则可每年进行一次市场情况分析后重新调整新一期的价格。

四、充分使用网络订房和订房中心的资源

饭店要增加网络订房的销售量,最关键的措施就是要与网络订房代理商议一个在本地区饭店中有竞争力的房价并给予网络订房代理一个"阶梯式"的售房奖励制度,才能做到饭店与网络订房代理"共赢共生"。

美国康奈尔饭店管理学院饭店业研究中心的比尔·卡尔顿在最新撰写的一份报告中预测:未来几年,有20%以上的客户将在网上完成预订。

而这一比例在2002年是8.34%。在东方嘉柏成员饭店的经营报表中,我们可以发现,有相当多的饭店,在携程、艺龙和其他订房中心的订房量已达到约10%~11%。因此,对饭店而言,不管是单体饭店或集团公司成员饭店,我们应充分使用这些网络订房代理的资源,以增加饭店的收益率。因此,没必要介意网络订房中间商的存在和发展会拿走饭店的一部分利润。天下没有免费的午餐,有得必有失,我们应采取一种"各尽所能,各取所需"的态度,鼓励成员饭店与之合作,共荣共生。

五、充分开展饭店附设资源的营销

饭店的附设资源主要是指客房之外的餐饮、娱乐设施和会议设施,这些附设资源对于前厅部的销售来说,也是一种很好的产品资源。前厅在实施收益管理时,应邀请前厅员工熟悉饭店这些附设资源的情况、销售价格政策和价格细则,并对前厅员工进行营销培训,使之掌握营销技巧,才能有针对性地开展这些资源的销售。

六、定期进行经营状况比较和分析

前厅部应将每一月的各种经营数据,包括入住率、各类房间、顾客细分、各种附设资源销售情况与历史上的数据进行比较,最主要的是与上一年数据进行比较分析,再结合市场上同类别的竞争对手饭店的资料进行细致分析,把这些有参考价值的营销数据作为前厅制定各时期房价政策的决策依据,并向饭店管理部门报告。

七、结合顾客价值开展收益管理

不同的顾客的价值是不一样的,有时顾客的价值不能简单地用一项利润指数加以界定。例如在二线城市的饭店,外国客人比较少,这时如果饭店懂得用更优惠的价格吸引较多的外国客人入住,即使这些外国客人的入住价格低于国内客人的价格,而他们带来的饭店综合价值,如对外国客人礼貌礼节、消费习惯、消费理念和人文情调的体验和了解,以及饭店使用外语氛围的改变等都会产生很好的综合效应。

1. 员工售房实际经验的作用更值得重视

饭店收益管理系统是计算机智能和人工经验高度结合的产物,一个成功的前厅收益管理系统,既包括了前厅计算机系统所能提供的资料,涉及客史资料、各历史时期的房价收益数字、各历史时期的房价变化、本地近似星级档次饭店房价类比数字,同时也包含了前厅员工的售房经验和前厅房价政策,以及售房授权制度等。计算机的资料精确性当然是可信的,但是这些资料是"死"的,是过去式,而市场变化是"活"的,是未来式,因此,应对节假日、营业高峰、饭店特定时段的房价变化的灵活应对和实操经验更加重视。

2. 前厅部要有"营销部"的理念

前厅部经理要具备"前厅部也是营销部"的理念,在做好部门的日常管理行政事务之余,要在前厅部的员工中灌输"前厅部是饭店第二营销部"的理念,并对大堂副理班组和前厅接待班组进行营销业务的培训和营销洽谈技巧的引导,把走进饭店的每一位客人当成营销对象。"不放走一位客人"应该是前厅在营销客房时的指导原则。如果说营销是有距离空间和成本费用的话,那么对于走进饭店客人的营销则是最低成本和没有距离空间的营销,也是最有成功概率的营销。

3. 制定前厅收益管理的奖励制度

为保证前厅部的收益管理工作成效,前厅部应制订"超平均房价"和"超入住率"的奖励方案报饭店管理部门批准实施,以激发员工的工作热情。前厅部制订员工售房促销奖励制度,才能将"前厅部是饭店第二营销部"的理念落到实处。

4. 饭店的协议客和门前客的比例分析

饭店房务顾客基本是由三大类客人组成,即协议客人、网络订房客人和门前散客。

(1) 协议客人。包括:协议公司散客或团体客;协议旅行社的旅游团队;协议长住客;协议会议团客。这些客人通常是由饭店的营销部门通过与相关企业签订订房合作协议而确定协议优惠价格入住,其中有些协议的价格如旅行团价、长住客价、会议团价双方可以根据季节和入住房间数、入住天数加以调整。

(2) 网络订房公司和订房中心的协议客人。这些客人的房价一般是一年一签,基本不变。

在一家饭店,由于市场和饭店本身的定位,上述这两类协议客人的房价收入一般占当期总房价收入的约75%~80%,并且有一定的预订入住期。在协议客人中,网络订房散客房价最高,但需付佣金,大约占协议房价的8%~10%,协议公司散客房价次之,而会议团队又次之,旅行社团队的价格最低。

（3）前厅门前散客。这些客人一般没有预订,大体都是当即入住,这类客人的房价收入一般占当期总房价收入的约20%~25%,门前散客的入住价格比协议客人平均房价要高得多,通常会高出50%左右。因此,前厅的收益管理主要就是调控门前散客这一块资源及如何提高入住率和入住房价,让前厅的收益管理的功能凸显。

为了说明门前散客对饭店平均房价的重要作用,我们以一家300间客房的饭店为例。如:当期该饭店的入住率是70%,平均房价为380元/间,则当期的客房出租收入为:

①当期的客房出租收入=300间×70%×380元/间=79800元

要实现当期收入79800元,按协议客人总入住率80%,平均房价350元/间,则门前散客平均入住房价要达到500元/间。

②300间×70%×80%×350元/间·天=58800元;

③300间×70%×20%×500元/间·天=21000元。

①=②+③

从上面数字可以看出,门前散客平均房价500元/间比协议客人平均房价350元/间高出了43%。可见,提高门前散客的入住平均房价对饭店当期的平均房价有很大的贡献率。

5.关注非标准房类的房间资源的收益管理

饭店的协议客人使用的房间大都集中在普通标准客房,而饭店的豪华房类如豪华房、豪华套房、总统套房、行政房则空置率都比较高,而房况则较好。这些豪华房类的出租由于受到饭店房价政策的限制,通常较难出售。为了改变这种资源闲置的状况,饭店管理者要向前厅部充分授权,前厅部经理再向接待员充分授权,只有用"随行就市"的理念,才能让前厅的接待员有卖出豪华房类的洽谈空间。从收益管理的终极目标来说,多卖出豪华房类,将对门前散客的平均房价有很大的贡献率。

6.节假日和重大活动时段的收益管理

节假日和重大活动时段的营业对饭店的总体房务收入有重大的作用,对于平均房价的提升和净利润的增加有明显的拉动效应。除了国家规定的三个"黄金周",还有每年清明节祭祖扫墓回乡高潮,针对当地政府策划的重大商贸活动也应作为另一种"黄金周"进行策划,对当期的房价进行调整提升,对于低价房客人如旅游团队给予数量控制。

（资料来源:http://wenku.baidu.com/view/868d1bef4afe04a1b071dec0.html）

任务2 召开部门例会

【案例导入】

某饭店前厅部就目前服务质量不佳的问题召开了一次部门会议,会议参加人员是各小部门的管理人员和员工代表。前厅部张经理为这次会议的主持人。他让会议准备人员提前把会议的时间、地点告诉了参会人员,并将会议主题提前发送给与会人员,鼓励大家,提出自己的观点和建议。但会议的进行并不顺利。首先会议开始时参会人员并没有到齐,会议大概进行了10分钟以后,接待处王主管才到会。会议休息时,有的管理人员讨论起了一些社会热点,大家争论不休。会议重新开始,张经理为了把与会人员的注意力拉回会议的主题上来,特意安排大堂经理小宋就服务质量情况提出自己的建议。小宋本来就是一个擅长演讲的人,他滔滔不绝地讲起来,并没有考虑其他人的感受,有些人就交头接耳地议论起来;接待处王主管针对小宋的意见进行了当面反驳,两人各不相让,争论变成了争吵……

1.导致会议现场气氛紧张的原因是什么?在这种情况下,张经理该怎么办?
2.前厅部为什么要定期召开部门例会?例会一般需要解决哪些问题?
3.组织部门例会应遵循哪些步骤?

一、任务描述

1.请完成对部门例会的认知,可借助PPT、图片、情景模拟展示等手段。
2.分组模拟召开礼宾部、接待处、预订处、问讯处、收银处、商务中心等部门三个班次的班前例会。
3.模拟召开前厅部部门例会。
4.及时记录例会主要信息并拟写会议纪要。

二、任务分析

完成本任务的关键在于通过在饭店实训锻炼观察体验、情景演练、收集信息等途径了解并初步掌握部门例会的主要内容、例会的流程及例会组织、会议记录等的方法和手段。

三、相关知识

例会(Briefing)是饭店管理方法中一事一议的具体体现,是前厅部各岗位进行快捷地信息沟通、及时传递信息与指令、协调岗位间工作的主要手段。

(一)前厅部例会形式

常见的例会有前厅部部门班组的班前班后例会、周期(月度/每周)部门例会。

1.班前例会

前厅管理人员通过员工每班交接班前的班前会,向员工下达工作任务与目标的指令、分解计划及布置分工,明确人员职责,为管理人员检查工作提供了标准和依据。班前例会主要内容包括:检查仪容仪表和出勤情况、上一班次工作回顾及交接事宜、今天(本班次)主要工作任务、宣布需跟进事宜、强调当天重要接待及注意事项、传达上级指示、发布饭店最新通知与信息、收集员工反映的问题、业务培训、考核与强化、其他班前会活动等。

2.周期(月度/每周)例会

部门周期例会分为周例会及月例会。前厅各岗位负责人向前厅部经理汇报本周期的工作总结与下周期的工作计划、客人与员工的信息收集与反馈、部门存在的问题与建议等,前厅部经理就各部门(岗位)所提问题进行答复并布置近期工作、传达饭店经理例会内容、总结部门日常工作、研究重要问题、分析典型案例等。

(二)例会组织与人员分工

前厅部例会的组织通常由以下人员负责：

1.例会主持人。一般由部门负责人担任,当其不在场时,由当日被授权主持工作的主管级以上人员担任。主要负责组织人员调配和分工、工作问题的分析和处理、传达上级会议与通知精神、打造等工作。

2.会议组织人。一般由前厅负责行政工作的主管级以上管理人员负责,负责员工队伍整队、点名考勤和记录、基本信息通报等。

3.会议监督人。主要负责维持会议纪律,检查员工仪容仪表、出勤情况与行为规范等工作。实际工作中可由所有当日参会人员现场推选产生,也可由各班组代表轮流担任。

(三)例会主要内容

1.部门人员出勤、所在部门的主要值班情况通报；

2.工作目标分解及人员分工。包括工作任务、工作时间、工作量等的分工安排,接待准备工作,客情落实的重要事项交代等。

3.传达饭店的通知、命令及其他指示精神。

4.部门或班组工作问题的反映及问题处理的通报、员工奖惩通报等。

5.客情的预估及分析、当日特殊客情或需提前准备的任务通报与安排等。

(四)例会召开流程

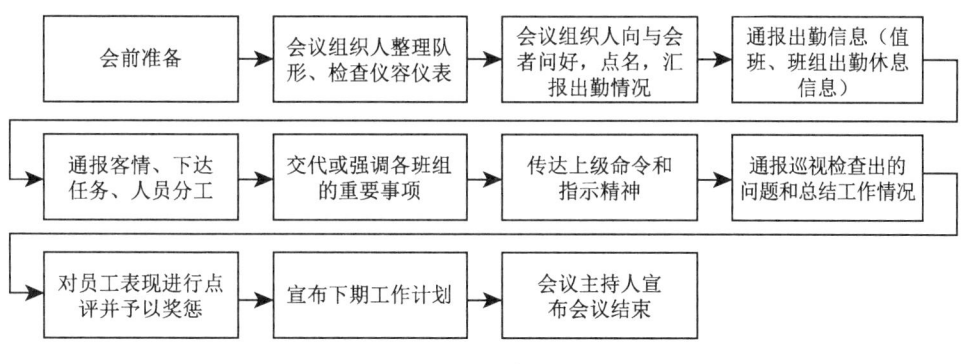

图6-1-2(1) 例会召开流程图

(五)例会纪律与规定

1.除正常休息及参加值班等原因外,所有与会人员要准时到会,不得迟到、早退、旷会；因特殊情况不能参加会议的需提前申请,违者按考勤制度处理。

2.所有参会人员需佩戴工卡,着工装,仪容仪表应符合饭店要求,违者按相关规定处理。

3.会议期间,不准随意进出；不准交头接耳；不准在会场内吸烟；不准互相推诿、扯皮；不准随意打断他人的发言；手机调至振动挡,接打电话需到会议室外面。所有人员必须坐姿端正,认真听取发言。

4.会议进行中不得交头接耳,对于主持人要求与员工互动的问题要及时回应。

5.班前会时间一般控制在 10~15 分钟左右,会议简短紧凑,高效到位。

6.部门例会时,所有与会人员须做好准备工作,汇报工作情况应简明扼要、突出重点、意见明确,及时做好详细记录。

四、任务准备

1.相关教材、书籍、视频、图片资料等;

2.计算机、网络资源;

3.会议记录本、笔、纸张、图表等。

五、任务实施与评价

表 6-1-2(1) 部门例会任务实施与评价表

序号	操作步骤	操作与评价标准	评价结果				注意事项、改进意见
			优	良	合格	不合格	
1	部门例会的准备	(1)部门经理(或会议的组织人)提前了解各班组员工表现情况; (2)敲定会议主题、主要内容、参与人员等; (3)发出部门例会通知,布置相关班组(岗位)准备好发言提纲与内容等资料; (4)准备好点名册,并与各班组负责人核对好出勤情况。					
2	会议现场组织	(1)整理队形,仪容仪表自查与检查; (2)向与会人员问好,点名及通报出勤情况; (3)安排会议监督进行会场纪律检查; (4)通报出勤信息(值班信息、各班组出勤、休息信息等); (5)通报客情接待情况,下达任务,进行人员分工,实施培训等; (6)交代或强调各班组(岗位)的重要事项; (7)传达上级命令和指示精神; (8)通报巡查检测问题和总结工作情况; (9)对员工表现进行点评并予以奖惩; (10)宣布下期工作计划; (11)与会人员发言,汇报工作情况,反馈问题,提出协助请求等; (12)就会议主题开展讨论,形成会议决定。					
3	形成会议记录,做好传递、存档工作	(1)撰写会议记录,包括:简要记录、摘要记录、详细记录等; (2)将会议记录派发到各班组,学习存档; (3)将会议记录存档,形成下一步前厅服务和管理工作的依据。					

六、问题及解决方案

表6-1-2(2) 部门例会组织存在的问题及解决方案

序号	问题提出	处理方案	预防措施

七、拓展知识

阅读材料6-1-2 前厅专题会议纪要

会议时间:20××年×月×日 14:30~15:30

出席人员:前厅部××经理、大堂经理×××、礼宾部××主管、接待处××主管、收银处××主管、商务中心×××领班、总机××领班

会议记录:×××

会议主题:各岗位管理人员针对暗访报告中关于本岗位的内容阐述问题及观点

1.礼宾岗:暗访报告中反馈的内容有三点是关于礼宾岗的。

(1)"门童服务比较随意,不太规范":存在的问题是有些礼宾员站门岗时没有定岗,走动较多;礼宾员开车门的速度较慢,客人的车来到门前时没有快步迎上去。

(2)"对礼宾介绍旅游不满意":存在的问题是安排的旅游线路(先后顺序)不够合理,对景点的介绍不够全面,对于本地的旅游景点了解不够清晰、准确。

(3)"礼宾销售意识不够强":存在的问题是当客人需要租车时,在目前饭店车队可随时出车的情况下,没有首先想到向客人介绍饭店的车,而直接为客人安排的士。

解决方案:

(1)严格执行之前的门岗站岗程序,加大培训和督导的力度,强调专业度。

(2)在旅游线路的介绍方法上存在误区,重新整理一份全面的景点资料,培训并要求牢记,以统一标准。

(3)加强销售意识的培训。即便客人提出要乘出租车,也可以向客人推荐饭店的车,说明饭店的车的好处与不同点,这也是没有从安全角度替客人着想。

2.前厅接待:暗访报告中反馈的内容是"前厅接待有不耐烦情绪"。

存在的问题:当客人对接待员回复"无所谓"时,没有进一步与客人确认相关信息,存在"我以为"的思想,导致需要为客人重新服务。语言上缺少沟通,加之面部表情缺少微笑,服务过程中较程式化、机械化,让客人觉得我们的服务有"不耐烦情绪"。

解决方案：

（1）加强现场督导，管理人员首先要热情地服务客人，多使用敬语，为员工树立榜样，起到带头作用，努力让员工有一个好的心态去服务客人。

（2）我们在服务中多对客人嘘寒问暖，让客人觉得我们重视他、关注他，多与客人沟通交流，建立客史。女服务员若较腼腆，可做相关问候、关心客人的模拟练习。在实际服务中，管理人员以身作则，带动员工给客人创造一个规范服务的氛围，客人也会以礼相待。

（3）多一些微笑，多一些关心，多一些敬语，多一些沟通，多一些人性化、精细化，少一些机械化、程式化。消灭"怕麻烦"的心态，要有"麻烦本身就是工作内容"的意识，基层管理人员要时刻加强对员工业务知识的培训和现场操作的考核，同时关注员工的工作状态，遇到问题先及时主动弥补，事后再对员工指出不足之处。

3.暗访报告中反馈的内容"路遇客人时与客人打招呼等行为不规范"。

存在的问题：前厅人员主要是以点头示意，有的是微笑但没有称呼、问候对方，行为欠规范不统一，没有严格按照礼仪标准来操作。

解决方案：重新制定完善服务礼仪动作规范与奖惩办法，加强路遇客人的培训。

4.暗访报告中反馈的内容"管理者对客人的关注与对员工的现场督导还需努力加强"。

存在的问题：管理者对于现场的管理、督导及补位尚有欠缺。

解决方案：建议部门拟定相关制度，严格筛选补位人员。

任务3　人员分工与调配

【案例导入】

某饭店为了控制人员劳务成本，规定各部门按照平均出租率80%的工作量来进行人员定编。为此前厅部遇到了难题。因为当出租率低时，服务人员闲着的多，而出租率达到100%时人员又显得很不够。为此前厅部多次向人事部提出要求增加人员，但人事部以总经理下了死命令不许进人为由而加以拒绝，只好在入住率高时招聘一些临时工，而临时工毕竟缺乏培训和经验，降低了部门的服务质量，引起客人不满。

1.前厅部为达到既控制人力成本，又保障服务质量的目标，应怎样合理配置人员？

2.为实现效益最大化，前厅部各岗位人员应该怎样对工作进行合理分工？

一、任务描述

1.分组模拟进行前厅各岗位（礼宾、接待、收银、商务中心、行政楼层等）接待任务的人员配备与分工。

2.分组模拟制定前厅各岗位（礼宾、接待、收银、商务中心、行政楼层等）人员排班表。

二、任务分析

完成本任务的关键在于学习如何对前厅员工进行合理的组织与调配，使部门的人力、物力经常保持最佳比例。同时，适当引导激励员工的思想、心理和行为，充分发挥其主观能动性,使人尽其才,事得其人,人事相宜,以实现前厅管理的目标。

三、相关知识

(一)前厅人员配置

1. 根据前厅工作流程和职责要求列出主要工作岗位

按照为客人从机场到饭店所提供的前厅服务流程和职责要求确定出前厅主要岗位,一般需要设置机场迎宾员、总机接线员、前厅接待员、收银员、咨询员、商务中心文员、行政楼层客人关系代表、大堂副理等岗位。

2. 编制岗位说明书

岗位说明书也称工作说明书或职务说明书(Job Description),是对各岗位员工规范履行岗位职责的要求总汇。可制成表格,也可用文字表述。可为招聘录用、人员配置、工作分派、签订劳动合同及职业指导等提供原始资料和科学依据。

岗位说明书应该包括以下主要内容:

(1)岗位基本信息(工作标志)。包括岗位名称、岗位编号、员工姓名、所属部门、直接上级、职务等。

(2)工作内容描述。这是岗位说明书的核心内容,全面、详尽地描述岗位所从事的每项工作的概述、工作过程、工作的环境和设备、业务联系以及工作权限等。

(3)任职资格。即从事该项岗位工作所必须具备的基本资格条件,主要包括学历、工作经历、个性特点、技能和知识要求等。

表6-1-3(1) 前厅部岗位说明书

前厅部经理

职位名称	前厅部经理	职位代码	(人事部填写)	所属部门	前厅部
职等职级	(人事部填写)	直属上级	营运总监	直属下属	前厅部各岗位主管

岗位概述:对营运总监负责,科学有效地完成总经理及营运总监下达的工作指标,最大限度地提高客流量,保留客人意见、解决客人投诉,将信息收集并及时反馈。

工作描述:

1.贯彻执行总经理、营运总监下达的营业及管理指令,负责全面主持部门工作,提高工作效率和服务质量,力争最大程度提高客流量,完成上级下达的各项经济指标和工作任务;

2.贯彻企业及本部门的各项规章制度,认真落实总经理、营运总监的工作指令,监督各岗位实施正确的服务操作程序,保证前厅部的日常工作正常进行;

3.根据经营需要,科学地安排本部门主管工作,协调前厅与餐饮部、客房部、工程部等相关部门的服务配合,确保工作衔接顺畅;

4.在精通业务的前提下,根据前厅工作内容和经营活动中的情况进行客源客情分析,保持与客人的密切联系,经常向客人征求意见,收集客人意见,并及时反馈给公司有关领导,定期提出改进工作的意见供上级参考;

5.负责根据人事部的培训总体目标和程序完成本部门的培训任务,制订前厅部培训计划,组织培训考核与评估,按照岗位服务标准及工作技能要求培训下属,严格管理,做好示范,使之尽快了解和掌握各项规定和专业技能,提高员工素质;

续表

> 6. 检查督促前厅部所有员工的工作,确保饭店及部门规章制度、服务质量标准得到执行,每月统计部门员工出勤情况,对前厅部员工进行定期评估,并按照奖惩条例进行奖惩;
> 7. 每周定时组织召开部门例会,传达工作要点,听取工作汇报,解决工作难题,部署落实下一步工作任务;
> 8. 确保前厅的环境绿化、卫生及各类设备设施状况良好,包括冷暖空调、通信、灯光、报警器等运行完好;
> 9. 负责监督指导前厅收银与咨客的服务态度及工作质量;
> 10. 负责受理客人投诉,为客人解决难题,满足服务要求,维护公司利益,让客人满意;
> 11. 负责本部门的物品管理,建立设备档案,做到账目清楚,心中有数,安排前厅部部长管理消耗物品,控制出入,及时申领,保证供应使用;
> 12. 定期拜会与公司有长期来往和经常性业务往来的重要客人,虚心听取他们的建议,并根据客人意见,定期主持召开服务质量改进会议,不断改进工作;
> 13. 定时参加公司管理人员例会,积极反映部门问题,提出整改意见。

3. 岗位人员配置

前厅管理人员与人事部对照岗位说明书的规定,对前厅各个岗位予以定编、定员。

(1) 依据岗位职责范围与实际工作量而定

如:我国大部分饭店前厅员工每年工作 12 个月,每周工作 5 天,每天工作 8 小时,某些岗位(如总机、礼宾、接待处、大堂副理等)需要 24 小时轮值,某些岗位工作时间 18 小时(如商务中心),这决定了每一岗位所需员工数也就不一样。

(2) 依据前厅人均营业收入而定

我国前厅员工的工资成本一般占营业收入的 15%。如果高于这一营业收入的工资成本率,一般意味着前厅的员工数配置偏多。

(3) 依据客流量高低峰而定。

根据客人高峰期的不同时间段,排开不同的班次,如分为早、中、晚三班,不同班次的人员配置不同,可有效降低前厅人工成本。如:24:00 到凌晨 5:00 期间,前厅的咨询、接待和收银三个岗位可以由一个人担任。

(4) 参考行业前厅人员配置比例数据(比例定员法)

饭店业中前厅人员配置比例一般依据饭店规模而定,如 100 间以下的三星级饭店的前厅员工数与客房数的比率是 1:4~1:9;100~300 间三星级饭店前厅员工数与客房数的比率是 1:5~1:10;300 间以上三星级饭店前厅员工数与客房数的比率则为 1:6~1:12。

(二) 工作排班

前厅部领班或主管要对本部门岗位员工进行工作排班。前厅部大多数工作需要二班制或三班制,合理而科学的排班是前厅管理人员管理水平的体现。

1. 排班原则

(1) 遵纪守法原则。我国国务院关于职工工作时间的规定为:"每日工作 8 小时,平均每周工作时间不超过 40 小时。""因工作性质或者生产特点的限制,不能实行每日工作 8 小时、每周工作 40 小时标准工时制度的,按照国家有关规定,可以实行其他工作和休息办法。"员工工作安排必须遵守国家法律法规。

（2）精简高效原则。既要考虑到每个班次的工作量，又要在保证服务质量的前提下尽量精减人员，人尽其才。同时还要考虑员工的需求，保证其得到适当的休息，劳逸结合。

（3）新老员工搭配原则。工作安排须兼顾员工的工作经验，以老带新、新老交替、合理搭配，以满足岗位服务所需。

（4）级别互补原则。岗位每个班次的排班均需安排不同级别的管理人员带领基层员工，各司其职、各负其责，形成科学的人员梯队，顺利完成岗位不同任务。

（5）灵活机变原则。员工的排班需提前预测并掌握客情，充分考虑工作量、客人需要、员工的技能和经历等诸多因素，留有余地，灵活机变，利于临时调整。

2. 排班步骤

（1）排班前准备工作；

（2）明确员工出勤状况；

（3）根据岗位情况及工作预测排班次；

（4）核对公示，统筹调整；

（5）灵活调整，沟通到位；

（6）提交审核、张贴执行。

表 6-1-3(2)　前厅员工排班表（部分）

××饭店员工排班表																			
部门 Department：前厅部 FO																			
提前 Date：　年　月　日　至　年　月　日																			
序号	姓名 Name	职位 Position	1 四	2 五	3 六	4 日	5 一	6 二	7 三	8 四	9 五	10 六	11 日	12 一	13 二	14 三	15 四	病假 天	事假 天	法定假 天
			上月余休			累计余休			备注											
1	周洁	领班	A	A	A	A	•	A	A	A	A	A	A	A	•	A				
2	柳虹	接待	A	A	A	A	•	A	A	A	A	A	A	•	A	A				
3	江珊	接待	A	A	•	A	A	A	A	•	A	A	A	A	A	A				
4	宋艳	接待	A	A	A	•	A	A	A	A	A	•	A	A	A	A				
5	张雪	接待	A	•	A	A	A	A	A	A	•	A	A	A	A	A				
6	易辉	接待	A	A	A	•	A	A	A	A	A	A	•	A	A	A				
7	邱亮	主管	A	A	A	A	A	•	A	A	A	A	A	A	A	•				

注：A Shift：08：00—16：30，B Shift：16：30—00：00，C Shift：00：00—08：00，D Shift：08：00—12：30 14：00—18：00 主管、领班，
E Shift：08：00—12：00 13：30—18：00，F Shif：08：00—12：30 14：30—19：00

四、任务准备

1.相关教材、书籍、视频、图片资料等;
2.计算机、网络资源;
3.排班表、部门周期工作计划、员工特殊排班申请、笔、纸张等。

五、任务实施与评价

下面,让我们尝试进行任务分工和人员排班的模拟演练吧!

表6-1-3(3) 人员排班任务实施与评价表

序号	操作步骤	操作与评价标准	评价结果				注意事项、改进意见
			优	良	合格	不合格	
1	排班前准备	准备:月历、本月重要事项安排、空白班表、铅笔和钢笔等文具、月度目标和工作计划、部门设施设备日常维护保养计划、各项会议计划、月度培训计划等。					
2	明确员工出勤状况	(1)通过当面沟通、员工排班留言本或召开临时排班座谈会等途径,调查员工休息需求(年假、休息、病假、事假等); (2)明确当月休假天数。					
3	根据岗位情况及工作预测进行排班	(1)在空白班表上填写月份与制表日期; (2)在班表安排记录栏中标注月度重点事项:部门会议、人员培训计划及安排、促销活动、维护保养工作、配合贵宾接待、特殊事项的纪念日等; (3)依据岗位说明书和客人预订情况与客情预测,确定每日不同班次、休息人数应安排员工数量,填入"员工数"栏中; (4)了解员工的可排班时间,沟通最早及最晚时间、休息日; (5)根据特定事项及员工需求,先安排相关人员班表; (6)根据每月部门会议与培训计划,考虑在岗及参与培训或会议员工的具体安排。					
4	核对公示,统筹调整	(1)核对每天、每班次的管理人员和新旧员工比例是否恰当; (2)核实管理人员及员工是否都有适当休息日及合理工作安排; (3)核查贵宾接待、客情计划、工作计划是否得到人员落实; (4)执行日前三天公布班表,听取员工反馈,及时调整。					

续表

序号	操作步骤	操作与评价标准	评价结果				注意事项、改进意见
			优	良	合格	不合格	
5	灵活调整，沟通到位	(1)如遇突发事件、重要服务接待、员工请假或申请调整班次等情况,临时调整并及时通知当事员工; (2)及时与缺勤人员进行沟通,问明原因; (3)针对员工排班需求、代班及请假等事项及时沟通反馈; (4)关注离职人员的离职原因,积极分析与排班相关原因。					
6	提交审核，张贴执行	(1)提交部门负责人审核批准; (2)张贴班表,督促员工严格执行。					

六、问题及解决方案

表6-1-3(4) 人员排班存在的问题及解决方案

序号	问题提出	处理方案	预防措施

七、拓展知识

阅读材料6-1-3 前厅部服务流程优化利于人员调配

(一)前厅服务流程中存在的问题

1.前厅的组织结构流程冗繁或人员不充足

前厅部组织结构大多是分级分层管理,从经理、大堂副理、主管、领班到员工各级别间的信息传递上存在偏差和误解,耗时较多。这样的分级管理流程在节奏日益加快的当今社会显得冗繁。而某些饭店为了节省劳动力成本,人员过度精简,使得人员超负荷工作,导致工作首尾不能相顾、客人长时间等待竟无人理睬的现象。

2.某些工作流程环节较多,延长了工作周期,使得工作效率降低

走客房的查房是国内饭店前厅所特有的服务流程,环节较多,常需要3分钟时间,客人结账时等候时间较长,导致不满。

3. 员工技能技巧不够熟练,不能做到灵活积极

有些员工对前厅设施操作、业务和产品知识不熟练,既不利于前厅客房的销售,无形中延长了客人等待时间,造成业务衔接不流畅,或在某个环节耽误较长的时间,也造成前厅业务运转缓慢。

4. 内部分工不明确,责任推诿严重

很多饭店前厅主管、领班及员工的工作范围交叉、责任不明确,推诿现象严重,使每个员工不能充分发挥自身作用,影响管理效用实现最大化。

(二)前厅服务流程优化

1. 水平工作整合

将原来分散在不同部门(岗位)的相关工作,整合压缩成为一个完整服务流程;或将分散的资源集中,由一个岗位统筹运作,可减少不必要的沟通协商,并为客人提供"一站式""一键式""一卡式"服务,可以给客人提供最大的便利。

如上图所示,客人在前厅需要同三人分别进行交流,才可以入住客房。步骤烦琐,很容易引起客人的厌烦。一旦将原先前厅的收银、接待和问询等岗位合并为一个岗位,代之以"一站式"服务,服务效率将得到很大的提升。

2. 垂直工作整合

当处理客人投诉时,由于一线员工权力很小,直接处理权限不够,因此就需要层层上报。从服务员到领班到主管,再到部门经理,再同其他部门取得联系。不但效率低下,手续麻烦,更不利于激发员工积极性。前厅人员结构实行扁平化,加强对基层服务员的授权,让接待员在一定范围内不必汇报,让每个员工都能够独立自主地解决一些问题,这样关于服务质量的投诉就会减少。充分适当的授权能唤起员工的工作责任感、创造性和对客人的主动真切服务,员工这种自我负责、对客人尽心尽责的服务,也会为前厅带来良好的口碑和信誉,使前厅更具有竞争力。

借鉴美国"大型饭店总经理以下设两级管理,就到了钟点工"的做法,面积较大而标准的前厅人员结构可以是"总经理—前厅部—接待主管—员工"。具体做法如:一线部门不设领班、二线部门不设主管、部门不设副职等。

3. 工作次序优化

利用工作步骤的调整,达到流程次序化。比如:很多饭店前厅已经优化前面提到的客人退房程序,实行退房免查房制度,简化流程为:客人结账退房—收银员询问客人当日在客房有无消费—根据客人自报情况予以结账。前厅给予客人充分的信任,并给部门一定额度的免查房损失授权。流程的优化提高了结账退房的速度,改进了服务,提升了客人的满意度。

4.编制各个岗位说明书,明确员工职责

强化岗位培训,培养接待员的服务意识。通过工作分析等一系列手段,结合餐厅的具体情况拟订各岗位的岗位说明书。让员工清楚各岗位的工作职责,以及任职该岗位需要具备的能力、素质和达到的要求等。明确标注评价该岗位员工业绩的关键业绩指标。同时规范了领导的权责,避免了领导间权责不清、工作相互推脱的现象。

5.以客人为导向,把服务客人作为流程优化围绕的中心

服务流程优化同样离不开客人的参与。喜来登饭店有一句格言:在旅馆经营方面,客人比前厅经理更高明。客人是流程优化最直接、最大的反馈信息来源,能对前厅服务流程提出有价值的看法和建议。通过建立客史档案和客人投诉记录,了解客人的喜好和意见,以此为导向改造服务流程,甚至可邀请客人直接加入改造过程。

在每个楼层设置百宝箱,提供日常用品方便客人使用;针对雨雪等特殊天气,可以灵活改变前厅服务流程,让客人先入住客房进行整理,再办理入住手续。这样可以大大增加客人的满意度,为前厅创造良好的口碑。

(资料来源:http://wenku.baidu.com/view/a23e1e9bdaef5ef7ba0d3cd0.html)

任务4 撰写工作计划与备忘录

【案例导入】

混乱的会议团入住

一天傍晚,已经是前厅中班员工快下班的时候了。前厅在岗员工人数是常规数 2 名(一名领班,一名实习生)。前厅后区办公室,前厅经理还没有下班(按常规应该下班了,但是他还在做自己的事)。大堂里,大堂副理也还没有下班。前厅部经理已经下班了。MOD(manager on duty)当天也是有的。礼宾部有 5 人,分别是领班,三名 Bell Boy 和一名 Door Man。其他隶属前厅部的各部门都在正常运转中。

突然,前厅大堂正门外的广场上来了 3 辆坐满客人的大型公交车,是该前厅派去机场接一个会议团的(虽然按照预订,应该明天这个时候到达的,但是当天临时变更计划,改了到达时间,也就是说,早到一天)。随后接踵摩肩的一大群人,毫无秩序可言地从大公交车上下来,拥到前厅。乱哄哄、争先恐后地办理入住。

当时场面乱得一塌糊涂,在后区办公室里的前厅经理得知了此事,赶忙从办公室冲去前厅,平易近人地帮前厅员工一起办理入住登记手续。

整个大厅乱得像爆发"第三次世界大战"一样,直至入住手续办得差不多时为止。

1.你觉得哪方面出现了问题,才会引发前厅的混乱呢?

2.如果你是前厅部经理,你会怎样处理这件事情?

3.通过这个案例,你在管理方面得到了怎样的启迪?

一、任务描述

1.拟订本人的本周、月度及年度学习与社会实践的计划,并予以展示。
2.分组以前厅不同岗位的身份,分别拟写一份该岗位的工作备忘录。
3.拟写一份工作或学习日志。

表6-1-4(1) 一周工作计划表

时间: 年 月 日— 月 日 部门: 填表人:

计划期目标	目标分解	跟进人	责任人
目标分解每日工作安排			各项工作完成标准
星期一			
星期二			
星期三			
星期四			
星期五			
星期六			
星期日			

表6-1-4(2) 工作计划表

	计划依据	工作目标	具体工作内容	资源提供者	负责人	完成时间		备注
						预计	实际	
岗位职责	1.							
	2.							
	3.							
	4.							
	5.							

续表

计划依据		工作目标	具体工作内容	资源提供者	负责人	完成时间		备注
						预计	实际	
临时任务	6.							
	7.							
	8.							
	9.							

表 6-1-4(3)　每日工作备忘录

星期一		星期二		星期三		星期四		星期五		星期六		星期日	
工作内容	处理结果	工作内容	处理结果	工作内容	处理结果	工作内容	处理结果	工作内容	处理结果	工作内容	处理结果	工作内容	处理结果

表 6-1-4(4)　日清工作备忘录

日清工作备忘录（　年　月　日　星期一）					
顺序	一定要完成的工作	重要程度	紧急程度	完成情况	备注
1					
2					
3					
4					
5					
顺序	紧急任务/临时任务	重要程度	紧急程度	完成情况	备注
1					
2					
3					
顺序	有时间就完成的工作	重要程度	紧急程度	完成情况	备注
1					
2					

表 6-1-4(5)　工作日志 1

时间：　年　月　日　第___周　　姓名：　　　部门：

序号	计划任务内容	优先级	实际完成内容	完成时间	发现的遗留问题	预计还需时间	备注
1							
2							
3							
4							
5							
6							

表 6-1-4(6)　工作日志 2

部门：　　职务：　　姓名：　　　年　月　日　时　分至　时　分

序号	工作活动名称	工作性质 （例行/偶然）	时间消耗 （分钟）	重要程度 （一般/重要/非常重要）	备注

表 6-1-4(7)　工作日志 3

部门：　　职务：　　姓名：　　　年　月　日　时　分至　时　分

姓　名		项目组		
日　期	工作地点	工作内容	工作进度(耗时)	备注

二、任务分析

完成本任务的关键在于明确当期任务目标与主要任务内容、完成时限等，据此分解目标、制定具体子目标与子任务，落实责任人责任及检查标准等。

三、相关知识

前厅部是饭店的信息中心,其书面沟通方式有:报表(Statistics Report),包括:营业统计报表、营业情况分析报表、内部运行表格;报告(Report),包括:按饭店组织机构管理层次逐级呈交的季度、月度工作报告;备忘录(Memorandum),是饭店上下级、部门间沟通、协调的一种有效形式,包括工作请示、指示、汇报、建议等;工作日志、记事簿(Log Book),是饭店对客服务基层班组相互沟通、联系的纽带,主要用来记录本班组工作中出现的问题、尚未完成须下一班组跟催(Follow up)的事宜,前厅部各环节各班组均须建立此制度,确保信息沟通渠道畅通及传递迅速有效,饭店的交接班均采用此方法。

(一)工作计划的编制

1.工作计划的内容

(1)工作背景(情况分析)。

制订计划前,要分析研究部门及个人的工作现状,充分了解下一步工作是在什么基础上进行的,是依据什么来制订这个计划的。

(2)工作目标。制定出一定时期内所应完成的任务和应达到的工作指标。

(3)工作的方法、步骤和措施。

表 6-1-4(8)　工作计划内容

工作项目	目标	工作措施	计划完成时间	责任人	督导人
团队管理	优化资源配置,实施竞聘机制,加大内部人才培养力度	1.根据前厅部组织结构,优化人员配置,对于缺编的基层管理岗,通过竞聘方式选配,培养内部人才,实现梯队管理计划。	2017年11月26日	部门负责人	分管副总
		2.丰富大堂副理工作内容,制定每日工作流程,充分发挥大堂副理的管理职能。	2017年11月26日	部门负责人	分管副总
		3.每周组织周例会,每月组织前厅部员工座谈会及员工活动,以增强团队凝聚力。	每周/每月	部门负责人	分管副总
制度建设	完善前厅部各岗位职责及工作流程与标准	1.根据组织结构,完善各岗位职责。	2017年12月26日	部门负责人	分管副总
		2.修订前厅接待、收银、礼宾、预订台、堂吧等岗位工作流程及标准。	2018年1月26日	部门负责人	分管副总
		3.职责及流程的培训与学习。	2018年2月26日	部门负责人	分管副总
		4.组织考核。	2018年2月26日	部门负责人	分管副总

续表

工作项目	目标	工作措施	计划完成时间	责任人	督导人
基础质量	针对2017年工作中的突出问题及薄弱环节,采取措施提升前厅部基础质量管理水平	1.区域基础卫生质量及当班人员的仪容仪表、服务礼仪、工作纪律的日检工作落实到责任人(由每日当值大堂副经理负责),实行层级检查制度。大堂副理巡检,前厅部经理巡检,并实施不达标的处罚办法。	全年持续进行	部门负责人	分管副总
		2.倒班岗位建立交接班记录本,严格实行交接班制度,记录当班期间的问题及需下一班次注意的事项。	2017年11月26日	部门负责人	分管副总
		3.指定一名大堂副理兼职负责预订台的管理,完善宴会预订相关流程,明确预订岗位职责并组织培训学习。	2017年12月26日	部门负责人	分管副总
		4.每月协同财务部对前厅收银人员进行基础业务培训与指导,增强前厅收银员的防范意识,减少错误概率。	全年持续进行	部门负责人	分管副总

在明确了工作任务以后,还需要根据主客观条件,确定工作的方法和步骤,采取必要的措施,以保证工作任务的完成。

①上期工作中需解决未解决的问题,本期的解决方案。
②将本期的工作目标和任务分解到每一周,再分解到每天。
③未能完成计划任务的补救方法。
④完成时限和任务要求。

2.编制工作计划的步骤
(1)整理计划依据。
(2)列举当期工作内容、负责人、工作要求、完成时限等。
(3)编制工作计划草稿,征求上级、资源提供者和工作成果接收人的意见。
(4)根据反馈意见调整并确定工作计划。
(5)计划实施。

资料6-1-4(1) 某饭店前厅部2017年工作思路

一、总体目标
1.管理目标:优化内部人员结构,加强团队建设,提升基础业务素质。
2.经营目标:提升散客售房技巧,增加散客及协议房比例,上半年实现月均2900间的基础任务指标;下半年实现月均3000间的基础任务指标。

二、具体计划

工作项目	目标	工作措施	计划完成时间	责任人	督导人
团队管理	优化资源配置,实施竞聘机制,加大内部人才培养力度	1.根据前厅部组织结构,优化人员配置,对于缺编的基层管理岗,通过竞聘方式选配,培养内部人才,实现梯队管理计划。	2017年11月26日	部门负责人	分管副总
		2.丰富大堂副理工作内容,制定每日工作流程,充分发挥大堂副理的管理职能。	2017年11月26日	部门负责人	分管副总
		3.每周组织周例会,每月组织前厅部员工座谈会及员工活动,以增强团队凝聚力。	每周/每月	部门负责人	分管副总
制度建设	完善前厅部各岗位职责及工作流程与标准	1.根据组织结构,完善各岗位职责。	2017年12月26日	部门负责人	分管副总
		2.修订前厅接待、收银、礼宾、预订台、堂吧等岗位工作流程及标准。	2018年1月26日	部门负责人	分管副总
		3.职责及流程的培训与学习。	2018年2月26日	部门负责人	分管副总
		4.组织考核。	2018年2月26日	部门负责人	分管副总
基础质量	针对2017年工作中的突出问题及薄弱环节,采取措施提升前厅部基础质量管理水平	1.区域基础卫生质量及当班人员的仪容仪表、服务礼仪、工作纪律的日检工作落实到责任人(由每日当值大堂副理负责),实行层级检查制度。大堂副理巡检,前厅部经理巡检,并实施不达标的处罚办法。	全年持续进行	部门负责人	分管副总
		2.倒班岗位建立交接班记录本,严格实行交接班制度,记录当班期间的问题及需下一班次注意的事项。	2017年11月26日	部门负责人	分管副总
		3.指定一名大堂副经理兼职负责预订台的管理,完善宴会预订相关流程,明确预订岗位职责并组织培训学习。	2017年12月26日	部门负责人	分管副总
		4.每月协同财务部对前厅收银人员进行基础业务培训与指导,增强前厅收银员的防范意识,减少错误概率。	全年持续进行	部门负责人	分管副总

(资料来源:http://wenku.baidu.com/view/7b6939204b35eefdc8d333b8.html)

资料6-1-4(2)　某饭店前厅部2017年月度工作计划

1.一月份:最大限度地提高客房出租率和房价;安排春节期间人员值班及相应制度的制订;针对饭店店庆12周年促销活动与销售部密切配合开展发放百万代金券活动。

2.二月份:修改完善前厅的岗位职责和奖罚制度,处理饭店内部的公共关系,搞好员工间的关系;保证饭店的工作有序地进行和开展;结合饭店人员短缺的实际情况进行招聘,补充各岗位人员。

3.三月份:对饭店一线员工进行服务质量提升的培训。提高员工的服务态度及意识,增加员工对客户的珍惜度,提高顾客对饭店的满意度,树立全员销售意识,对新员工进行入职培训。

4.四月份:与销售部紧密沟通,做好各单位培训会议的住房接待;提前做好"五一"黄金周团队住房预订销售工作;评选第一季度的优秀员工。

5.五月份:针对五一期间的住客,给前厅人员培训做好团队会议房的安排工作,最大限度地提高客房出租率;培训提高前厅人员的自身素质和沟通技巧;针对高考房的考生家长订房做好咨询工作(安排安静的房间)。

6.六月份:针对住高考生的客房,尽量集中安排、与散客区分开,加强叫醒服务工作;配合销售部做客房优惠活动;联系安排饭店员工的旅游。

7.七月份:针对团队的入住及结算流程进行现场培训;针对暑假期间的清凉消夏,配合销售部搞好客房销售活动;接待7月份的团队住房及排房;评选第二季度的优秀员工。

8.八月份:接待八月份的会议团队;接待好全国种子会的预订;开展各种寓教于乐、真情互动活动,丰富员工业余文化生活。

9.九月份:配合销售部开展教师节和中秋节之际的客房优惠活动。

10.十月份:针对国庆黄金周各旅行团的住房及协议公司的培训住房,配合销售部有针对性地做好客房销售工作;开展第三季度优秀员工评选。

11.十一月份:对前厅人员进行安全培训,提高安全意识;配合销售部做好客房的销售预订;接待好团购活动客房的预订,做好入住审核工作。

12.十二月份:提前做好圣诞节和店庆13周年饭店大堂的布置方案;有针对性地做好店庆客房优惠活动;十二月份各单位举办的培训总结会议较多,提前做好全国图书会期间有关房价及房间安排的销售接待工作。

(二)工作备忘录的撰写

备忘录常用于饭店内部各部门间关于日常事务的信息沟通、知会请示、工作要求、工作备忘等的一种便函式文件格式,使用频率较高。常由主管某项工作的人写给有关人员,或由某个部门通知其他部门予以工作配合。备忘录的写作不像正式公文那样严格,不需要称呼语和结束套语。但语言力求简明、易懂、得体、切题。

1.工作备忘录的应用

(1)向某人或某部门传递信息;

(2)确认在会议或电话中达成的协议或安排;

(3)落实具体事项;

(4)标明有关指示、说明或责任的记录。

2.工作备忘录的内容

备忘录便笺上常印有饭店名称和电话号码、"备忘录"(Memorandum 或 Memo)等字样。笺头部分通常都包括发件人、收件人、日期和主题或事由这几项,有的还印有供存档的编号。

整个备忘录的内容由收件人、发件人、日期和主题或事由以及主体组成。

3.工作备忘录的写作步骤

(1)写备忘录之前先打好草稿,以免时间不够遗忘了细节;
(2)写明收文人、发文人、日期和事由;
(3)以正式和礼貌的语气来具体说明和解释事件的原因;
(4)细节补充。要明确具体时间、地点、需要做的准备以及其他注意事项。

资料6-1-4(3)　工作备忘录

```
                     备忘录（MENO）
至To:各部门负责人
呈Attent:总经理
由From:前厅部
事宜(主题)Subject:关于×××贵宾抵达的通知
日期Date:2017年03月25日
编号NO.:FOD-12-001
内容Meno:
```

(三)工作日志的撰写

工作日志是对每天工作的真实记录,是总结、反思并改进工作的重要基础。工作日志的主要内容如下。

1.工作时间:日期、星期、天气。
2.本日记事:按完成工作的次序记录当日所完成的工作及完成情况、重大事件的记录、疑难问题的处理,按照时间、地点、什么工作、工作经过、结果、原因分析等的格式写。
3.工作小结:总结一天的工作经验与不足,就当日出现问题做出解决方案,报领导批准实施,对比月工作计划及日推进计划判断目标任务的推进情况,对未能达到预期进度的工作,制订相应的补救措施并制订实施方案。
4.次日工作计划。按事情的急、重、轻、缓次序列出各项工作。

四、任务准备

表6-1-4(9)　工作计划及工作备忘录撰写任务准备表

教师准备	学生准备	教具准备
1.收集信息、设计课程; 2.编写教学方案; 3.准备教学案例、资料图片、课外延伸资料、服务情景资料等; 4.制作PPT及材料准备; 5.制作任务评价表。	1.知识准备:课程知识点预习,网络、图书、图片资料等信息收集; 2.项目成果:任务计划书、任务实施、PPT或图片文字展示材料等; 3.物品准备:相机、U盘;笔、笔记本。	多媒体、U盘、相机、彩色卡纸、笔、大白纸、A4纸、剪刀、双面胶、图片/视频资料、奖品。

五、任务实施

表 6-1-4(10)　工作计划及工作备忘录撰写任务实施表

序号	步骤	操作及说明	要求	备注
1	查找资料	(1)实训观摩; (2)通过书籍、网络等查找有关资料。	(1)思路清晰,行动迅速; (2)注重信息的时效性、客观性。	
2	任务分配	各学习小组进行学习任务分配,协同完成任务。	(1)分工合理; (2)协同互助。	组长撰写任务计划书。
3	工作计划及备忘录撰写	(1)收集信息; (2)拟订提纲; (3)撰写工作计划及备忘录。	(1)内容清晰明了; (2)格式规范完整; (3)信息完整具体。	也可制作成电子材料。
4	任务展示与评价	展示成果,对任务准备、实施过程、完成情况进行自评与互评。	(1)流程完整到位; (2)表述清晰流畅; (3)互动积极高效。	安排人员进行记录,作为评价依据。

六、任务评价

表 6-1-4(11)　工作计划及工作备忘录撰写任务评价表

序号	评价内容与分值	评价结果			优点/不足
		自评	小组互评	教师评价	
1	参与积极性(10分)				
2	写作是否规范(30分)				
3	语言表达能力(10分)				
4	信息收集归纳(10分)				
5	任务完成速度(10分)				
6	任务完成质量(15分)				
7	任务展示效果(15分)				
评价得分(100分)					评价平均分:

七、问题及解决方案

表6-3-1(12)　工作计划及工作备忘录撰写存在的问题及解决方案

序号	问题提出	处理方案	预防措施

八、拓展知识

阅读材料6-1-4　某饭店前厅接待管理每日工作细则

1.检查并处理前一天的工作情况(08:30—09:00)

(1)查看交班记录,了解未完成的工作事项。

(2)检查夜审报表情况,检查各种报表的分送登记,查看夜班钥匙清点记录和有无过夜的留言信件。

(3)分析房间误差原因,查阅有无超越权限的房价签字等。

2.了解并处理当天的主要工作(08:00—09:00)

(1)贵宾抵离情况和宴会、活动通知。

(2)当天进店团队散客情况,当天离店团队散客情况。

(3)当天客房销售余缺情况等。

3.布置工作任务(09:00)

(1)向领班布置当天的主要工作。

(2)落实贵宾抵离和宴会活动的工作及注意事项。

(3)布置上级下达的临时任务和下达当天分房的基本要求等。

4.检查日常工作(09:00—14:00)

(1)内宾登记表和外宾登记表。

(2)订单保存和介绍信、会客登记、邮件、留言传递及发送。

(3)员工仪容仪表和领班安排的员工替换就餐。

(4)权限、价格执行情况,设施设备情况、维修情况及卫生,阅览架陈列。

(5)资料存档。

5.主持例会

(1)评价当天工作,布置工作任务,公布新的规定,通报有关情况。

(2)传达通知等。

6.检查工作完成情况(14:00—17:00)

(1)次日离店表、延长离店表和客房误差表。

(2)检查工作的完成情况及其他。
7.思考及了解
(1)当天未完成的工作和明日工作计划。
(2)问题处理及与有关部门的协调。
(3)明日贵宾抵离活动情况,明日客房出租和余缺情况及其他。
8.下班交接。主要是交接未完成事项和工作要求。
9.注意事项
(1)及时向部门通报前厅信息,包括:客房出租情况,未预订贵宾的到店情况,客人向前厅投诉的情况,与其他部门未能协调的情况,大厅发生的重要事件。
(2)协调好班组关系。主要指同以下班组的关系:客房服务中心、财务结账、销售预订、前厅行李、餐饮预订、前厅总机、前厅商务中心、大堂经理。
(3)在日常工作中加强对下属的培训。
(资料来源:http://wenku.baidu.com/view/88a0b2cc8bd63186bcebbc6a.html)

任务5 前厅服务质量控制与考核

【案例导入】

如此奖励

辛迪是一家四星级宾馆的前厅部经理,最近她总听到客人抱怨入住登记和离店结账的速度太慢,对此她很烦恼,决定利用自己在管理学中学到的知识改变这一现状。她精心设计了一套前厅接待服务质量管理体系,专门用来奖励那些为客人提供快捷服务的前厅员工。

在接下来的部门会议上,辛迪向员工公布了决定:每八小时的轮班中,登记客人人数最多和办理结账手续最多的两个员工将在月底得到额外奖励!该体系运行得非常完美,在第二个月的第一天,两个员工欣慰地领到了自己的奖金。接下来的一个月,员工们的工作效率提高了很多。

在月度房务部门会议上,辛迪的热情受到了极大的打击。虽然前厅的工作效率已经明显提高,但是员工普遍反映他们之间好像缺少了以前那样的团结协作。在不久之后,辛迪还收到了一封投诉信,客人评价自己接受的服务快速却缺乏礼遇。"像被赶入栏的公牛!"随后,又出现了好多麻烦:接待员为提高接待速度,对客人的很多有价值的信息没有记录;收银员也有一些费用没有记在账单上……

1.案例中辛迪的奖励体系存在的主要漏洞有哪些?
2.前厅服务质量控制与管理的重点是什么?
3.前厅管理人员应该怎样激励员工,力争达到工作效率最大化?

一、任务描述

1.设计一份宾客对前厅各岗位服务质量的反馈表/意见征求表。

2.制定一份大堂副理日常巡视公共区域的工作检查表,须注明检查标准。
3.拟订激励员工的具体措施或质量评比、优质服务竞赛的简单方案。
4.情景模拟:大堂副理拜访住客,征求客人意见和建议,并做好拜访记录。
5.情景模拟:管理人员与员工进行绩效考核面谈。

二、任务分析

完成本任务的关键在于明确大堂副理是前厅服务质量和服务秩序的监督者,要锻炼自身思维的缜密度、保持目光的敏锐度和处理事情的灵活度。

三、相关知识

(一)广泛收集前厅服务质量信息

收集的各种服务反馈信息是饭店提高服务质量、调整经营策略的重要参考依据。通常,前厅大堂副理负责信息的收集、分析与汇总等工作,在客人关系维系、服务质量管理等方面起到关键作用。

1.客人意见征询

通过直接与客人面谈、电话拜访、调查问卷、客人意见表等方式来获得客人对前厅服务质量满意度的信息。

(1)明确需要了解的信息。在明确需要了解的信息后准备相应的问题或话题。

(2)多方征求收集客人意见。具体途径有:

①直接与客人交谈、打电话沟通获得其住店感受或相关建议。

②收集客人意见书。客人意见书通常放在客房内、前厅柜台或大堂副理办公桌上,以便于客人填写。

③拜访客人。有些饭店规定了大堂副理每日拜访客人的数量。征求收集客人意见的过程也应该是与客人沟通并建立良好关系的契机。

2.对客人意见进行整理、分析、汇总与交流

大堂副理要认真对待并仔细分析收集到的客人意见或建议,对客人意见进行总结、记录、归类,上报给饭店服务质量监督部门或相关管理人员,及时与相关部门沟通反馈客人意见,就服务质量管理采取相应措施予以改进和完善。

3.对客人提出意见建议表示感谢并予以及时反馈

对于客人提出的建议或意见,尤其是投诉类建议或建设性意见,大堂副理应表示感谢,及时将解决方案和处理意见告知客人。这既是对客人的尊重,也是前厅服务工作流程完整的体现。

(二)巡查公共区域

大堂副理负责饭店公共区域的巡视、检查并保证其处于正常状态,做到整洁、舒适、井然有序,保证各个服务部门服务工作的顺利进行。

1.巡查大堂内外公共区域

具体包括：检查大堂员工的仪表仪容是否符合规范、是否在岗、是否规范有礼操作；巡视大堂氛围是否和谐、秩序是否正常；检查大堂所有设施设备是否正常运转、布置和装饰品是否完好干净；感受大厅温度和湿度是否令人舒适；检查各种标志是否完好，背景音乐音量是否适中；检查地毯、墙面是否清洁无污损，天花顶是否洁净，垃圾桶是否及时被清理干净；检查大堂内外的安全免责标志是否正常放置；检查花木的新鲜度、整洁度；检查大堂外机动车通道是否干净、畅通无堵塞等。

2.巡视客用电梯、通道等公共区域

巡视检查并确保客梯内外清洁、光亮，电梯内外指示灯及电子提示屏幕处于正常工作状态；检查电梯口垃圾桶是否干净；地面是否干净、有无水迹等；巡视大堂至其他营业区域的通道是否通畅、环境是否美观；检查公共应急及安全设施，如消防通道、应急照明、监控设施是否通畅完好等；

3.巡视大堂的配套功能区

巡视商品部、商务中心、书店、邮局、公用电话、代办服务（票务、物流等）、公共洗手间、残疾人设施环境是否达标、是否正常运转。

表6-1-5(1)　质量管理巡检表

受检部门	前厅部	范围：前厅接待处、行李处、收银处、商务中心、后台办公室		日期：
项目	标准分	内容		得分
卫生	20	柜台卫生状况（电脑、打印机、抽屉等有无污迹、灰尘）		
		后台办公室卫生状况（地面、文件摆放等）		
		环境卫生状况（地面、墙壁、门窗、天花板、室内植物、有无异味等）		
财物	15	物品存放和使用合理、存放物品登记清楚		
		领用制度完善、管理分工清楚、现金存放安全		
		节能降耗状况（节水、节电等）		
安全	25	岗位操作规范、制度完善		
		防滑、防漏电、防化学损害、防责任事故等工作到位		
		消防设施存放规范合理、方便好用、妥善保管		
		各类门锁安全、钥匙管理完善、门窗安全有效		
		四防（防火、防盗、防毒、防责任事故）有效		

续表

项目	标准分	内容	得分
服务	25	接待登记规范	
		服务态度规范	
		服务效率(房卡、餐券等发放速度)	
		为客人答疑规范(态度、语言、技巧等)	
		办理结账规范(核对房号、询问消费的收费项目等)	
		电话接听规范	
		应知应会	
仪容仪表	15	按规定着装、佩戴铭牌	
		个人妆容规范	
		姿势规范(走、坐、站姿)	
合计	100		
备注	不符合要求的每项下面每点扣3至5分,扣至0分止。		
	质检员签名:		

(三)分析研究服务质量

前厅管理人员应经常性地对前厅服务质量进行检查并对检查结果进行仔细分析研究,找出发生质量问题的原因,采取措施,及时纠正,完善服务规程。

(四)建立健全前厅服务质量管理体系

1.建立完整而细致的服务质量控制体系,让各项服务标准有章可循。

2.精简整合服务程序,运用先进的设施设备,保证服务效率,提高服务质量。

3.制定完整系统的员工培训计划和业务考核体系,有计划、有步骤地予以实施。全面提升员工基本素养、业务技能、外语水平、服务意识与团队精神等。

4.建立并维护宾客关系网络,主动征求客人对服务质量的意见与建议,及时发现服务的薄弱环节,不断完善管理规定与服务流程,改善服务质量。

5.建立健全客史档案,培养员工自觉收集信息、及时补充客史档案的工作习惯,准确掌握客人服务需求信息,提供针对性的个性化服务,提升宾客忠诚度。

6.建立和完善员工奖励和激励制度。定期开展形式多样的质量评比或优质服务竞赛,如"礼貌服务大使""服务明星""微笑大使""星级员工"等评比活动,营造良好的技能比拼氛围;适时关心员工,鼓励并指导员工工作,激发其工作的主动性,强化服务的准确和高效。

7.疏通饭店部门间、岗位间以及员工间的沟通渠道,强化协作机制,使各个服务环节的衔接更顺畅,服务效率更高,质量进一步上台阶。

(五)通过人员绩效考核激发工作业绩

绩效考核是通过设定清晰的工作目标和合理的考核方法,采用科学的方法对员工的品德、态度、工作绩效和能力进行综合检查,以评定员工的工作业绩和潜力。目的是给予员工公正的报酬和激励,让员工知道要做什么、怎么做以及怎样得到回报。

1.明确绩效考核项目

(1)工作业绩。可用完成目标率、工作效率、费用空置率等子项目予以考评。

(2)工作能力。包括专业知识、专业技能、分析能力、归纳能力、创新能力、组织能力、培养下属能力、对外活动能力、协调能力等。

(3)工作态度。包括工作的主动性、敬业精神、自律性、责任心、团队精神、原则性、成本观念、承受批评能力、服从性、执行力度等子项目。

2.拟定量化的绩效标准

绩效标准是指与岗位相对应的每项任务应达到的绩效要求,是衡量绩效的准则。

标准明确了员工的工作要求,用以确定员工的工作业绩好坏,有助于保证绩效考核的公正性。

绩效标准划分为绝对标准和相对标准。绝对标准包括经营收入、成本、费用、员工出勤率、员工流失率、员工培训时数等,是不以考评者或被考评者的个人意志为转移的,而是以客观事实为依据的标准。而相对标准是区分员工先进和落后、绩效工资上升或下降的指导性标准,如增长率、增加值、差异率等。具体应视情况去运用。

表6-1-5(2)　前厅服务绩效考核表

岗位	指标	评分标准	得分
行李服务	行李运送工具管理	行李车、行李存单等设备及用品齐全完好,行李摆放得当,检查中每发现一次差错扣__分。	
	行李接送	接送行李迅速准确,交接手续清楚,暂存堆放整齐,运送行李细心,无损坏丢失差错等责任事故发生,每发生一次扣__分。	
	行李寄存	主动热情,件数清点手续完善,每发生一次差错扣__分。	
	服务态度	热情礼貌、周到,不向客人索要小费,每发生一次客人投诉扣__分。	
前厅接待服务	入住接待	手续办理不超过3分钟,记录准确,每发生一次客人投诉差错扣__分。	
	分房	熟悉房态信息,分房准确,每发生一次差错扣__分。	
	特殊情况处理	客人提出换房、降低房费等要求时要及时请示,准确答复,每出现一次客人投诉差错扣__分。	
	服务态度	礼貌、热情、周到,每发生一次客人投诉扣__分。	

续表

岗位	指标	评分标准	得分
总机服务	接转电话	迅速、准确、无差错、漏接,每发生一次误转电话或引起客人投诉扣__分。	
	接听电话	语言规范,反应迅速及时,抽查中每发现一次长时间无人接听电话或电话长时间占线扣__分。	
	接收留言	准确记录客人姓名、房号、留言内容,并及时转告,发生一次漏转留言扣__分。	
	叫醒服务	准确记录需叫醒客人姓名、房号、叫醒时间,每发生一次漏叫或引起客人投诉扣__分。	
商务中心服务	服务意识	态度热情,微笑服务,语言运用准确得当,每引起客人一次投诉扣__分。	
	传真复印打印服务	操作准确、迅速,符合客人要求,差错率为零,每引起客人投诉一次扣__分。	
	订票服务	准确、及时,符合客人要求,每发生一次差错或引起客人投诉扣__分。	
	工作记录	完整、准确、无差错,每出现一次差错扣__分。	
离店服务	办理客人离店手续	办理结账手续快捷准确,提取寄存行李准确无误,每发生一次差错扣__分。	
	欢送客人	主动告别,欢迎再次光临,祝福客人旅途愉快等,每发生一次客人投诉扣__分。	
	离店信息记录	记录快速准确,将离店信息输入计算机,调整预订、分房及查询信息,每发生一次差错扣__分。	

注:以上绩效考核结果作为部门奖金计发、员工培训、薪资调整、职位变动等的依据

表 6-1-5(3)　前厅员工工作表现评估表

姓名:

评估日期:自　　年　月　日至　　年　月　日

	服务态度	员工是否始终保持微笑服务,工作是否有主动性,是否经常迟到早退、请病事假。	标准	得分
	A	员工能始终保持微笑服务,工作积极主动,无迟到早退和病事假。	5	
1	B	员工能达到工作要求,本月有少于三天的缺勤。	4	
	C	表现平平,本月有三天以上缺勤。	3	
	D	表现甚差,经常迟到或早退。	2	
	行为规范	是否始终保持高标准仪容仪表,是否有违反工作纪律的记录。		
	A	能始终保持高标准仪容仪表,无违反工作纪律记录。	5	
2	B	基本能保持标准仪容仪表,偶有违反工作纪律记录。	4	
	C	工作表现平平,有两次违反工作纪律记录。	3	
	D	表现甚差,有三次以上违反工作纪律记录。	2	

续表

3	服务规范	是否处事到位,较少出错,工作有条不紊,容易使人接受。		
	A	工作很好,极少发生错误。	5	
	B	工作良好,只是稍有差错,极少犯相同错误。	4	
	C	工作表现平平,工作质量要经审核才能被接受。	3	
	D	处事粗心大意,经常犯相同错误。	2	
4	设施设备保养	是否对工作范围内的设施设备做保养。		
	A	设施设备保养良好。	5	
	B	基本能做到设施设备的保养。	4	
	C	需督导才能做到对设施设备的保养。	3	
	D	对设施设备根本做不到保养。	2	
5	每月培训	是否对培训严肃认真,是否有缺勤,培训是否合格。		
	A	对培训严肃认真,无缺勤,培训成绩非常好。	5	
	B	基本能达到培训要求,有三次以下缺勤,培训成绩良好。	4	
	C	培训表现平平,有三次以上缺勤,培训成绩基本合格。	3	
	D	培训表现很差,有五次以上缺勤,培训成绩不合格。	2	
6	A		5	
	B		4	
	C		3	
	D		2	

总分:				
		以下由部门填写		
评估等级	A	工作表现非常好,有一定卓越工作表现。	26分~30分	
	B	是一位工作表现良好的员工,有能力去完成预期工作。	21分~25分	
	C	是工作表现良好的员工,在若干方面具有长处,但仍需改进工作。	16分~20分	
	D	是一位工作表现平平的员工,需要继续努力达到更佳工作表现。	10分~15分	
	E	员工需要改善工作表现才能达到基本工作要求。	10分以下	
部门意见	适应岗位		除职		予以转正	
	表现满意		表现一般		延长试用期,暂时不予转正	

表 6-1-5(4)　前厅部经理业绩考核表

序号	例行的绩效考核项目	权重	绩效目标值	得分
1	对客结账,预订信息记录等业务差错率	15%	考核期内差错率低于__%	
2	部门 GDP 值	30%	考核期内达到__万元以上	
3	客房营业额	20%	考核期内达到__万元以上	
4	客人对前厅服务的满意度评价	10%	考核期内随机征询客人对前厅的满意度达到__分以上	
5	紧急事件的处理速度	10%	考核期内突发的紧急事件处理及时,速度控制在__小时内	
6	客人投诉率	5%	考核期内客人投诉率低于__%	
7	部门协调满意度	5%	考核期内客人对部门协调满意度评价__分以上	
8	部门员工流失率	5%	考核期内部门员工流失控制在__%以内	
序号	例外事项考核	权重	绩效目标值	
1	每出现一次较大责任事故		扣减业绩得分的__%	
2	每出现一次一般责任事故		扣减业绩得分的__%	
3	出现重大责任事故,按相关制度予以处理			
本次考核总得分:				
考核结果评定: 95 分以上为优秀,80~95 分为良好,70~79 分为合格,69 分以下为有待提高(不合格)				

3.分阶段实施绩效考核

(1)计划执行阶段

在此阶段,前厅部管理人员要与员工开诚布公地沟通、交流,及时就员工工作上的优点和缺点交换意见。导致绩效管理工作陷入困境的主要原因之一就是没有进行充分的沟通和交流,上级不能及时指导下级。为把绩效考核和评价做好,管理人员要适时提供事实依据,要注意向他人了解、观察以及记录员工的重要业绩表现(包括好的表现和不良的表现),作为日后绩效考核面谈、对员工进行奖惩的事实依据。必要时,需要让员工在某些绩效记录(如违纪)上签字认可。

(2)考核与评价阶段

一个绩效周期结束,前厅部各级管理人员就需要对员工在此时间段内的工作成果与工作行为进行评价。首先,要求员工进行自我评估,然后由上级在员工自我评价的基础上,根据绩效评价标准对员工的业绩进行评价,评价的最终结果都表现为相应的分值。

（3）面谈阶段

在确定最终的绩效评价结果之前，上级与下级还需就评价结果进行讨论。一方面是为了达成共识，使下级接受绩效评价结果。另一方面也是为了帮助下级查找绩效不佳的原因，帮助其在下一绩效周期改善工作绩效，引导下级设计职业规划和职业生涯。绩效考核面谈结束，通常需要上级和下级在绩效评价结果上签字确认，绩效评价结果最终将用作加薪以及奖金发放等的依据。如：对绩效评价结果有异议可依照预先制订的申诉程序，在规定的时间内谋求分歧的解决。

四、任务准备

表6-1-5(5)　前厅服务质量控制与考核任务准备表

教师准备	学生准备	教具准备
1.收集信息、设计课程； 2.编写教学方案； 3.准备教学案例、资料图片、课外延伸资料、服务情景资料等； 4.制作PPT及材料准备； 5.制作引文及评价表。	1.知识准备：课程知识点预习，网络、图书、图片资料等信息收集； 2.项目内容：写任务计划书、情景剧本撰写及彩排、PPT或图片文字材料展示、方案拟订与展示演练、情景模拟演练等； 3.物品准备：相机、U盘；笔、笔记本。	多媒体、U盘、相机、彩色卡纸、笔、大白纸、A4纸、剪刀、双面胶、图片/视频资料、奖品。

五、任务实施

表6-1-5(6)　前厅服务质量控制与考核任务实施表

序号	操作步骤	操作标准	要求	备注
1	查找资料	(1)实训观摩； (2)通过教材、书籍、网络或从饭店实地收集资料和信息。	(1)思路清晰，分析归纳有条理； (2)注重信息的时效性、客观性。	全面收集； 信息筛选合理科学； 及时请教交流。
2	任务分配	各学习小组进行学习任务分配，协同完成任务。	(1)分工合理； (2)协同互助。	组长写任务计划书。
3	任务准备	(1)分析整理信息； (2)拟订方案或写剧本； (3)展示演练，并加以完善。	(1)内容完整、条理清晰； (2)符合标准； (3)分工协作。	可制作成电子材料、视频、图册，进行角色扮演等。
4	任务展示评价总结	(1)分组进行任务展示； (2)自评与互评； (3)完善、小结。	(1)流程完整到位； (2)表述清晰流畅； (3)互动积极高效。	记录客观真实；反馈真诚有建设性，反思及时。

六、任务评价

表 6-1-5(7)　前厅服务质量控制与考核任务评价表

序号	评价内容与分值	评价结果			优点/不足
		自评	小组互评	教师评价	
1	参与积极性(10分)				
2	分工是否合理(10分)				
3	团队协作能力(10分)				
4	语言表达能力(10分)				
5	沟通协调能力(10分)				
6	信息收集能力(10分)				
7	信息分析归纳(10分)				
8	任务完成速度(10分)				
9	任务完成质量(10分)				
10	任务展示效果(10分)				
	评价得分(100分)				评价平均分:

七、问题及解决方案

表 6-1-5(8)　前厅服务质量控制与考核存在的问题及解决方案

序号	问题提出	处理方案	预防措施

八、拓展知识

阅读材料 6-1-5(1) 《中国旅游饭店行业规范》前厅服务规范

第二章 预订、登记、入住

第四条 饭店应与客人共同履行住宿合同,因不可抗力不能履行双方住宿合同的,任何一方均应当及时通知对方。双方另有约定的,按约定处理。

第五条 由于饭店出现超额预订而使客人不能入住的,饭店应当主动替客人安排本地同档次或高于本饭店档次的饭店入住,所产生的有关费用由饭店承担。

第六条 饭店应当同团队、会议客人、长住客人签订住房合同。合同内容应包括客人进店和离店的时间、房间等级与价格、餐饮价格、付款方式、违约责任等款项。

第七条 饭店在办理客人入住手续时,应当按照国家的有关规定,要求客人出示有效证件,并如实登记。

第八条 以下情况饭店可以不予接待:(一)携带危害饭店安全的物品入店者;(二)从事违法活动者;(三)影响饭店形象者;(四)无支付能力或曾有过逃账记录者;(五)饭店客满;(六)法律、法规规定的其他情况。

阅读材料 6-1-5(2) 《旅游饭店星级的划分与评定》(GB/T14308—2010)前厅服务质量总体要求

7.服务质量总体要求

7.1 服务基本原则

7.1.1 对宾客礼貌、热情、亲切、友好,一视同仁。

7.1.2 密切关注并尽量满足宾客的需求,高效率地完成对客服务。

7.1.3 遵守国家法律法规,保护宾客的合法权益。

7.1.4 尊重宾客的信仰与风俗习惯,不损害民族尊严。

7.2 服务基本要求

7.2.1 员工仪容仪表应达到:

a)遵守饭店的仪容仪表规范,端庄、大方、整洁;

b)着工装、佩工牌上岗;

c)服务过程中表情自然、亲切、热情适度,提倡微笑服务。

7.2.2 员工言行举止应达到:

a)语言文明、简洁、清晰,符合礼仪规范;

b)站、坐、走姿符合各岗位的规范与要求,主动服务,有职业风范;

c)以协调适宜的自然语言和身体语言对客服务,使宾客感到受尊重和舒适;

d)对宾客提出的问题应予耐心解释,不推诿和应付。

7.2.3 员工业务能力与技能应达到:

掌握相应的业务知识和服务技能,并能熟练运用。

表 C.1 　饭店运营质量评价表

2.前厅						
2.1	前厅服务质量					
2.1.1	总机	优	良	中	差	
2.1.1.1	在正常情况下,电话铃响10秒内应答	3	2	1	0	
2.1.1.2	接电话时正确问候宾客,同时报出饭店名称,语音清晰,态度亲切					
2.1.1.3	转接电话准确、及时、无差错(无人接听时,15秒后转回总机)	3	2	1	0	
2.1.1.4	熟练掌握岗位英语或岗位专业用语	3	2	1	0	
2.1.2	预订	优	良	中	差	
2.1.2.1	及时接听电话,确认宾客抵离时间,语音清晰,态度亲切	3	2	1	0	
2.1.2.2	熟悉饭店各项产品,正确描述房型差异,说明房价及所含内容	3	2	1	0	
2.1.2.3	提供预订号码或预订姓名,询问宾客联系方式	3	2	1	0	
2.1.2.4	说明饭店入住的有关规定,通话结束前重复确认预订的所有细节,并向宾客致谢	3	2	1	0	
2.1.2.5	实时网络预订,界面友好,及时确认	3	2	1	0	
2.1.3	入住登记	优	良	中	差	
2.1.3.1	主动、友好地问候宾客,热情接待	3	2	1	0	
2.1.3.2	与宾客确认离店日期,对话中用姓氏称呼宾客	3	2	1	0	
2.1.3.3	询问宾客是否需要贵重物品寄存服务,并解释相关规定	3	2	1	0	
2.1.3.4	登记验证、信息上传效率高、准确无差错	3	2	1	0	
2.1.3.5	指示客房或电梯方向,或招呼行李员为宾客服务,祝愿宾客入住愉快	3	2	1	0	
2.1.4	行李服务	优	良	中	差	
2.1.4.1	正常情况下,有行李服务人员在门口热情友好地问候宾客	3	2	1	0	
2.1.4.2	为宾客拉开车门或指引宾客进入饭店	3	2	1	0	
2.1.4.3	帮助宾客搬运行李,确认行李件数,轻拿轻放,勤快主动	3	2	1	0	
2.1.4.4	及时将行李送入房间,礼貌友好地问候宾客,将行李放在行李架或行李柜上,并向宾客致意	3	2	1	0	
2.1.4.5	离店时及时收取行李,协助宾客将行李放入车辆中,并与宾客确认行李件数	3	2	1	0	
2.1.5	礼宾、问讯服务	优	良	中	差	

续表

编号	项目	优	良	中	差
2.1.5.1	热情友好,乐于助人,及时响应宾客合理需求	3	2	1	0
2.1.5.2	熟悉饭店各项产品,包括客房、餐饮、娱乐等信息	3	2	1	0
2.1.5.3	熟悉饭店周边环境,包括当地特色商品、旅游景点、购物中心、文化设施、餐饮设施等信息;协助安排出租车	3	2	1	0
2.1.5.4	委托代办业务效率高,准确无差错	3	2	1	0
2.1.6	叫醒服务	优	良	中	差
2.1.6.1	重复宾客的要求,确保信息准确	3	2	1	0
2.1.6.2	有第二遍叫醒,准确、有效地叫醒宾客,人工叫醒电话正确问候宾客	3	2	1	0
2.1.7	结账	优	良	中	差
2.1.7.1	确认宾客的所有消费,提供总账单,条目清晰、正确完整	3	2	1	0
2.1.7.2	效率高,准确无差错	3	2	1	0
2.1.7.3	征求宾客意见,向宾客致谢并邀请宾客再次光临	3	2	1	0
2.2	前厅维护保养与清洁卫生	优	良	中	差
2.2.1	地面:完整、无破损、无变色、无变形、无污渍、无异味、清洁、光亮	3	2	1	0
2.2.2	门窗:无破损、无变形、无划痕、无灰尘	3	2	1	0
2.2.3	天花板(包括空调排风口):无破损、无裂痕、无脱落、无灰尘、无水迹、无蛛网,无污渍	3	2	1	0
2.2.4	墙面(柱):平整、无破损、无开裂、无脱落、无污渍、无蛛网	3	2	1	0
2.2.5	电梯:平稳、有效、无障碍、无划痕、无脱落、无灰尘、无污渍	3	2	1	0
2.2.6	家具:稳固、完好,与整体装饰风格相匹配。无变形、无破损、无烫痕、无脱漆、无灰尘、无污渍	3	2	1	0
2.2.7	灯具:完好、有效,与整体装饰风格相匹配。无灰尘、无污渍	3	2	1	0
2.2.8	盆景、花木、艺术品:无枯枝败叶、修剪效果好、无灰尘、无异味、无昆虫,与整体装饰风格相匹配	3	2	1	0
2.2.9	前厅及各种设备(贵重物品保险箱、电话、宣传册及册架、垃圾桶、伞架、行李车、指示标志等):有效、无破损、无污渍、无灰尘	3	2	1	0
	小计	111			
	实际得分:				
	得分率:实际得分/项目总分×100% =				

项目 2 拟订前厅服务方案

【案例导入】

团队为何滞留在停车场

一天早上 7 点,某饭店大堂门外的停车场上,一辆客车正欲启动,将这个团队的客人送往机场乘飞机。这时,前厅的收银员赶了过来,叫停车场保安拦住车子不让走。原来是这个团在离店结账时,又有人返回房间产生了新的消费。负责接待此团客人的该市政府××办公室的王主任是这家饭店的常客,他对收银员说:"客人还要赶去机场乘 8 点半的飞机,这样吧,我还有一张空白支票在那里(前厅),待会我送了客人回来,一起算在我的账上。"收银员不同意,要求王主任写个担保。大堂副理、值班经理见状,叫收银员先让客人走了再说,收银员却叫他们在账单上签字,否则不让团队走。王主任火了:"我好不容易才把客人带到你们这里,却这样不通情理,我要找你们老总投诉!"

问题
1. 导致王主任不满并投诉的原因是什么?
2. 前厅管理人员及服务员应注意哪些服务细节,以避免类似情形的发生?

任务 拟订前厅服务方案

一、任务描述

1. 请拟订一份贵宾入住接待方案。
2. 请拟订一份会议团(政务、商务、学术)的入住接待方案。
3. 请拟订一份岗位服务工作改进方案。

要求如下:
(1)分组挑选任务主题,确定贵宾/团队客人、前厅具体岗位人员的扮演者;
(2)采用各种形式(如 PPT,将小组分工协作完成的方案进行展示);
(3)各组进行自评、互评,修改完善方案。

二、任务分析

完成本任务的关键在于熟悉前厅各岗位的操作流程和规范,掌握服务方案的写作格式,学习相关业务知识,完成服务方案的撰写。

三、相关知识

(一)信息收集

1. 了解来宾的情况和客史档案

了解客人此行目的及基本情况,包括:国别、地区、所代表的机构或组织及其业务范围和发展态势,客人人数、姓名、性别、身份、职务、民族、宗教信仰、生活习俗,抵达和离店的具体时间及所乘交通工具等。

2. 掌握饭店客情安排(预订情况、房态状况、设备情况、人员情况等)

3. 明确接待服务规格

(二)接待服务方案内容与格式

1. 接待服务方案标题

如,"关于××××入住的接待服务方案",要求字体加黑、居中,字体与字号须与正文有区别。

2. 主送部门及抄送部门

3. 正文

(1)服务接待引言。即接待服务背景资料概述。如客人姓名或团队的名称、客人职务或身份、来源地、服务接待规格、服务接待的意义或重要性,等等。

(2)服务接待总体要求。

(3)服务接待具体安排(含客人的特殊要求)。

(4)各岗位人员分工与安排。包括服务项目、完成目标与时限等。

(5)接待单位关于签账的消费项目、付款方式、签账负责人等事项说明。

(6)接待单位联络员的联系方式。

4. 落款(拟写部门名称、日期)

(三)接待方案申报、审批

(四)接待方案的发送与实施

(五)服务接待信息收集、反馈、分析与归档

资料6-2-1(1)　××公司接待服务方案

单号:2299zQ8　　　　　　　　　　团队名称:××公司

贵宾:××公司全球总裁、大中华区总裁等　　来源地:美国、北京　人数:约50人
(名单待定)

抵达日期:××年××月××日中午12:00　　离店日期:××年××月××日上午10:00

一、住房安排

1. 高级套房5间,高级大床间30间,标准双床间15间,备用房5间,入住三晚。

房号:2101、2102、2103、2105、2106、2107、2108、2109、2111、2112、2114……

2.房费:套房:×××元/间/晚;高级大床房×××元/间/晚(含早餐)。

二、用餐安排

用餐时间	餐别	餐类	用餐标准	开餐时间	用餐地点	用餐人数

三、会议安排:无

四、各岗分工与接待安排

(一)前厅部

1.接到订单后与销售员或者会务组确认团队抵店和离店时间、用房数、房型、价格、mini吧是否撤吧、是否关电话、身份证如何登记等一系列情况。

2.了解收费细则、是否准备发票、签到方式、如何分发房卡等。

3.入住前1~2天根据用房数量合理控制入住当天的客情,确定是否需要关掉网络订房,避免预订过多影响团队的入住,也避免放走散客过多影响当天的入住率。

4.与会务组确认是否确认房号:

(1)不确认房号的按照集中排房原则,尽量将团队安排在一起。

(2)提前联系,通过销售部与会务组确认好房号,提前1~2天为团队保留预订房号,如不能保证该房号,立即与销售员或会务组联系调换房号。

5.入住前一晚,由夜班将团队房卡制作好,专人负责逐个房间测试房卡。

6.团队入住前,当班人员了解团队用房数量、具体到店时间、用餐会议地点等。

7.提前通知客房先清扫团队预订房,根据要求看是否需要撤吧和关电话,房间是否需要放置其他东西(水果、欢迎信等)。

8.再次确认团队抵店时间,查看团队房间是否都是VC房,将房卡统一整理好由专人拿到签到台准备发放。

9.根据会务组要求分别办理入住登记手续:

(1)会务组提前拿到团队房卡,配合会务组制作与会人员报到手册(注明房号),按统一分配的房号核对姓名派发房卡。

(2)按照人员名单或团队成员不同报到时间,请会务组派人员协助饭店团队接待处统一发放房卡。团队成员一同到达时,尽量提高发卡效率。

(3)个别自己付款的客人:会务组代预订房间,客人须单独支付押金拿房卡,须保证房号、押金、登记单一起放置,提高效率。

10.团队成员全部报到入住后,迅速与会务组负责人确认房间数并在登记单上签字,当班人员在确认房间数量、房号后办理电脑入住手续,更改价格,保存信息。

11.会议期间所有消费需要入房费的必须由有效签单人签字或销售员确认方可录入房账。

12.在会议期间了解团队的所有日程,便于回答客人询问,做到有问必答。

13.夜班人员接班后立即了解团队日程等一系列事项。夜审时再次确认房号是否与登记单一致,房价是否都正确无误。夜审后制作团队每日客房消费清单。

资料6-2-1(2)　××公司年会期间消费清单

日期	单人间			标准间			套房			其他			合计
	单价	数量	合计	单价	数量	合计	单价	数量	合计	餐费	杂项	其他	
第一天													
第二天													
总计													

14.与销售员确认团队退房时间和退房方式,如是统一退房则提前通知客房服务中心,提高退房效率。

15.如是分散退房,对客人还的房卡进行房号核对。最后统一核对房卡保证数量齐全,确认房间消费是否全部入账,打印账单让会务组负责人签字确认。

16.若该团队要求延迟退房并不加收房费,须向领导申请获得批准后方可同意,否则一律按规定加收房费。

(二)客房部

1.请客务部在入住前一天检查设备、设施,做好服务准备。

2.房间派放《中国日报》、欢迎卡、饭店总经理名片。

3.水果配放费用:房间应备应季水果(标准:30元/果盘)及水果刀,每天按10元/果盘标准补充新鲜水果,费用由会务组支付。

4.请安排专人跟进会务组了解各项临时性服务要求,详细情况待落实后另行通知。

5.全部房间开通长话、布置迷你吧。

(三)餐饮部

1.请营业部与会务组落实有关客人用餐的细节及菜单的品种(包括早餐),另再落实会务组工作人员的用餐情况(宋经理电话:139××××××××)。

2.请餐厅落实每餐酒水及饮料,如主办方自带红、白酒,则免收开瓶服务费。

3.暂定团体在××厅用餐,工作人员在××厅用餐。

4.工作人员用餐人数有可能会增加,准确人数有待确认,请餐厅部做好预留××厅的准备。

5.请及时将餐饮消费单据送会务组宋经理签账确认。

(四)保安部

1.请做好车辆指引工作及安全保卫工作。

2.××日大型宴会,请保安部做好安全保障与消防协调工作。

（五）康体部

1.住客免费健身、游泳,其他康体项目6折优惠(高尔夫球八折优惠)。

2.请及时将消费单据送会务组宋经理签账确认。

资料6-2-1(3)　×××接待通知单

主办单位：	活动日期:2011年　月　日—月　日
活动主题：	页　　数:共1页
主办单位负责人：	联系电话:134××××××××
饭店跟办人员：	联系电话:137××××××××

一、房间安排

前厅部 & 客房部

入住/离店日期	房型	房数	优惠价
7月22日—7月23日	标准双人房	20间	RMB400元/间/晚
7月22日—7月23日	商务标准房	40间	RMB450元/间/晚

——以上房价均不含早餐;

——房内电话:关掉国际长途电话IDD,关掉国内长途电话DDD、市话DD;撤迷你酒水吧。

——要提前排房间并及时跟进;

——除负责人外,房价保密;

——要求房间里撤掉网线,并断开电视信号线;

——要求提前做好卫生及通风工作。

——要求在一楼大堂摆一个签到台和四张椅子。

二、工程安排

工程部

——保证客房水、电正常运转。

三、停车安排

保安部

——需协助客人停车以及做好安全指引工作;

四、结算方式

财务部

该团已收取10000元押金,消费凭有效签单人确认,离开前按实际消费结清所有费用。

有效签单人:××× ×××

××饭店销售部/前厅部

2017 年 7 月 22 日

呈:总经理

送:财务部/前厅部/客房部/保安部/工程部

表 6-2-1(1) VIP 接待通知单

VIP 等级:_____   签批人:_____

接 待 通 知 单

会议经办人:		联系电话:		跟进人:		联系电话:		
单位名称				到店日期			离店日期	
出席贵宾					付款方式			
客房	房型	数量	房价	客人姓名	入住日期	离店日期	备注	
							早餐:_____	
							延迟退房:_____	
							指示牌:_____	
							其他:_____	
	特殊安排:							
餐饮	日期	时间	地点	人数	用餐形式	餐标	酒水	场地布置
	特殊安排:							
康体	安排:							
会议	日期	时间	人数	地点	租金	台型		设备及收费
	特殊安排:							

续表

工程部：
保安部：
宴会部：
其他：
销售经理：_____ 前厅经理：_____ 审核签发人：_____ 日期：_____

抄送：□客房部　□餐饮部　□财务部　□行政办　□保安部
呈报：□总经理

资料6-2-1(4)　前厅部商务楼层增值服务方案(草拟)

为完善饭店配套服务设施,满足商务、政务客人的接待需求,拓展市场份额,强化饭店信誉和市场口碑,前厅部商务楼层特作出如下增值服务方案：

• **前厅**：提高服务质量,体现细微、温馨、体贴、人性化、个性化服务,坚持"以客为主,服务至上"的服务理念。

1.客人在前厅办理手续时若等待时间较长,商务吧服务人员可以灵活地为客人沏杯温馨茶表示关心,另外前厅服务人员可以有针对性地与客人进行交流,了解客人的需求或建议并记录；

2.前厅吧台处可以有针对性地放些许糖果及小纪念品,供客人品尝及留念；

3.大厅沙发处若有客人在等待或进行商务洽谈,商务吧服务人员可以为客人沏杯温馨茶以示关注；

4.前厅服务人员只要见到客人进入大厅,必须全体人员进入准备状态,做到"三个统一",统一站姿、统一问候语、统一服务标准。

5.前厅服务人员要求：每周要有两次与外界朋友进行交流沟通,旨在宣传饭店产品和服务,认真贯彻全员营销的理念。

6.对前厅服务人员的站姿、坐姿、仪容仪表、礼节礼貌、语言表达、销售技巧进行培训并严格要求,等等。

• **商务中心**：完善饭店配套服务设施,体现饭店服务特色和区域服务特色。

方案(一)

桌子数(5张)不变,按同等比例摆放,商品展示柜沿大理石柱前侧摆放,增加卖点,如：日用品、纪念品、成人用品、烟、酒、茶等。旁边放置一个报架,上有书籍和报刊等文化产品供客人查阅。其他功能设施不变。

优势：

1.商务吧可以进行多功能服务,满足宾客洽谈和自由选购商品的需要；

2.增加卖点,提高营业收入；

3.控制人员成本,落实饭店一岗多能的管理计划；

4.充分体现服务的人性化和个性化;
5.增加饭店附属产品,满足消费者需求,扩大客源市场。

劣势:
1.空间狭小,显得拥挤,灯光略显昏暗;
2.当既有客人喝茶又有客人选购商品时,显得嘈杂、气氛不协调;
3.个别商品陈列在休息区会显得不雅观;
4.客人洽谈时,不能提供安静舒适的环境。

方案(二)

桌子撤掉2张,增加更多的附属产品,空出更多的位置摆放展示柜及商品,增加卖点。如:日用品,纪念品,成人用品,工艺品,烟,酒,茶,等等。旁边陈列书籍和报刊等文化产品供客人查阅。其他功能设施不变。

优势:
1.桌子数减少了,但摆放附属产品的空间增加了;
2.商务吧可以进行多功能服务,满足宾客洽谈和自由选购商品的需要;
3.增加卖点,提高营业收入;
4.控制人员成本,落实饭店一岗多能的管理计划;
5.充分体现服务的人性化和个性化;
6.增加饭店附属产品,满足消费者需求,扩大客源市场;
7.商务吧客人休闲喝茶不会显得很拥挤。

劣势:
1.茶座座位将会减少,不能同时接待过多客人;
2.当既有客人喝茶又有客人选购商品时,显得吵闹、气氛不协调;
3.一些商品陈列在休息区会显得不雅观;
4.客人洽谈时,不能提供安静舒适的环境。

方案(三)

喝茶等服务设施移到休息区,商务吧暂定为一个小型商场,专卖饭店附属产品,增加卖点。如:日用品,纪念品,成人用品,工艺品,烟,酒,茶,等等。休息区放置一个报架,放置书籍和报刊等文化产品供客人查阅。其他功能设施不变。

优势:
1.商务洽谈、休闲与自由购物完全分开,成为专项服务,各区域可用空间扩大;
2.增加更多饭店附属产品,客人有了更多的选择;
3.增加卖点,提高营业收入;
4.控制人员成本,落实饭店一岗多能的管理计划;
5.充分体现服务的人性化和个性化;
6.增加饭店附属产品,满足消费者需求,扩大客源市场。

劣势：
1.茶坊移到休息区,客人喝茶或商务洽谈时感觉吵闹；
2.室内光线暗,若白天开灯,成本增加；
3.空气不流通,没有可欣赏的景观；
4.不优雅,不清静；
5.空间狭小,显得拥挤。

我们建议采用方案(二)：
1.如：商务洽谈及休闲客人较多,可以向客人推荐我们饭店的茶坊用于休闲洽谈。
2.日用品可以陈列于较隐蔽的位置,如果客人有需求,可以为其介绍所需产品。
3.安排两人同时上班,团结互助,即使有客人打字复印、喝茶、购物,也不会感到手忙脚乱,一切井然有序。
4.可以撤掉不必要的装饰品,空出更多的空间,显得更加宽敞、明亮。

• 礼宾部：对外联络合作,主要是与外界进行有计划、灵活的合作、沟通,对外宣传,旨在迎合饭店销售需要,扩大客源市场。

礼宾部负责对外联络的单位包括：
1.邮政、快递等物流公司；
2.提供出租车、私车等的租车服务机构；
3.能很好地与本饭店服务相衔接的饭店；
4.旅行社、会务组织、政府机构、企事业单位(可与销售部合作)；
5.号召部门员工发动亲戚、朋友,整合可用资源。

编制单位：前厅部
编制日期：2017年3月27日

(资料来源：http://wenku.baidu.com/view/38dcb5f1ba0d4a7302763a3f.html)

四、任务准备

表6-2-1(2)　服务方案拟订任务准备表

教师准备	学生准备	教具准备
1.收集信息、设计课程； 2.编写教学方案； 3.准备教学案例、资料图片、课外延伸资料、服务情景资料等； 4.制作PPT及材料准备； 5.制作思维导图及评价表。	1.知识准备：课程知识点预习,网络、图书、图片资料等信息、收集； 2.项目内容：写任务计划书,情景剧本编写及彩排,PPT或图片文字材料展示,案例收集、分析、讨论,情景演练等； 3.物品准备：相机、U盘；笔、笔记本。	多媒体、U盘、相机、彩色卡纸、笔、大白纸、A4纸、剪刀、双面胶、图片/视频资料、奖品。

五、任务实施

表6-2-1(3) 服务方案拟订任务实施表

序号	操作步骤	操作标准	要求	备注
1	查找资料	(1)实训观摩； (2)通过教材、书籍、网络或从饭店收集资料和信息。	(1)思路清晰，分析归纳有条理； (2)注重信息的时效性、客观性。	多渠道收集；筛选信息合理科学；及时请教交流。
2	任务分配	各学习小组进行学习任务分配，协同完成任务。	(1)分工合理； (2)协同互助。	组长撰写任务计划书。
3	任务准备	(1)分析整理信息； (2)拟订方案或撰写剧本； (3)演练并加以完善。	(1)内容完整清晰； (2)符合标准； (3)分工协作。	可制作成电子材料、视频、图册或做角色扮演等。
4	任务展示评价总结	(1)分组任务展示； (2)自评与互评； (3)完善小结。	(1)流程完整到位； (2)表述清晰流畅； (3)互动积极高效。	记录客观；反馈真诚具建设性，反思及时。

六、任务评价

表6-2-1(4) 服务方案拟订任务评价表

序号	评价内容与分值	评价结果			优点/不足
		自评	小组互评	教师评价	
1	参与积极性(10分)				
2	分工是否合理(10分)				
3	团队协作能力(10分)				
4	语言表达能力(10分)				
5	沟通协调能力(10分)				
6	信息收集能力(10分)				
7	信息分析归纳(10分)				
8	任务完成速度(10分)				
9	任务完成质量(10分)				
10	任务展示效果(10分)				
评价得分(100分)					评价平均分：

七、问题及解决方案

表 6-2-1(5) 服务方案拟订存在的问题及解决方案

序号	问题提出	处理方案	预防措施

八、拓展知识

阅读材料 6-2-1　关于预防退房未结账的预案

针对本月 2 日发生的"客人将房卡还至前厅后离开饭店,因前厅未及时操作退房程序等原因,导致空过房费"的事情,前厅部及时进行细致的分析、整改、培训,拟订房卡管理制度如下:

一、房卡保管制作规定

1.每班交接时,必须核对客人房卡数量,发现任何缺失必须上报并记录,同时使用专用登记册进行登记、管理;

2.前厅主管须检查"房卡数量交接记录"的准确性,保证无坏卡流通存放等现象存在;

3.接待员退房时必须保证收到每张卡都要及时的读卡注销,且每日 14:00 将所有房卡进行二次读卡注销,查看是否有未注销的房卡,发现后马上与系统房态进行核对,保证房卡状态与系统房态的一致性;

4.夜班大堂副理严格按流程对当日房态图进行核查,必须保证门锁系统与前厅操作系统的一致性,发现问题及时查处,保证夜审前房态 100%的正确;

5.房卡由前厅员工统一制作。原则上单人房每间只发放一张房卡,双人房根据客人要求可发放两张房卡,并在电脑中注明。

二、特殊情况处理

1.客人房卡遗失处理流程

(1)验明客人身份和登记相符→说明规定,向客人收取或从押金中扣除赔偿费→重新制作新的房卡给客人。

(2)任何服务员如发现房卡被遗留于公共场所,应立即交当值主管,送回前厅接待处处理,使用专用登记册进行登记、管理。

2.客人房卡损坏处理流程

(1)验卡→显示房号和客人所报相同且在期限内→重新制作房卡给客人,并向客人致歉。

(2)卡号不能显示或不能验卡→验明客人身份和登记相符→重新制作房卡给客人,并向客人致歉。

3.客人到前厅办理结账退房卡处理流程

(1)提醒客人交还房卡→须验卡无误后,方可通知客房服务员查房并办理退房手续。

(2)退房时,客人将房卡留在房间→客房服务员查完房交到前厅。凡有折痕、断裂、明显污迹、坏的房卡,交前厅主管统一保管,使用专用登记册进行登记、管理。

(3)核对相对应的房卡、账单、系统,房间是否已经结账、注销,保证100%准确无误。

(4)核对房卡与客人信息一致无误后,通知客房部,迅速将退房的房间号码在前厅退房记录本上标记清楚(日期、房号、时间、接待员工号、查房情况、回报的时间、客房服务员工号等)。

4.客人未经过前厅办理退房手续、直接离开饭店的情况处理

(1)客人为当日预计离店客人:大堂副理应在12:00后处理DUE OUT房间,仔细核对、处理,避免客已离店系统未退房空过房费的情况。

(2)客人为非当日离店客人:14:00时由客房部将当日无行李房号报至大堂副理处,经仔细核对、处理,供前厅预订、排房,从而避免客已离店系统未退房空过房费的情况。

以上方案已列入前厅部SOP内的流程。全体前厅人员须严格遵守。

(资料来源:http://wenku.baidu.com/view/89a3880af12d2af90242e667.html)

项目3 客人投诉的处理

【案例导入】

任何饭店都拥有一批老客户,他们都十分偏爱自己常住的饭店,并且客人与饭店上上下下的工作人员都很亲热友好。C先生就是这样一位老客户。一天,他和往常一样,因商务出差,来到了×饭店。如果是平时,C先生很快就能住进客房。但是,正在饭店召开的大型会议使得C先生不能马上进房,服务员告诉他,到晚21:00点可将房间安排好。C先生只好到店外的一家餐厅去用餐。由于携带手提包不方便,他来到前厅,没有指定哪一位服务员,而是和往常一样,随意和一位服务员说把手提包寄存在他那里,22:00点以前来取,请他们予以关照。当然,没有拿收条或存牌号之类的凭证。当C先生在22:00点前回到饭店吩咐服务员到大堂帮他取回手提包时,大堂经理却说,找不到,并问C先生的存牌号是多少?C先生讲,同平时一样,他没拿什么存牌。第二天,尽管饭店竭尽全力,却仍未找到。于是,C先生突然翻脸,声称包内有重要文件和很多现金,他要求饭店处理有关人员,并赔偿他的损失。

问题
1. 案例中,前厅员工在工作中存在哪些漏洞?可以通过哪些方式来查出漏洞?
2. 如果你遇到类似的客人投诉情况发生,会怎样处理?

任务1　投诉的认识

一、任务描述

1. 分组辩论:客人投诉是好事还是坏事?
2. 完成有关客人投诉的学习任务,然后收集整理资料归纳入下表。

表 6-3-1(1)　投诉的认识

序号	投诉的原因	投诉的类型	客人投诉的心态分析	备注

二、任务分析

完成本任务的关键在于正确认识投诉对饭店和员工的影响。

三、相关知识

(一)对宾客投诉的正确认识

1. 宾客投诉的不良影响
①宾客投诉导致饭店形象和经济利益受损。
②员工队伍会因投诉过多而缺乏凝聚力和集体荣誉感,导致士气低落,流失率高。

2. 宾客投诉的积极影响
①帮助饭店管理者及时发现饭店服务与管理中存在的问题与不足。
②通过对客人投诉的处理,使饭店有机会将客人从"不满意"转变为"满意",消除客人对饭店的不良印象,改善宾客关系,减少负面影响,利于饭店市场营销。

(二)宾客投诉的原因

1. 宾客对饭店服务人员服务态度不满
由于消费经验、个性、心境不同,宾客对服务态度的敏感度不同,但评价标准不会有太大差异。尊重需要强烈的客人往往以服务态度欠佳作为投诉内容,具体表现为:

(1)服务员待客不主动,给客人以被冷落、怠慢的感受。
(2)服务员待客不热情,表情生硬、呆滞甚至冷淡,言语不亲切。
(3)服务员缺乏修养,动作、语言粗俗、无礼,挖苦、嘲笑、辱骂客人。
(4)服务员在大庭广众中态度咄咄逼人,使客人感到难堪。
(5)服务员无根据地乱怀疑客人行为不轨。

2. 宾客对饭店某项服务效率低下不满

如餐厅上菜、结账速度太慢;前厅入住登记手续烦琐,客人等候时间太长;邮件迟迟未送达,等等。因为服务效率低下,未达到宾客心理期望,导致不满,引发投诉。

3. 宾客对服务方法欠妥不满

宾客投诉的原因有时是服务方法欠妥,对客人造成伤害或使客人蒙受损失。如与客人意外碰撞而烫伤客人、夜间大堂地面打蜡时不设护栏或标志以致客人摔倒;客人延期住宿前厅催交房费时客人理解为服务员暗指他意在逃账等。

4. 宾客对饭店设施设备不满

因饭店设施设备使用不正常、不配套、服务项目不完善而让客人感觉不便是客人投诉的主要内容。

5. 宾客对饭店产品质量不满

例如客房有异味,寝具、食具、食品不洁,食品未熟、变质,怀疑酒水为假冒伪劣商品等,均可能引起宾客投诉。

6. 宾客对饭店违约行为不满

如饭店未兑现予以优惠的承诺,饭店接受的某项委托代办服务未能按要求完成或过时不复等。当饭店做出承诺但未能兑现,或兑现中打了折扣时,宾客会产生被欺骗、被愚弄、感到不公平的愤怒情绪,导致投诉。

7. 宾客对饭店其他方面不满

如:服务员行为不检、违反有关规定(如向客人索要小费),损坏或遗失客人物品;服务员不熟悉业务,一问三不知;客人对价格有争议;对周围环境、治安保卫工作不满意;对管理人员的投诉处理有异议等。

此外,投诉内容还可能是:饭店消费环境、消费场所、设施设备未能满足客人的要求;员工业务水平低,工作不称职,工作不负责任,岗位责任混乱,经常出现工作过失;部门间缺乏沟通和协作精神,管理人员督导不力;对客人尊重程度不够;服务指南、宣传手册内容陈旧、说明不翔实等。

(三)宾客投诉的种类

1. 控告性投诉

控告性投诉的特点是:投诉人已被激怒,情绪激动,要求投诉对象做出某种承诺。一般而言,凡控告性投诉所占比重较大的饭店,通常是从服务质量到内部管理都存在着很多问题。过多的控告性投诉,会使饭店疲于奔命,仿佛一辆消防车,四处救火,始终处于被动状态。

2. 批评性投诉

批评性投诉的特点是:投诉人心怀不满,但情绪相对平静,只是把这种不满告诉投诉对象,不一定要对方做出什么承诺。通常客人是理智的,这类投诉对饭店管理的改进和提升大有帮助。

3.建设性投诉

建设性投诉的特点是:投诉人一般不是在心情不佳的情况下投诉的,恰恰相反,这种投诉很可能是伴随着对饭店的赞誉而发生的。建设性投诉所占比重大的饭店,一般来说管理正规,秩序井然。饭店不断从客人的建设性意见中汲取养分,以改善自己的工作,员工的士气也势必高涨,从而形成企业内部的良性循环。

(四)宾客投诉的心理分析

1.求尊重

客人投诉的目的是希望得到饭店方的理解与重视、尊敬与道歉,认可他的投诉行为,并立即采取措施解决他的问题,使他感到受到尊重和重视。

2.求理解

客人通过投诉寻求饭店服务人员对其处境的理解。

3.求发泄

客人因正当需求没有得到满足或受到不公正的对待产生挫折感,通过投诉、以发泄怨气,寻求精神补偿。

4.求补偿

客人因受损失而投诉,投诉目的是维护其合法权益,除对物质损失要求补偿外,更多的是对精神损失要求物质索赔,以求心理平衡。

5.求试探

客人提出投诉,对饭店管理水平以及处理方法进行试探,最终达成求补偿等目的。

四、任务准备

1.相关教材、书籍案例;
2.计算机、网络资源;
3.电脑、图片、视频、纸、笔、尺子等。

五、任务实施

表 6-3-1(2)　投诉的认识任务实施表

序号	操作步骤	操作说明	要求	备注
1	查找资料	通过书籍、网络等查找并阅读有关投诉的资料。	(1)思路清晰,行动迅速; (2)注重信息的时效性、客观性。	若只借助书籍,则事前书籍应准备充分。
2	分析归类	将所获得的资料按种类划分表进行归类。	(1)归类合理; (2)分析到位。	可打归类草稿。

续表

序号	操作步骤	操作说明	要求	备注
3	整理完善	将所归类的资料整理在种类划分表上,并加以完善。	(1)内容完整清晰; (2)表格简洁规范; (3)信息全面具体。	也可以制作成电子材料。
4	总结与分享	对任务实施过程、完成情况进行总结自评,并与他人分享。	(1)总结全面到位; (2)表述清晰流畅。	也可制作成PPT展示讲解。

六、任务评价

表6-3-1(3)　投诉的认识任务评价表

序号	评价内容与分值	评价结果			优点/不足
		自评	小组互评	教师评价	
1	参与积极性(10分)				
2	分工是否合理(10分)				
3	团队协作能力(10分)				
4	语言表达能力(10分)				
5	沟通协调能力(10分)				
6	信息收集能力(10分)				
7	信息分析归纳(10分)				
8	任务完成速度(10分)				
9	任务完成质量(10分)				
10	任务展示效果(10分)				
评价得分(100分)					评价平均分:

七、问题及解决方案

表6-3-1(4)　投诉的认识存在的问题及解决方案

序号	问题提出	处理方案	预防措施

续表

序号	问题提出	处理方案	预防措施

八、拓展知识

阅读材料6-3-1　前厅接待流程可能出现投诉的环节

一、客人抵店前

1.订房信息未准确记录；

2.订房信息未及时准确地传递；

3.房价或房号资料未能保密或过早告诉宾客；

4.饭店在旺季突然涨价,涨价幅度太大或不能如约留房；

5.饭店未把留房期限、违约订金的处理等规定及时以书面形式准确地告诉客人；

6.饭店其他部门,特别是各级管理人员接受亲友订房,手续不完备或重复通知前厅部,造成损失及混乱；

7.饭店各部门在客人先期订房及接触宾客的过程中,给宾客的印象不佳,造成宾客不愿意订房或取消订房。

二、宾客抵店时

1.客人入住时的要求与饭店的记录不一致；

2.饭店未能留房或留房不能让客人满意；

3.双方对房价有争议；

4.客人对饭店不同时段的差价规定不满；

5.客人对饭店的服务安排不满意；

6.入住登记手续过于烦琐、耗时过长；

7.迎宾员及行李员服务不到位。

三、宾客住店期间

1.客房设施设备、易耗品或服务让宾客不满；

2.商务中心及总机的服务让宾客不满；

3.问讯及收银服务让客人不满；

4.其他方面。如:客人因对钥匙卡过期失效不能开门而产生不满;客人要求换房,未予以答复或落实;客人住店期间提出投诉,饭店未予以妥善解决。

四、宾客离店时

1.查房结账速度太慢;无零钱可找;外币兑换未开始营业或已经结束营业;客人结账赶

上客房、前厅员工用餐时间;客房服务员已去查房,前厅打过去的电话无人接听;客房服务员查房太慢;收银员结账太慢;

2.账务纠纷:客人不承认某些消费项目;对某些消费额有异议;不承认自己应该支付因饭店物品丢失需赔偿的费用;对客人所持信用卡是否有效或货币的真伪等有质疑。

3.房态出错:客人已结账,前厅未及时更改房态;客人办妥延期退房手续,前厅未输入电脑;其他原因。

五、宾客离开后

1.客人的(重要)相关资料未及时、准确地收入客史档案存档;相关业务表单未及时存档或存档有误;客人的投诉信息未及时、准确地反映到相关部门。

2.客人离店的服务不到位或相关信息未传递造成客人不满:客人离店时的留言未及时传递给指定客人;客人离店后到达的物品、信件或传真未及时准确地按客人的要求处理;宾客遗留在饭店的重要物品、证件未能按客人要求及时传递,影响了客人的生活及行程。

任务2　客人投诉的处理与预防

一、任务描述

(1)分组设计投诉情境;
(2)分组进行投诉处理演练,轮流充当大堂经理和客人。

二、任务分析

完成本任务的关键在于掌握投诉处理的原则与流程,洞悉宾客投诉心理并积极予以疏导,尤其应兼顾饭店、客人和员工三方的立场,客观公正地处理。

三、相关知识

(一)处理投诉的原则

1.客人永远是对的

必须遵循"客人永远是对的"的服务宗旨,将错留给自己,给客人台阶下。要求处理时态度要客观、耐心、诚恳,切忌语气强硬或表现出不屑或轻蔑的表情。

2.严格执行"首问负责制"

第一个受理投诉的服务员应负责给客人有效、及时的回复。如:该服务员无权或无能力解决投诉,亦应向客人解释并引见负责处理投诉的同事,切忌接受投诉后一去无踪影,给客人增加不良的印象。若遇严重投诉,应知会上司,及时处理。

3. 保持冷静、克制情绪

4. 不扩大事态、尽快处理

客人投诉的表现各异(委婉的、平和的、言辞激烈的、威胁谩骂的),处理的首要原则是不扩大事态,不激化矛盾。要本着大事化小、小事化了的原则行事。

5. 依据法律法规处理

处理投诉必须以事实为依据,以国家、地区的有关法规或行业规范为准绳,有理、有利、有节、有礼地进行。因此,必须熟悉相关的法律法规,如《娱乐场所管理条例》《公共娱乐场所消防安全管理规定》《中华人民共和国消费者权益保护法》及有关地方性与行业性法规。

6. 设身处地为客人着想

应摆正与客人之间服务与被服务的关系,不忌讳投诉的发生,要设身处地转换角色,尝试站在客人的角度看待问题,对能改进的应立即改进,对暂时不能改进解决的应婉转地向客人解释清楚并表示立即向有关方面反映,尽快采取改进措施。

7. 兼顾饭店、客人、员工三方利益

8. 公正、不偏不倚

(二)投诉处理的流程

1. 道歉,安抚客人;

2. 倾听客人投诉,及时记录;

3. 了解情况,告知客人调查结果;

4. 提出解决方案,征求客人意见;

5. 请示上司;

6. 达成处理协议;

7. 安排跟进投诉处理;

8. 及时告知客人投诉处理进度和结果;

9. 感谢客人;

10. 记录投诉档案(投诉处理经过与整改过程、客人投诉档案、投诉个案记载等);

11. 分析、归纳、总结投诉原因,并提出服务与管理改进建议;

12. 加强员工培训。

(三)投诉的预防

1. 适度控制顾客的期望值,推介服务项目真实可信,绝不能脱离事实;

2. 管理人员须加强现场督导,努力做到"零缺陷"。重点巡视容易引起投诉的关键环节、曾经发生过问题的部位和人员,及时发现偏差予以纠正补救,并进行经验总结。

3. 建立、健全客户的档案资料,及时更新补充;

4. 在服务中对客人细心观察、用心思考、不断总结,发现客人流露出不满情绪,要及时处理,避免激化矛盾到投诉的地步;

5.即便客人宣泄的不满与自己无关,服务人员也应礼貌地道歉,耐心地倾听,仔细地观察,揣摩客人不满的原因,显示出对客人的关心和重视,并通知相关部门及时采取补救措施,消除客人心中的不满,让客人有备受尊重的感觉,从而缓解不满情绪,避免事态扩大。

四、任务准备

表 6-3-2(1)　投诉处理任务准备表

教师准备	学生准备	教具准备
1.收集信息、设计课程; 2.编写教学方案; 3.准备教学案例、资料图片、课外延伸资料、服务情景资料等; 4.制作 PPT 及材料准备; 5.制作思维导图及评价表。	1.知识准备:课程知识点预习,网络、图书、图片资料等信息收集撰写; 2.项目内容:写任务计划书、撰写情景剧本及彩排、案例收集分析讨论等; 3.物品准备:相机、U 盘;笔、笔记本; 4.按投诉处理步骤演练。	多媒体、U 盘、相机、彩色卡纸、笔、大白纸、A4 纸、剪刀、双面胶、图片/视频资料、奖品。

五、任务实施与评价

表 6-3-2(2)　投诉处理任务实施与评价表

序号	操作步骤	操作与评价标准	评价结果				注意事项、改进意见
			优	良	合格	不合格	
1	宾客投诉的受理	(1)真诚道歉,请客人移步至不引人注意的一角,对情绪激动或身体不适的客人,奉上茶水或其他不含酒精的饮料; (2)用恰当的表情和动作表达对客人遭遇的同情和理解; (3)站在客人的立场看待问题,设法平息其抱怨情绪; (4)避免怀有敌视情绪或与客人争论,让客人感到得到重视与理解,并表示会尽力帮助他解决问题; (5)保持头脑冷静,在未查明事件原因及经过的情况下,不可随便代表饭店承担责任,待弄清事情原委后再作出判断。					
2	宾客投诉信息的咨询、分析和整理	(1)耐心、专注地倾听客人诉说,不打断或反驳客人; (2)适当引导客人讲述情况,及时做好记录(时间、地点、涉及的部门及服务人员、事情经过、客人联系方式等); (3)向有关部门及人员了解具体情况并记录; (4)必要时向上级汇报情况,请示处理方式,做出处理意见。					

续表

序号	操作步骤	操作与评价标准	评价结果				注意事项、改进意见
			优	良	合格	不合格	
3	宾客投诉的处理	(1)区别不同情况，妥善安置客人。对求宿客人，可安置于大堂吧稍事休息；对本地客人和离店客人，可请他们留下联系电话或地址，为不耽误他们的时间，请客人先离店，明确地告诉客人给予答复的时间； (2)迅速采取行动。能当场解决的要当场果断处理，如重大问题超越自身处理权限要表明会第一时间请示上司，让客人感觉到已经在处理问题； (3)如必要，随客人到事发地点处理问题，把将要采取的措施及所需要的时间告知客人并征求客人的同意； (4)顾及客人与饭店双方利益，做出相应处理； (5)代表饭店管理当局采取补救措施，如赠送水果、礼品、致歉信等给投诉者作为礼貌性的致歉，使客人感到诚意。					
4	宾客投诉处理意见反馈	(1)向客人反馈调查情况，争取对方同意饭店的处理意见； (2)将客人同意的处理建议向有关部门反映，并监督检查完成情况； (3)再次向客人反馈处理进度； (4)感谢客人的批评指教，表示会完善相关制度与流程。					
5	投诉信息收集、分析、归纳和整理	(1)以口头或书面形式向上级及时汇报，说明时间、地点、人物、投诉原因、处理结果及客人最后的意见等。 (2)建立宾客投诉档案； (3)把事情经过及处理结果整理成文字材料,整理汇总成案例分析集,存档备查； (4)通过班前例会、集体培训等形式对员工进行培训警示。					

六、问题及解决方案

表6-3-2(3) 投诉处理与预防存在的问题及解决方案

序号	问题提出	处理方案	预防措施

七、拓展知识

阅读材料 6-3-2　大堂副理"十忌"

一、忌刻板呆坐在大堂工作台

大堂副理大多数时间应在大堂迎来送往招呼来来去去的客人，随时回答客人的一些问询，不放过能与客人交往的任何机会，既方便了客人，展现了大堂副理的亲和力，又可以收集到更多宾客对饭店的意见和建议，发现饭店服务与管理中存在的问题与不足，及时发现隐患苗头，抢在客人投诉之前进行事前控制。

二、忌在客人面前称饭店其他部门的员工为"他们"

在客人心目中，饭店是一个整体，不论是哪个部门出现问题，都会认为是饭店的责任，而大堂副理是代表饭店开展工作的，故切忌在客人面前称其他部门员工为"他们"。

三、忌在处理投诉时不注意时间、场合、地点

大堂副理在处理宾客投诉时不能仅重视及时性原则，而忽略了处理问题的灵活性和艺术性。例如客人在午休、进餐、为其他事发怒时，或在前厅、宴会厅等公共场所时，前往处理投诉效果就不佳，还可能引起客人反感，"气"上加"气"，火上浇油。

四、忌缺乏自信，在客人面前表现出过分的谦卑

大堂副理是代表饭店处理客人的投诉和进行相关的接待，其一言一行代表着饭店的形象，应表现出充分的自信，彬彬有礼，热情好客，不卑不亢，谦恭而非卑微。过分的谦卑是缺乏自信的表现，往往会被客人看不起，对饭店失去信心。

五、忌唯恐客人投诉

投诉是坏事，也是好事，投诉的顾客就像一位医生，在无偿地为饭店提供诊断，以使饭店管理者能够对症下药，改进服务和设施，提高服务质量和管理水平。因此我们不应该回避投诉，而应正确对待。

六、忌讲话无分寸，不留余地

为了避免在处理客人投诉时使自己陷入被动，一定要给自己留有余地，不能把话说死，但要明确告诉客人多长时间内解决问题。

七、忌不熟悉饭店业务和相关知识

大堂副理如果不熟悉饭店业务知识和相关知识，如客房服务程序、送餐服务程序、收银程序及相关规定、饭店折扣情况、信用卡知识、洗涤知识、基本法律法规、民航票务知识等势必会影响到处理投诉的准确性和及时性，也失去了客人对饭店的信赖。

八、忌存有与客人暗地里比高低、争输赢的心态

一般来讲，客人投诉，说明饭店服务和管理上有问题。因此，即使是客人的言行有些偏颇，也应将"对"让给客人。因为即使我们表面上"赢"了客人，却也得罪了客人，使客人对我们和饭店不满意，实际上我们还是输了。

九、忌在处理投诉时只对客人就事论事,不能领会客人的真实意图

正确领会投诉者的心态和意图是处理好投诉的关键和捷径。大堂副理要准确把握客人投诉的真实心态和用意,要给客人发泄的机会,不要与客人进行无谓的争辩和解释。

十、忌忽视对投诉结果的进一步关注

接待客人投诉的人,往往并不是实际解决问题的人,因此客人的投诉是否最终得到解决仍然是个问号。事实上,很多客人的投诉并未得到根本解决,或是这个问题解决了,却又引发了另一个问题,故对投诉的处理过程进行跟踪,对处理结果予以关注尤其重要。它会使客人感到饭店对其投诉非常重视,从而使客人对饭店留下良好的印象。

(资料来源:http://wenku.baidu.com/view/dfa06a11866fb84ae45c8dd9.html)

项目4　前厅突发事件处理

【案例导入】

一天傍晚,某饭店前厅的电话铃响了,服务员小姚马上接听,对方自称是住店的一位美籍华人的朋友,要求查询这位美籍华人。小姚迅速查阅了住房登记中的有关资料,向他报了几个姓名,对方确认其中一位就是他找的人,小姚未思索,就把这位美籍华人的所住房间的号码818告诉了他。

过了一会儿,前厅又接到一个电话,打电话者自称是818房的"美籍华人",说他有一位谢姓侄子要来看他,此时他正在谈一笔生意,不能马上回来,请服务员把他房间的钥匙交给其侄子,让他在房间等候。接电话的小姚满口答应。

又过了一会儿,一位西装笔挺的男青年来到服务台前,自称小谢,要取钥匙。小姚见了,以为果然不错,就毫无顾虑地把818房钥匙交给了那男青年。

晚上,当那位真正的美籍华人回房时,发现自己的一只高级密码箱不见了,其中包括一份护照、几千美元和若干首饰……

以上即是由一个犯罪青年分别扮演"美籍华人的朋友""美籍华人"和"美籍华人的侄子",而演出的一出诈骗饭店的丑剧。

几天后,这位神秘的男青年出现在另一家饭店用同样的手法进行诈骗时,被具高度警惕性、严格按规章制度、服务规程办事的前厅服务员和保安员识破,当场被抓获。

问题

1.犯罪分子诈骗成功源于饭店前厅哪几个环节的漏洞?

2.在工作时应注意哪些安全事项,以避免类似情形的发生?

任务　前厅突发事件处理

一、任务描述

1.分组完成前厅突发事件处理预案的拟写和展示。
2.分组进行前厅突发事件处理的情景模拟与演练。
(1)前厅突发事件:火灾、停电、电梯运转故障、客人诈骗、客人突发疾病等。
(2)分组承担不同类型前厅突发事件处理预案的拟写、展示和情景模拟与演练。
(3)准备充分、分工明确、团结协作。
(4)方案应具有规范性、可操作性和科学性。

二、任务分析

完成本任务的关键在于强化安全意识和应变意识,多方收集并学习关于前厅突发事件处理的信息和资料,模拟撰写并演练突发事件处理的方案,提高安全防范意识与应对的能力。

三、相关知识

《中国饭店行业突发事件应急规范(试行)》(部分)

第三篇　常用预案要点

第七章　火灾

第三十七条　火灾指凡在时间上或空间上失去控制的并对财物和人身造成损害的燃烧现象。在各种灾害中,火灾是最经常、最普遍的威胁人身安全、财产安全的主要灾害之一。

第三十八条　饭店应成立突发事件应急处置中心以及消防控制中心,便于火灾发生时,各种突发事件的统一处理和各个部门的协调安排。任何员工若发现有异常的燃烧味、烟雾或火焰等迹象,应先观察火情,并在第一时间报告饭店消防控制中心。

第三十九条　饭店突发事件应急处置指挥机构应及时全面了解具体情况,决定是否做出向消防机关报警、疏散人员、转移财物等指令。及时组织店内应急救援队到指定的地点集结,合理分配人力,安排灭火组负责控制、扑救火情,抢救组负责抢救重要物资、危险品,疏散组负责疏散现场人员,救护组负责对现场的伤员、残疾、行动不便的客人进行救护、转移。

第四十条　饭店消防控制中心在获知报警信息或发现烟感、温感等报警设施启动时,应立即安排人员赶往现场,甄别火情,组织现场人员扑救初起火灾,并视情况决定是否需按火情级别通知电话总机启动相应的紧急联络程序;同时,还应视情况及时启动灭火设施、应急广播、疏散照明、防火卷帘、防火门、排烟系统、送风系统,监控报警系统其他报警点。

第四十一条　在火灾发生时,各部门应按照上级命令统一行动,各司其职,各部门员工在负责紧急处理的人员到达之前应尽可能留在现场,并与消防控制中心随时保持联系,以便及时提供具体的火情信息。同时,应尽可能地使用安全、快捷的方法通知火情周边处于危险区域的不知情者,并视情况使用离现场最近的消防器材控制火情。当饭店下达紧急疏散指令后,要保持各通道的畅通,疏散客人及员工到建筑物外指定的安全区域,并及时反馈执行情况。

第四十二条　保安部负责人应迅速到临时指挥部协助指挥,并安排人员组织现场扑救、疏散,报告火势情况,监视火势发展,判断火势蔓延情况,维持店外秩序,保障消防车通道通畅,加强对饭店所有出入口的监控,阻止无关人员进入饭店。工程部应安排负责人视火情关闭空调、停气、断电、启动应急发电机等,确保消防电梯的正常使用,解救电梯内被困乘客,保证喷淋泵和消火栓泵供水等。确保应急发电机的正常运行,消防水源正常供应和排烟、送风等设备的正常运行。前厅部应通知电话总机确保店内通信畅通,打印住店客人名单,维持饭店大堂秩序,清除门前障碍。客房部应安排人员迅速清理楼层内障碍物,统计各个楼层的客人人数,对来电询问的客人做好安抚、记录工作。餐饮部应安排人员立即关闭所有厨房明火,安抚就餐客人。人事部应及时通知医务室做好救护伤员的各项准备,迅速统计在店员工人数,安排宿舍管理员组织在宿舍的员工随时待命。财务部应组织外币兑换处及各收银点和各下属办公室的员工收集和保管好现金、账目、重要单据票证等,通知电脑机房做好重要资料的备份、保管工作,做好随时根据指令进行转移的准备。饭店总经理办公室应及时向饭店所有承租店家通报情况,集结饭店所有车辆,随时按要求运送伤员,做好饭店重要档案的整理及转移准备。

第四十三条　火灾后应安排人员拍摄受影响的区域,协助前厅部门及财务部门整理一份损失清单上交饭店,以便送至保险公司。在必要检查之后,经总经理同意采取补救措施,将受影响的营业区域恢复成正常状态。按顺序在记录本上记录所有细节,准备好目击证人和相关人员名单,协助在调查中需要援助的人员。

第九章　饭店建筑物和设备设施

第五十二条　饭店建筑物和设备设施指饭店主要的固定资产,其中饭店建筑物指饭店进行生产经营活动的人造地面固定场所,设备设施指饭店通过购买或拥有等方式为进行经营管理等活动所使用的工具。饭店建筑物和设备设施事故指饭店的建筑物和设备设施在特殊情况下出现的异常从而给饭店经营管理活动造成不利影响的各种事件,主要包括停水、停电、停气、电梯运行故障及监控中心无法运转等。

第三节　停水、停电及停气的处置

第五十三条　若根据各种反馈信息,确认问题是店外原因引发,应安排人员联系设备及水、电、气的供应方,说明饭店目前发生的具体情况,详细询问事故的破坏程度和修复时间,并立即向饭店突发事件应急处置指挥机构报告。在事故解决恢复后,应组织人员到相关区域巡查,恢复开启设备,维修损坏设备,落实改进措施。

第五十四条　若发现或获知在没有事先通知的情况下,店内发生停水、停电、停气等现象,饭店工程部应立即向相关机房通报情况,安排专业人员携带专用工具到现场察看情况,检查是否在店内还存在其他停水、停电、停气现象。若发现机房设备出现了严重故障,工程部应立即向饭店总经理等高层领导报告,指示相关机房启动应急方案,赶往相关机房现场指挥,要求总机启动应急联络程序。各部门负责人接到报警后,应立即返回岗位,随时准备接受相关命令。

第五十五条　若经仔细了解具体情况后,确信问题在短时间内无法解决时,饭店应安排专人向相关部门求援,并立即启用临时发电机、临时供水车等救援设备。

第五十六条 在应急处置过程中,饭店工程部应视需要,安排相应的专业维修人员分别前往解救电梯内被困乘客;前往配电室启动应急发电机以保障事故照明、消防设施设备等用电;前往事故现场进一步查明原因,留守观察,及时反馈。保安部应重点关注监控系统、消防系统等运转情况,依照指令,在饭店各出入口及相关区域增加人手,加大巡视密度,对事故现场做好警戒工作,控制现场情况,防止发生混乱。前厅部应及时向饭店突发事件应急处置指挥机构提供住店客人资料,并安排人员做好客人解释、安抚,及客人的要求和意见反馈工作,看管好客人的行李,确保店内指挥通信畅通。餐饮部应要求所有当班服务员及厨师保持冷静,并采取相应的措施稳定各餐厅客人情绪,向客人说明情况争取得到谅解。若客人要求离开,应安排服务员给客人照明道路指引通道,防止造成混乱。餐饮部负责人及厨师长还应根据指令,及时制定对策,改变菜单,提供易于制作的食品。客房部应组织人员在发生停电时,携带手电筒等应急照明装置赶往楼层巡视,为客人进入房间和离店提供照明。在发生停水时,需从库房或其他场所调集矿泉水。当应急送水车到饭店后,及时给客人提供必备的生活用水。采购部应购买柴油等物品以保证应急发电机的使用,联系购买饮用水及食品等,保障应急处置的需要。财务部应组织外币兑换处及各收银点和各下属办公室的员工收集和保管好现金、账目、重要单据票证等,通知电脑机房做好重要资料的备份、保管工作,做好人工处理相关服务的准备。其他各部门应坚守岗位,管理人员应在现场进行督导,及时向饭店突发事件应急处置指挥机构反馈情况,服从统一指挥。

第四节 电梯运行故障的处置

第五十七条 若发现或获知电梯因发生运行故障而停机,饭店监控部门应立即确认是否有人受困,并尝试用呼叫电话与轿厢内乘客联系;劝告乘客不要惊慌,静候解救;建议乘客不要采取强行离开轿厢等不安全措施。

第五十八条 通知工程部维修人员按相关操作规程到现场开展解救工作,安排大堂经理等相关人员到事故地点与被困乘客进行有效的不间断沟通,请客人安心等候,协助配合。

第五十九条 协助乘客安全离开轿厢后,饭店应及时安排人员安抚乘客,并询问其身体有无不适。对受伤或受惊吓者,应按相关规定及时安排医务人员实施救治。

第六十条 饭店应及时安排工程部电梯维修人员联系厂家对故障电梯进行全面检修,确保电梯运转安全。

第九节 恐吓电话及可疑爆炸物的处置

第七十九条 饭店应制定恐吓电话填写单,注意冷静、礼貌、倾听,不要打断来电者。当来电者还在线的时候,用事先规定的暗号通知其他人员。

第八十条 饭店保安部在获知店内发现有客人遗留的包、纸箱及其他可疑物品后,应立即安排人员携带防爆毯等工具赶赴现场识别检查,设置警戒,并严禁触摸、移动可疑爆炸物。如怀疑为爆炸物,应马上向饭店报告,并要求总机启动应急联络程序,安排人员封闭现场、疏散现场周边人员,控制相关出入口,对可疑人员进行询问、监视。对第一发现人及时进行问讯记录,做好前期的证据保留工作。工程部应立即关闭现场附近可能引起恶性事故的设备设施,撤走周围的易燃、易爆物品,及时准备饭店平面图以及必备的设施,做好停水、断电、关闭天然气及抢修的准备工作,并对店内重点要害部位进行认真细致的排查。前厅部应及时准备在店客人名单,有效维持饭店大堂和公共区域秩序,及时清除门前所有障碍物,确保店内通信系统畅通。其他相关部门应采取的行动参考第四十条的相关内容。

第八十一条　事件发生后,如被要求新闻发布,须经总经理批准。新闻发布须根据饭店应急处置指挥机构统一口径进行。新闻发布由饭店公关部/总经理办公室负责,但仅包括以下内容:对事件的一般描述、报告时间、地点、受伤/死亡人数(注意,不提人员姓名)。更多的详情需等调查结果出来后发布。

第十节　抢劫、凶杀、枪击、绑架等

暴力事件的处置

第八十二条　要根据违法犯罪行为的具体情况,采取有效措施及时进行处置。在处置过程中,要采取有利于控制事态,有利于取证,有利于缩小影响,力求用最小限度受损的处置原则。处置要及时,要尽可能把违法犯罪活动制止在萌芽状态之中。若发现有犯罪倾向,要及时采取控制或教育的措施,并视情况向主管安全部门反映,尽量减少暴力事件的发生。

第八十三条　如发生暴力事件,饭店突发事件应急处置指挥机构应及时全面了解具体情况,通知电话总机启动应急联络程序,下达指令封闭区域,保护现场,向公安机关报告,疏散现场周边人员等。

第八十四条　在应急处置过程中,保安部应及时安排人员设置警戒线,控制相关出入口,协助公安部门对第一发现人及时进行问讯记录,做好证据保留工作,调取监视系统中相关的影像资料。若犯罪嫌疑人正在威胁他人生命,现场的最高管理者要设法稳定其情绪,控制事态发展,等待公安人员前来处置。如有受伤者,应向急救中心求援。急救中心专业人员到达前,医务室应携带必备急救药品到指定地点对危急者进行紧急救治。如有伤亡人员需送往医院时,应安排人员随同前往,并做好医院就诊的各项记录。前厅部等相关部门应及时调取客人受伤害的资料,上交饭店突发事件应急处置指挥机构。总机要确保通信联络畅通,保安部人员参与转运死伤人员,并对客人遗留在公共区域的财物进行统计和保管。

第十二节　诈骗事件的处置

第八十八条　宾客入店时,必须填写临时住宿登记单,预交住房押金,前厅服务员要严格执行公安机关关于住宿客人必须持有效证件(护照、身份证)办理住房登记手续的规定,不符者不予以登记,并及时报告保安部和前厅部经理。对使用支票付账的国内宾客,要与支票发出单位核实,发现不实时,要设法将支票持有人留住,速报保安部,待保安部人员赶到后一起进行处理。

第八十九条　如住店宾客在饭店消费超过预付押金时,根据情况可要求其追加押金或直接结算。饭店各岗位收银员要熟悉银行中支付款的"黑名单",严格执行检查复核制度。注意检查货币真伪,特别是大面值的货币,发现假钞应及时报告保安部,由保安部和财务部出面处理。

第九十条　发现持有假信用卡、假币者,应采取以下措施:

同发卡银行联系,确定信用卡的真伪,一经确认是假信用卡或假币,立即将其假信用卡、假币、护照、证件扣留;及时通知保安人员到场控制持假信用卡币者,防止其逃离或做出危害员工安全的行为;打电话报告值班经理、财务部和保安部。经保安部初步审理,视情况报告公安机关。

四、任务准备

表 6-4-1（1）　前厅突发事件处理任务准备表

教师准备	学生准备	教具准备
1.收集信息、设计课程； 2.编写教学方案； 3.准备教学案例、资料图片、课外延伸资料、服务情景资料等； 4.制作PPT及材料准备； 5.制作引文及评价表。	1.知识准备：课程知识点预习，网络、图书、图片资料等信息收集； 2.项目内容：写任务计划书、撰写情景剧本及彩排、PPT或图片文字材料展示、案例收集分析讨论、情景演练等； 3.物品准备：相机、U盘；笔、笔记本。	多媒体、U盘、相机、彩色卡纸、笔、大白纸、A4纸、剪刀、双面胶、图片/视频资料、奖品。

五、任务实施与评价

子任务 1　火灾的应对处理

表 6-4-1（2）　火灾的应对处理任务实施与评价表

序号	操作步骤	操作与评价标准	评价结果				注意事项、改进意见
			优	良	合格	不合格	
1	观察火情，迅速准确报告	（1）发现有异常的燃烧味、烟雾或火焰等迹象，迅速检查自己工作区域。如发现火情，观察火情，迅速报告消防控制中心（地点、火情等）； （2）如无异常，照常工作，等待进一步通知。					
2	进行初期火灾补救，应付轻微火情	（1）立即关闭空调等电器，并做断电处理； （2）在保证自身安全前提下，利用离现场最近的灭火器进行初期火灾扑灭； （3）直接用水扑灭木头、纸张、棉布等起火物； （4）用土、沙子、浸湿的棉被或毛毯等迅速覆盖在起火处隔绝氧气； （5）用扫帚、拖把等进行扑打； （6）用锅盖、沙土或浸湿的棉被迅速覆盖扑灭油类、酒精等起火； （7）煤气起火，可用湿毛巾盖住火点，迅速切断气源； （8）电器起火，不可用水扑救，也不可用潮湿的物品捂盖。应首先切断电源，然后再灭火。					
3	保管重要财物、及时转移	如火情可控，应保管好现金、账目、重要单据票证等，做好电脑重要资料的备份与保管工作，做好随时转移的准备。					

续表

序号	操作步骤	操作与评价标准	评价结果 优	良	合格	不合格	注意事项、改进意见
4	及时通报最新火情信息	(1)与消防控制中心随时保持联系,及时通报最新火情信息; (2)尽可能使用安全、快捷的方法通知火情周边处于危险区域的不知情者。					
5	及时疏散,保障消防通道通畅	(1)保障消防通道通畅; (2)如火情失控,应及时疏散客人及其他人员到建筑物外指定的安全区域,并及时反馈执行情况; (3)逆风疏散,应弯腰前进迅速逃到上风处躲避烟不能直立行走; (4)确定逃生路线,以最快速度冲出火场,到达安全地点。					
6	遮盖护身,封隔拖延	(1)用湿毛巾或湿手帕捂住嘴和鼻(但毛巾与手帕不要超过六层厚),用浸湿的棉大衣、棉被、门帘子、毛毯、麻袋等遮盖在身上; (2)如走廊或对门、隔壁火势较大,无法疏散可退入一个房间内,用湿的毛巾、毛毯、棉被、褥子或其他织物封死门缝,不断浇水冷却; (3)进入卫生间,将水泼到门上、地上进行降温,也可从门缝处向门外喷射水柱,达到降温或控制火势蔓延的目的。					
7	高层逃生	(1)利用房屋阳台、水溜子、雨篷逃生; (2)用绳索、消防水带或将床单撕成条连接起来,把一端紧拴在牢固的采暖管道或散热气片的钩子上及门窗或其他重物上,顺着绳索滑下逃生。					
8	清点人数	前厅主管、接待员尽量收集全部宾客登记表,并赶到疏散集合处清点宾客人数,保证每一位宾客都点到。					

子任务2 紧急停电的应急处理

表6-4-1(3) 紧急停电的应急处理任务实施与评价表

序号	操作步骤	操作与评价标准	评价结果 优	良	合格	不合格	注意事项、改进意见
1	迅速掌握停电原因,迅速启动备用照明	(1)保持镇静,迅速掌握停电的原因; (2)派人在大厅门口、电梯间、楼梯口等处值守,劝阻客人进、出大厅并关照好老人和小孩,防止客人发生意外; (3)迅速开通备用电源或点燃蜡烛、打开手电筒等提供照明。					

续表

序号	操作步骤	操作与评价标准	评价结果 优	良	合格	不合格	注意事项、改进意见
2	转移重要资料	(1)保管好现金、账目、重要单据票证等; (2)平时做好电脑重要资料的备份、保管、随时转移的准备。					
3	安抚客人,做好解释,协助安全预防工作	(1)安抚客人,向客人赔礼道歉,提醒客人不要到处走动; (2)回答客人对停电事宜的问讯,语言清晰简练,语气亲切自然,语速快慢适度,给客人以安全感; (3)配合保卫部负责大厅、电梯间等场所客人的安全。					
4	信息反馈,照顾好特殊客人,看管财物	(1)及时向突发事件应急处置指挥机构提供住店客人资料; (2)做好对客人的解释、安抚及客人要求和意见的反馈工作; (3)看管好客人的行李及其他财物; (4)提醒客人小心照顾好小孩、老人、身体不适客人并看管财物; (5)留意客人意外情况,预防生病、失窃等意外事件发生; (6)及时与陪同或领队联系,确保团队客人离店及外出活动不受影响; (7)必要时,采取措施抢运离店客人行李至一楼,以免耽误客人时间; (8)确保店内指挥通信畅通。					
5	事后补救工作	(1)当供电恢复正常后,各岗位均应检查所有设备是否处于正常状况; (2)如停电时间较长,需给客人派发致歉信、小礼品等以作补偿。					

子任务3 客人诈骗的预防与应对

表6-4-1(4) 客人诈骗的预防与应对任务实施与评价表

序号	操作步骤	操作与评价标准	评价结果 优	良	合格	不合格	注意事项、改进意见
1	严格执行入住登记手续	(1)严格执行入住登记手续的规定,填写住宿登记单,预交住房押金; (2)对不符合入住要求的不予办理登记,及时报告保安部和前厅部经理。					

续表

序号	操作步骤	操作与评价标准	评价结果				注意事项、改进意见
			优	良	合格	不合格	
2	预付押金处理	(1)熟悉银行支付款的"黑名单",严格执行检查复核制度; (2)收取现金时,检查大面额货币的真伪,发现假钞时,应及时报告保安部,由保安和财务部出面处理; (3)对使用支票付账的国内宾客,向支票单位核实。如发现情况不实时,设法将支票持有人稳住,速报保安部,待保安部人员赶到后协助处理; (4)住客在饭店的消费金额超过预付押金金额时,饭店可根据情况要求其追加押金或直接结算。					
3	对持有假信用卡、假币者采取必要措施	(1)同发卡银行联系,辨别信用卡的真伪; (2)一经确认假信用卡或假币,立即扣留假信用卡、假币、护照或其他证件(须做好解释说明工作); (3)及时通知保安人员到场控制持假信用卡、假币者,防止其逃离或做出危害员工安全的行为; (4)报告值班经理、财务部和保安部; (5)经保安部初步审理,视情况报告公安机关。					
4	信息传递与存储	将诈骗客人列入黑名单,并通知各部门。					

子任务 4　意外事件的应对

表 6-4-1(5)　意外事件的应对任务实施与评价表

序号	操作步骤	操作与评价标准	评价结果				注意事项、改进意见
			优	良	合格	不合格	
1	及时报告,保护现场	(1)发现饭店区域内有人身意外伤亡事件发生,保持沉着冷静,立即报告保安部; (2)封闭并保护现场,犯罪嫌疑人遗留的凶器、作案工具等不要用手触摸。划出警戒范围,不要让无关人员进入现场。					
2	沉着冷静,记录汇报	(1)现场第一发现人能记清犯罪嫌疑人的体貌特征、衣着、发型、口音、凶器及踪迹,并及时向保安部门报告,按照饭店应急处置指挥机构的指示与命令做好各项工作; (2)如犯罪嫌疑人乘车逃离现场,应准确记下其车牌号码、颜色、车款或牌子等,并记清人数。					

续表

序号	操作步骤	操作与评价标准	评价结果 优	良	合格	不合格	注意事项、改进意见
3	疏散客人,协助调查	(1)协助保安部疏散围观人员,维持现场秩序; (2)公安人员未勘查现场或未处理完毕之前,相关人员(目击证人、员工等)不要离开; (3)在场人员不可向报界或无关人员透露任何消息,不准拍摄照片。					
4	安抚、慰问客人	(1)事后拜访受影响的客人和员工,给予慰问和关心; (2)必要时须安排医生及心理医生介入治疗。					

六、问题及解决方案

表 6-4-1(6)　前厅突发事件处理存在的问题及解决方案

序号	问题提出	处理方案	预防措施

七、拓展知识

阅读材料 6-4-1　《中国旅游饭店行业规范》有关前厅安全的相关规定释义节选

一、《规范》对客人物品报失的处理作了规定

来到饭店住宿的客人往往携带物品入店。在法律上,饭店有保护住店客人财物安全的义务。但有些饭店忽视了有效地保护好住店客人的财物,造成客人财物的丢失。客人物品报失的情况各种各样,有的是错误报失,有的是虚假报失,有的是真正失窃。在真正的失窃案中,又有多种情况,有的留有现场,有的没有留下任何痕迹。有的失窃案是饭店的过错造成(如:服务员在清扫完客人的房间后未锁上房门,以致客人的物品被窃),有的失窃案是客人的过错造成(如:客人外出或睡觉时自己未锁上房门而致物品被窃)。

针对以上情况,《规范》中规定:"饭店应当采取措施,防止客人放置在客房内的财物灭

失、毁损,由于饭店的原因造成客人财物灭失、毁损的,饭店应当承担责任,由于客人自己的行为造成的损害,饭店不承担责任。双方均有过错的,应当各自承担相应的责任。"此条规定明确了饭店的责任。

二、《规范》对客人在饭店内受伤或者死亡作了规定

客人在饭店内因受伤或死亡而引发的纠纷在饭店业较为普遍,其原因各异。有的客人受伤或死亡是由于饭店的设施、设备的缺陷所致;有的是外来犯罪分子作案所为;还有的是由于其他人员的侵害。

在法律上,一旦成为饭店的客人后,饭店有保护客人人身安全的义务。一些饭店对保护好客人的人身安全没有引起足够的重视,火灾、抢劫、凶杀等事件在饭店业时有发生。有的饭店客人的房门上没有装置防盗链、房门窥镜、火灾应急疏散图,客房内无住客须知、防火指南,客房卫生间内无防滑措施等,以至客人的人身遭受伤害。有的饭店在地面打蜡或拖地时未放置告示牌提醒客人,致使客人滑倒受伤,等等。

目前的情况是,只要客人在饭店内受伤或死亡,家属就要求饭店承担责任,而饭店往往认为是客人自身的原因所致拒绝承担责任。《规范》考虑到饭店的实际情况,对保护客人人身安全方面作了相应的规定。

三、《规范》对保护客人隐私权作了规定

从法律的角度来看,虽然客房是饭店的,但客房一旦出租使用权即属于客人。有些饭店不注意保护客人的隐私权,随意将客情透露他人,或者工作人员随意进入住客房间,客人对此很有意见,由此产生纠纷。《规范》中规定:"除日常进行清扫卫生、设施设备维修或者发生火灾等紧急情况外,饭店员工未经客人许可不得随意进入客人下榻的房间。"

四、《规范》对客人车辆损坏或丢失作了规定

对于饭店范围内的客人车辆被盗或受损,在何种情况下饭店应当负责,何种情况可以免除或者减轻饭店的责任,根据饭店业的实际情况,《规范》中规定:"饭店应当保护停车场内客人的车辆安全。由于保管不善,造成车辆灭失或者毁损的,饭店承担责任,但因为客人自身的原因造成车辆灭失或者毁损的除外。双方均有过错的,应当各自承担相应的责任。"

参 考 文 献

[1] 曾小力.前厅服务与管理.广州:广东旅游出版社,2009.
[2] 曾小力.前厅服务与管理.北京:旅游教育出版社,2005.
[3] 王佳,吴燕萍.前厅服务技能实训.北京:机械工业出版社,2009.
[4] 江浩.前厅服务技巧与训练.北京:电子工业出版社,2008.
[5] 滕玮峰.酒店前厅实务.南京:南京师范大学出版社,2012:141-142,156-157.
[6] 时永春.前厅服务技能与实训.北京:清华大学出版社,2012:38.
[7] 吴军卫.前厅疑难案例解析.北京:旅游教育出版社,2005.